金融经济实验系列教材

U0656462

金融计量
Stata软件与应用

李明明　刘海明 ◎ 著

中国财经出版传媒集团

经济科学出版社
Economic Science Press

图书在版编目（CIP）数据

金融计量 Stata 软件与应用 / 李明明，刘海明著 . —
北京：经济科学出版社，2021.12（2025.6 重印）
金融经济实验系列教材
ISBN 978 – 7 – 5218 – 3304 – 1

Ⅰ.①金…　Ⅱ.①李…②刘　Ⅲ.①金融 – 计量经
济学 – 应用软件 – 教材　Ⅳ.①F830 – 39

中国版本图书馆 CIP 数据核字（2021）第 257459 号

责任编辑：刘　悦
责任校对：郑淑艳
责任印制：范　艳

金融计量 Stata 软件与应用

李明明　刘海明　著
经济科学出版社出版、发行　新华书店经销
社址：北京市海淀区阜成路甲 28 号　邮编：100142
编辑部电话：010 – 88191412　发行部电话：010 – 88191522
网址：www. esp. com. cn
电子邮箱：esp@ esp. com. cn
天猫网店：经济科学出版社旗舰店
网址：http：// jjkxcbs. tmall. com
北京季蜂印刷有限公司印装
787 × 1092　16 开　15.75 印张　350000 字
2022 年 4 月第 1 版　2025 年 6 月第 6 次印刷
ISBN 978 – 7 – 5218 – 3304 – 1　定价：49.00 元
（图书出现印装问题，本社负责调换。电话：010 – 88191510）
（版权所有　侵权必究　打击盗版　举报热线：010 – 88191661
QQ：2242791300　营销中心电话：010 – 88191537
电子邮箱：dbts@ esp. com. cn）

前 言
INTRODUCTION

  Stata 是一款功能强大的数据处理软件，是经济学领域学者进行实证研究最常用的工具之一。在多年的科研和教学生涯中，笔者见证了身边许多研究者仰赖于对 Stata 的精通所实现的成长。Stata 软件是实证领域科研工作者必不可少的重要工具。

  笔者既是讲授 Stata 课程的教师，又是使用 Stata 软件进行大量金融实证的科研工作者，双重身份使笔者对于 Stata 软件的教学有着特别的感知。

  在使用经典教材讲授 Stata 课程以及进行科研工作的过程中，笔者遇到了一些困惑。例如，经常会遇到学生询问常见的简单操作问题，这些操作对于快速掌握软件和解决问题是必不可少的，但是这些问题在教材中并未被重点提示。例如，在运用 Stata 进行科研工作的过程中，一些细微的操作知识是实现后续操作的必备命令，缺失这些知识会让研究工作出现停滞，但是并没有被教科书强调。笔者收集了这些常见的问题，从初学者的视角将这些常见的命令加以整理，掌握这些命令有利于教师教学和学生入门效率的提高。笔者写作本教材的初衷是从初学者的视角介绍 Stata 软件的常见操作，将科研中的经验和教学中常见的问题融入 Stata 的讲授中。

  本教材属于山东省泰山学者团队的阶段性成果之一，受到泰山学者专项工程（tsqn201909135、ts201712059）、山东省高等学校青创科技计划（2019RWE004）、山东省高等学校青创人才引育计划的支持，在此表示特别感谢。

  本教材的配套数据请扫描本页下方二维码下载，本教材介绍的打开文件所设置的默认路径为"D:\示例\"，需要读者将获取的配套数据"示例"解压到"D:\"路径下或者解压到 D 盘中。

  由于笔者的水平和经验有限，书中难免有疏漏之处，恳请同行及读者斧正。

李明明

2021 年 7 月

目 录
CONTENTS

第一章　Stata 软件基本介绍与基本操作

本章主要介绍 Stata 软件的基本操作。本教材的配套数据请到相关网页下载，本教材介绍的打开文件所设置的默认路径为"D：\示例\"，需要读者将网络上获取的本教材配套数据文件夹"示例"解压到"D：\"路径下或者 D 盘中（在 D 盘中右键选择数据包，然后点击解压到当前文件夹）。

第一节　Stata 软件基本介绍

一、Stata 软件介绍

Stata，英文全称为"Data Analysis and Statistical Software"，是由美国计算机资源中心（Computer Resource Center）研制的一款统计类软件，它是目前世界上著名的统计软件之一。它广泛应用于经济、医学、教育、人口、政治学、社会学、工矿以及农林等多个学科领域。在经济学领域，Stata 也有非常广泛的应用，在公司金融、会计学、宏观经济与金融领域具有很深的影响。Stata 软件几乎成为经济学与金融学实证研究中最广泛应用的统计软件。掌握这一门软件是做好经济学与金融学研究重要的前提条件。从 1985 年推出至今，Stata 已经连续推出了 16 个版本，最新版本为 Stata16。从 Stata15.1 开始支持简体中文，而之前的一般是英文版本。本教材所有的介绍和数据均以 Stata13 版本为主。

在每个版本的 Stata 中，又细分为 Stata IC、Stata SE、Stata MP 等版本。Stata IC 版本属于"标准版"的版本，此版本支持 2048 个变量。Stata SE 属于"特别版"（Special Edition）。这个版本相比于 Stata IC，优势就是最大支持 32767 个变量。目前，Stata SE 是使用范围最广的版本。Stata MP 的官方解释是加入"并行计算"能力，MP 支持最大 120000 个变量和超过 20 亿个观测值，同时，在运算过程中支持多核 CPU，能够加快运算速度。本教材所有的介绍和数据均以 Stata13 MP 版本为主。

二、Stata 的优势

为什么 Stata 会有如此广泛的应用？相较于其他常见的统计软件而言，Stata

具有以下特点：一是功能强大，Stata 同时具备数据管理软件、统计分析软件、绘图软件、矩阵计算软件和程序语言的特点。数据处理方面，Stata 可以实现数据合并、连接、转换、删除等，统计分析方面涵盖了方差分析、回归分析、时间序列分析、空间计量分析、非参数分析方法等绝大多数的统计功能，同时 Stata 也可以实现编程。二是计算速度快，Stata 的所有计算都在内存中进行，不与磁盘交换数据。相较于与磁盘交换数据的软件（如 Matlab 等）而言，Stata 在处理数据时速度更快，在很多复杂的程式化数据处理方面，使用 Stata 更加方便快捷。三是更新快并且易于操作。许多高级统计模块均是编程人员用宏语言写成的程序文件（ADO 文件），这些文件可以自行修改、添加和下载。这使 Stata 软件的功能几乎可以跟随计量经济学新方法、新应用的发展随时更新，用户可以很方便地从相关网站和编程老师的个人网页寻找到这些最新的处理方法。而且，处理功能的更新并不需要花费时间重新对软件进行升级，只需要将这些 ADO 文件下载到对应的文件夹即可使用。

总之，Stata 是一款功能强大、运算速度快、使用便捷、更新快的统计软件，这些优势使 Stata 在当前具有很广泛的应用。

第二节　打开与关闭 Stata 软件

一、打开 Stata 软件

方法 1：以 Stata13 MP 为例，从程序中或者从 Stata 的文件夹中找到 "StataMP. exe"，双击即可打开 Stata，如图 1 - 1 所示。

| 🎛 StataMP | 2018/9/9 14:22 | 应用程序 | 8,287 KB |

图 1 - 1　Stata 的 exe 文件

方法 2：生成桌面快捷方式。右键点击 "StataMP. exe"，选择 "发送到" → "桌面快捷方式"，如图 1 - 2 所示。经此处理后，桌面就生成了 Stata 的快捷键，每次只需要从桌面打开 Stata 即可。

发送到(N)	>	🖨 传真收件人
剪切(T)		🖨 传真收件人
复制(C)		🔵 蓝牙设备
		🗔 网易邮箱大师
创建快捷方式(S)		🗎 文档
删除(D)		🗜 压缩(zipped)文件夹
重命名(M)		🖃 邮件收件人
属性(R)		⬛ 桌面快捷方式

图 1 - 2　生成 Stata 快捷方式

方法 3：找到相应的 Stata 数据集，例如以".dta"为后缀的文件，双击即可打开 Stata。

提示 1 - 1：Stata 可以在同一时间打开多次，并且多次打开的 Stata 可以同时运行。如果需要同时处理多个数据集，每个数据集只能占据一个 Stata 程序，那么可以多次同时打开 Stata 程序。如图 1 - 3 所示，在不关闭的情况下打开 Stata 程序 3 次，此时点击桌面工具栏的 Stata 图标，可以发现有三个打开的 Stata 程序。

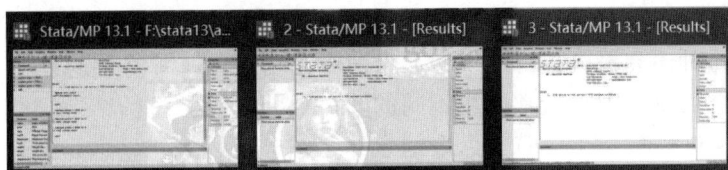

图 1 - 3　同时启动多个 Stata 文件

二、Stata 操作界面

图 1 - 4 列示了 Stata13 MP 版本的页面，图 1 - 5 列示了 Stata15 SE 的汉化版。本教材主要使用 Stata13 MP 版本作为示例。

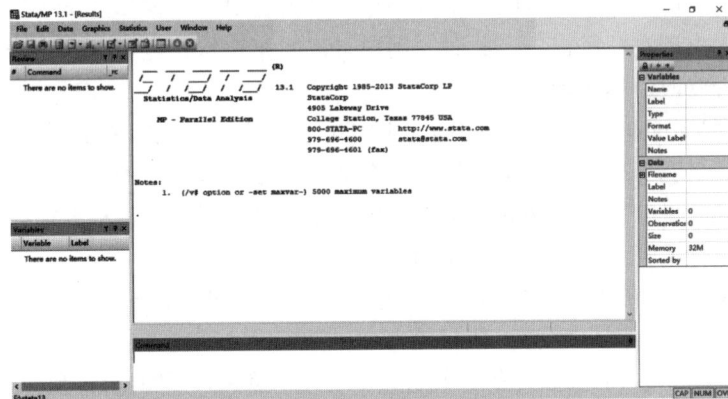

图 1 - 4　Stata/MP 13.1 的主界面

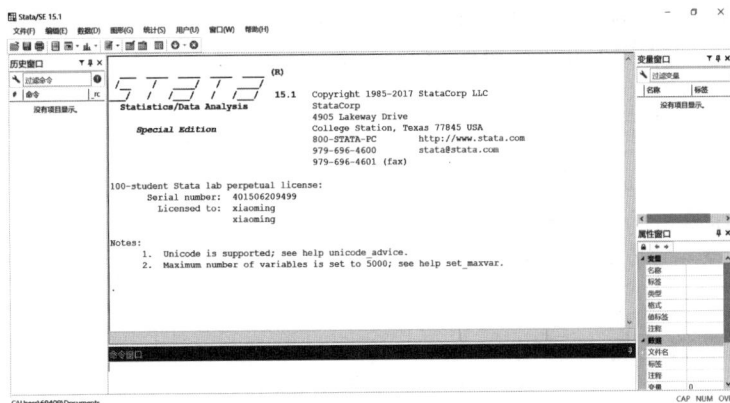

图 1 - 5　Stata/SE 15.1 的主界面

三、Stata 的主窗口布局

（一）主窗口简介

Stata 的界面主要由五个窗口构成，如图 1 - 6 所示。

结果窗口：位于界面右上部，结果窗口显示所输入的命令、执行结果、出错信息。每执行一条命令，结果窗口均会报告输入的命令，如果命令是正确的，那么同时还会报告执行结果，如果命令是错误的，那么同时还会报告出错信息。在结果窗口中，通常使用不同的颜色区分不同类型的结果。经典配色方案下（Classic Color Scheme），命令的字体是白色的，报错信息是红色的，结果信息是绿色的和黄色的。标准配色方案下（Standard Color Scheme），命令字体和结果信息都是黑色的，报错信息是黄色的。

命令（Command）窗口：位于结果窗口下方，此处可以键入需要执行的命令，回车后即开始执行，相应的结果会在结果窗口中显示出来。命令窗口可以同时录入多行命令，回车后，多个命令顺次执行。

历史命令（Review）窗口：位于界面左上方，所有执行过的命令会依次在该窗口中列出。历史命令窗口的一个好处是，单击历史命令窗口的某一行后，该命令可以直接出现在命令窗口。此时，用户可以回车执行，也可以在命令窗口对此条命令进行修改，然后回车执行。

变量（Variables）窗口：在 Stata13 中位于界面左下方，列出当前数据集中的所有变量名称和标签。变量名是对该变量进行分析时使用的名称，变量标签是提醒用户该变量的特征，例如中文名、计算方法等，用户可以根据需要和使用习惯对标签进行编辑。在 Stata15 中位于右侧。

变量属性（Propertie）窗口：除了上述四个窗口外，Stata 通常也会显示属性窗口，位于界面右侧，通常标明了变量的名称（Variables）、标签（Label）、类型（Type）、格式（Format）等，属性窗口处可以编辑变量的名称和标签。

除以上默认打开的窗口外，比较常见的 Stata 窗口还有数据编辑窗口、程序文件编辑窗口、帮助窗口、绘图窗口、Log 窗口等。这些窗口在本教材后面的部分会介绍到。主窗 12 分布情况如图 1 - 6 所示。

（二）打开主窗口的快捷键

如果打开 Stata 之后，不小心将上述默认窗口关闭了该怎么办？Stata 提供了打开上述窗口的快捷键。Ctrl + 1，显示命令窗口；Ctrl + 3，显示历史命令（Review）窗口；Ctrl + 4，显示变量窗口；Ctrl + 5，显示变量属性窗口。

四、菜单栏与工具栏

Stata 主界面包括菜单栏与工具栏。

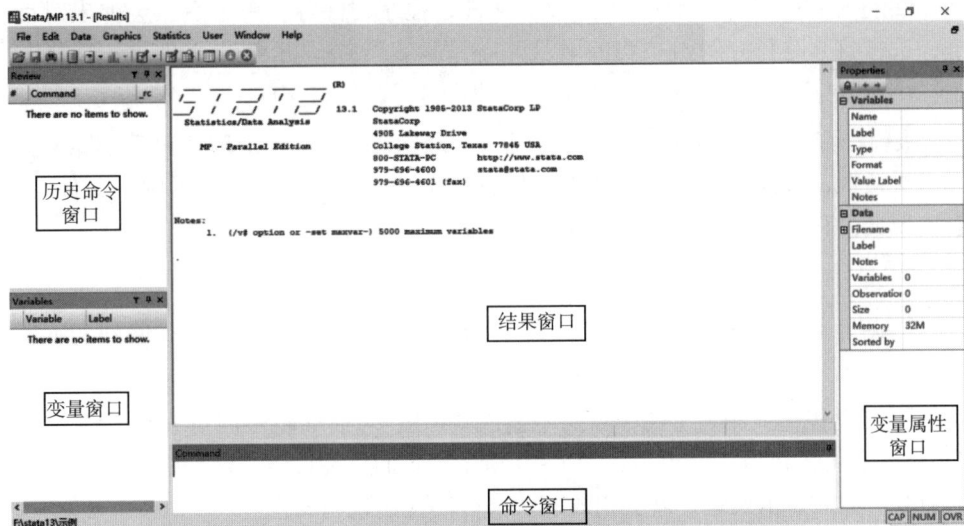

图 1-6 主窗口分布情况

（一）菜单栏

在各个窗口的上方是菜单栏，包括文件（File）、编辑（Edit）、数据（Data）、图形（Graphics）、统计（Statistics）、用户（User）、窗口（Window）、帮助（Help）等菜单，如图 1-7 所示。

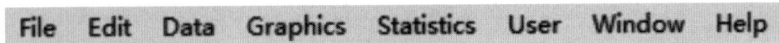

图 1-7 Stata 菜单栏

文件菜单（File）主要是实现打开和保存文件、导入文件等功能。编辑菜单（Edit）主要是实现结果窗口内容的复制、清除等功能。数据菜单（Data）主要实现描述数据、编辑数据、合并数据等功能。图形菜单（Graphics）主要负责 Stata 的绘图功能。统计菜单（Statistics）主要是实现数据的统计、回归分析等。窗口菜单（Window）主要实现打开和关闭不同窗口的功能，如果不小心关闭了某些重要窗口，可以在窗口菜单打开。帮助菜单（Help）主要实现介绍命令、搜索命令、检查更新等功能。

（二）工具栏

工具栏中的按钮提供了打开文件、保存、打印、打开数据编辑器等多个功能的快捷键。如图 1-8 所示。

图 1-8 Stata 工具栏

打开：可以打开 Stata 中的数据文件、程序文件等。单击后，会弹出对话框，选择打开路径，例如"我的电脑"→"D 盘"→"示例"文件夹，选择其中一个".dta"后缀的 Stata 数据文件，即可打开此数据文件。

保存：保存正在使用、存于内存中的 Stata 数据。点击该按钮后，屏幕会弹出对话框，选择保存路径，例如"我的电脑"→"D 盘"→"示例"文件夹，会出现文件存储界面，编辑好文件名，点击"保存"，即保存成功。

打印：打印在结果窗口出现的结果。

屏幕输出记录：用来开启一个 log 文件，将结果窗口的结果存储到文本文件中。

帮助按钮：相当于命令窗口中输入"help"（后面将专门对 help 命令进行介绍）。点击按钮后，会出现如图 1-9 所示的页面。在搜索栏部分输入需要查询的命令，然后点击回车，就会出现相关命令的使用说明文件。

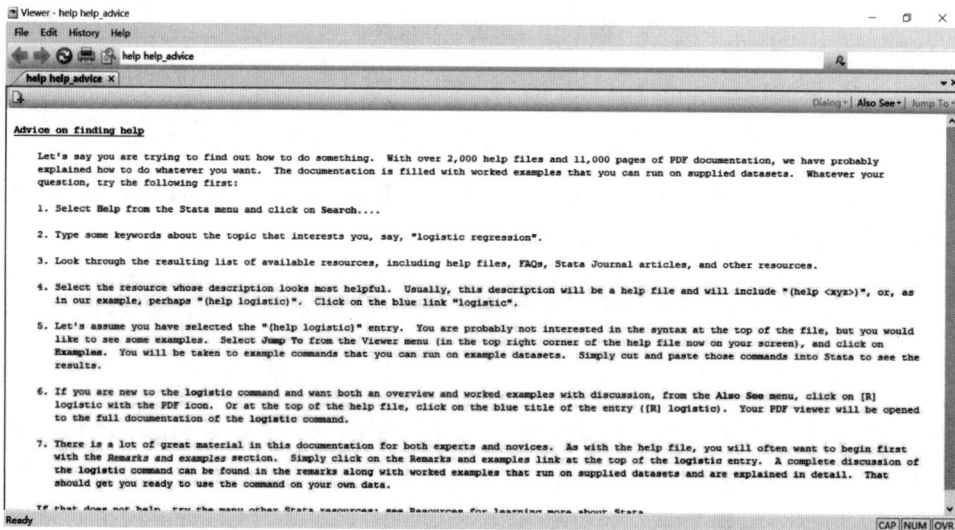

图 1-9　帮助窗口

图形窗口前置：如果绘制了一个图形或者经由命令调用了一个图形文件，点击该按钮时，图形会置于前面。但如果没有图形打开，那么该按钮就变成灰色，即处于无法激活的状态。

新建命令（Do）文件：点击该按钮将打开 Do 文件编辑器（程序编辑窗口），如图 1-10 所示。在 Do 文件窗口，用户可以输进多条需要执行的命令，点击 Do 文件窗口快捷键栏上最后一个按钮"Execute（do）"，从而执行这一系列命令。

数据编辑器（Data Editor）：单击该按钮，打开 Stata 的数据编辑器，如图 1-11 所示，在数据编辑器中可以对数据进行录入、编辑、修改等工作。

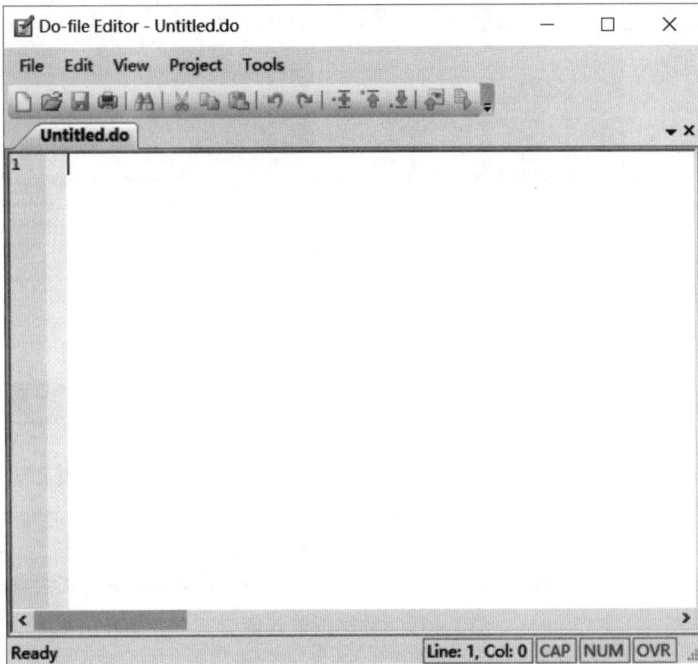

图 1 - 10　程序编辑窗口

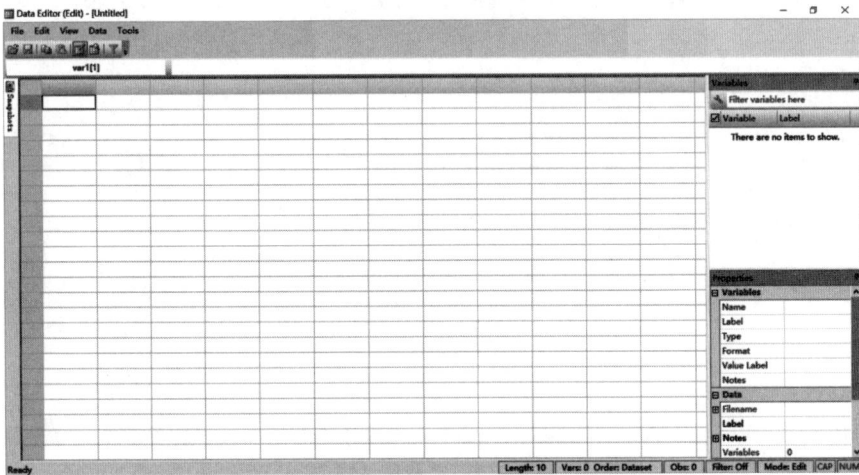

图 1 - 11　数据编辑窗口

数据浏览器（Data Browser）：单击该按钮，可以观察当前的数据集，如图 1 - 12 所示。但与数据编辑器不同，数据浏览窗口只能查看数据，不能编辑和录入数据。可以看到，数据编辑窗口和数据浏览器窗口很相似，主要差别在于在最顶端，数据编辑窗口显示的是 Data Editor，而数据浏览器窗口显示的是 Data Browser。一般而言，数据编辑窗口用处更广，因为可以编辑数据。

变量管理窗口（Variables Manager）：单击该按钮，可以得到当前数据集的变量及其相关特征，包括变量的名称（Variable）、标签（Label）、类型（Type）、格式（Format）等，可以在其中修改变量名、变量标签、变量格式等相关信息，如图 1 – 13 所示。

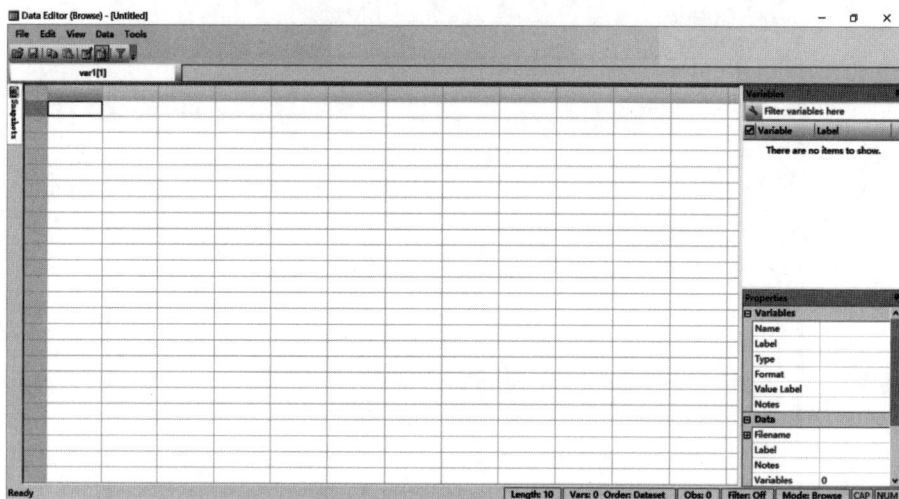

图 1 – 12　数据浏览器窗口

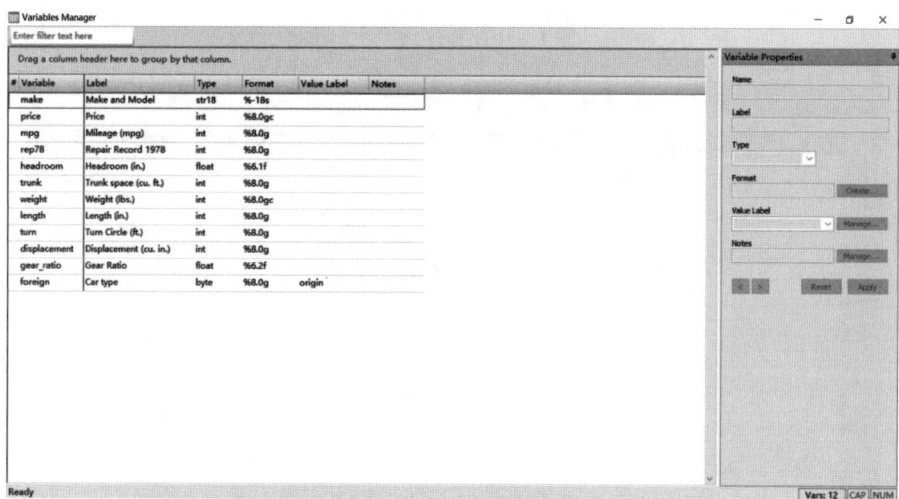

图 1 – 13　变量管理窗口

　　⊗ 程序终止（Break）：点击该按钮，将终止正在运行的程序。在执行程序过程中，用户可能想要修改某些部分再运行，或者程序出现了死循环，一直运行但是无法计算出结果，此时就需要终止程序。

五、关闭 Stata 程序

　　方法 1：单击 Stata 软件右上方的"×"号，即可退出 Stata（见图 1 – 14）。单击关闭按钮时，如果 Stata 文件已打开、编辑修改过并且没有保存，那么

Stata 会出现对话框，提示"是否保存当前文件"，如图 1 – 15 所示。如果选择"Save"，那么就可以将该文件进行保存。

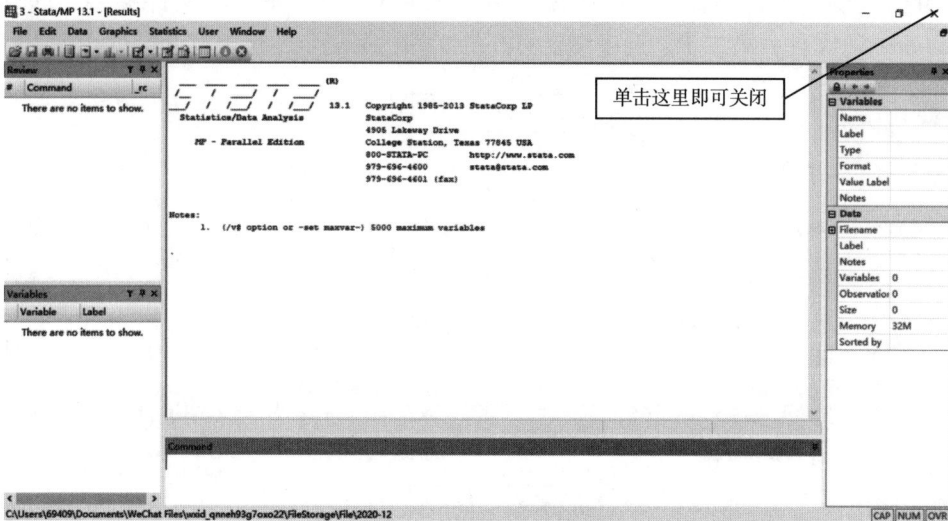

图 1 – 14　关闭 Stata 程序

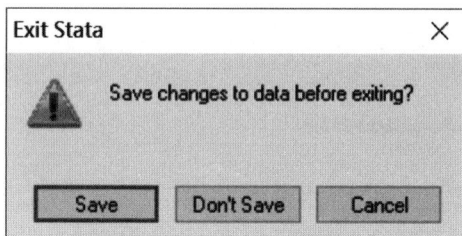

图 1 – 15　退出询问窗口

方法 2：在 Stata 命令窗口输入"exit，clear"，回车。如果使用该命令，那么 Stata 将忽略当前打开的文件，直接关闭。

方法 3：点击菜单栏中的"File"→"Exit"，就可以退出 Stata。执行时，如果有未保存的数据，同图 1 – 15，Stata 一样会询问是否需要保存数据。

提示 1 – 2：在关闭 Stata 软件时，最好将编辑的文件先保存。

六、Stata 基本操作方法

（一）如何进行 Stata 操作

通常而言，Stata 的操作可以通过三种方式实现：第一，菜单窗口选择相应的菜单；第二，在快捷窗口点击相应快捷键；第三，在命令窗口输入命令。但是，使用第三种方法进行数据操作是最为简捷高效的方法。例如，需要打开"D 盘"→"示例"文件夹→"marketindex"文件。

方法 1：菜单窗口打开，单击菜单窗口的"File"→"Open"，打开图 1 - 16 的操作界面。然后依次进行以下操作：第一步，从界面的文件夹部分找到需要打开的文件夹，文件路径为："D 盘"→"stata13"→"示例"文件夹→"mar-ketindex"文件；第二步，选中需要打开的文件；第三步，点击打开。

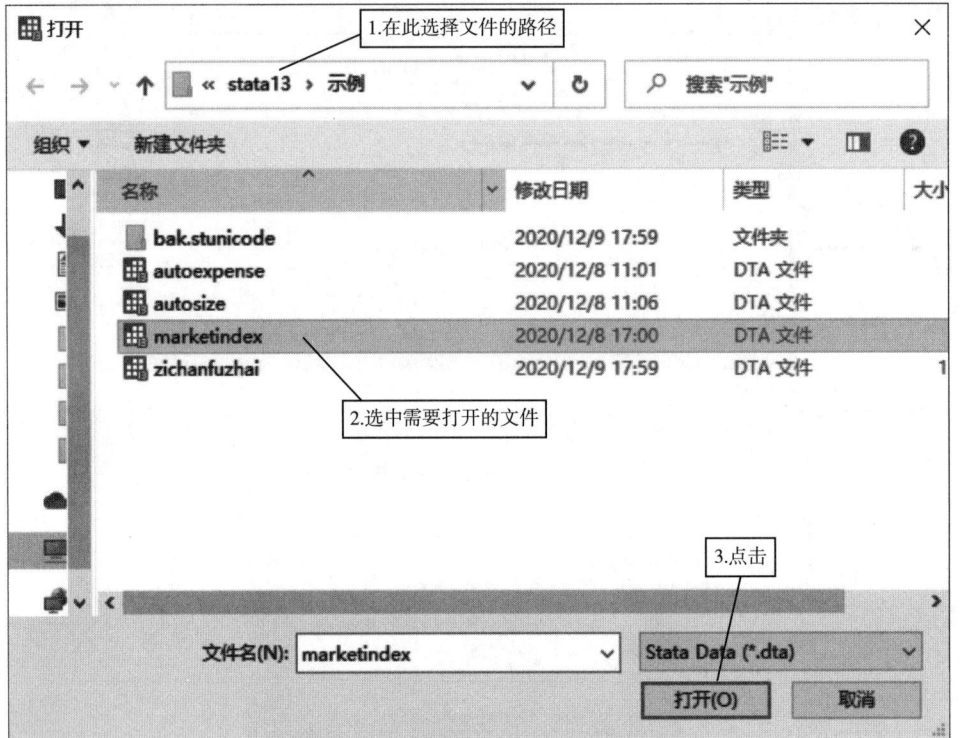

图 1 - 16　打开数据

方法 2：工具栏打开，单击快捷键![icon]，直接出现文件的打开窗口，然后按照上述操作步骤即可完成。

方法 3：命令窗口输入命令，这是本教材强烈推荐的方法。在命令窗口输入相应的命令，然后回车，就可以实现相关指令。在命令窗口输入以下命令，然后点击回车即可。

use "D: \ 示例 \ marketindex. dta"，clear

（二）命令的输出结果

例如，在命令窗口输入如下命令，然后点击回车。

display " love"

结果窗口显示了两行，第一行显示了命令本身；第二行显示了命令的输出结果，如图 1 - 17 所示。在 Stata 中，结果窗口会同时报告输入的命令和输出的结果。

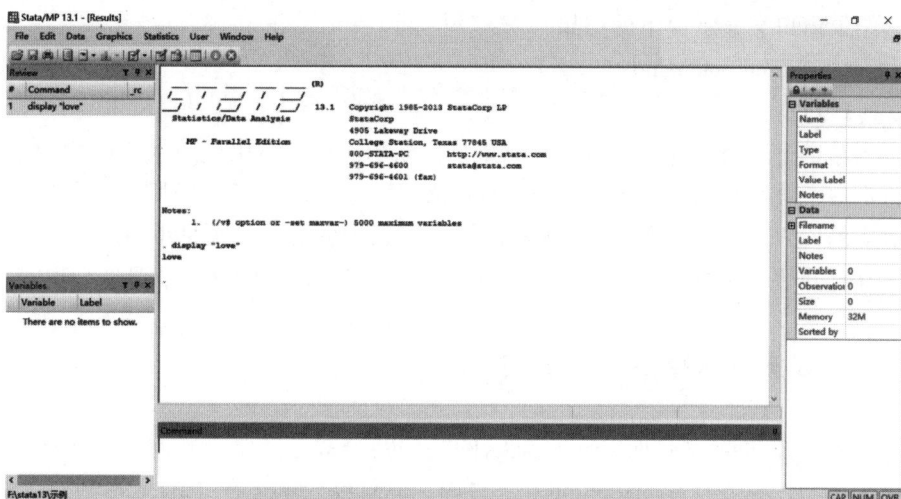

图 1-17 点击命令后的输出结果

第三节 打开、编辑与保存数据文件

在 Stata 中，最常处理的是数据文件，Stata 定义的数据文件的后缀为 ". dta"。本节将介绍 Stata 数据文件的打开、编辑与保存。

一、打开数据

第二节介绍了打开数据的三种方法，推荐采用命令窗口键入命令的方式，Stata 的操作大多数建议使用这种方法。

对于 Stata 自带的数据，一般是 ". dta" 作为后缀，可以使用 use 命令打开相关数据。例如，从本教材提供的"示例"文件夹中打开名为"marketindex"的数据。在命令窗口输入以下命令，然后点击回车：

use "D：\ 示例 \ marketindex. dta"，clear

命令 use 是打开命令，"D：\ 示例 \ "指的是需要打开的文件路径；marketindex 指的是文件名；. dta 指的是打开文件的数据格式；clear 指的是清空内存。打开之后，可以观察一下变量名和变量标签。

需要注意的是：第一，Stata 命令一般是小写，并且区分大小写，所以如果将 use 命令改为大写之后，系统将报错；第二，文件名的大小写需要区分；第三，逗号必须是用半角符号下的逗号；第四，逗号之后的 clear 代表，如果打开之前有其他的文件打开，那么先将之前打开的文件内存清空后，再打开 marketindex 的文件。

当试图把 use 命令改写成大写的 USE 之后，在命令窗口输入以下命令：

USE "D：\ 示例 \ marketindex. dta"，clear

结果窗口会显示以下的结果：

unrecognized command： USE

r(199)；

当输进上述命令并回车后，在结果窗口新增的第一行出现了录入的命令，第二行汇报了报错结果，"unrecognized command： USE"，第三行则对应了报错类型对应的代码"r(199)"。从这里看出，Stata 录入的命令必须是小写。

在打开数据集之后，可以使用 describe 命令对数据集的基本情况进行观察。

二、设置默认路径（cd 命令）

如果打开 Stata 文件时，Stata 默认的文件路径就是需要打开的文件所在的文件夹，例如，想要打开 marketindex 文件时，默认路径就是在"D：\ 示例 \ "中，可以不加路径直接打开。

use marketindex，clear

有时候，直接打开某些 Stata 文件、不加路径时，系统会显示"file ∗.dta not found"，这是因为文件所在的路径并不是 Stata 默认的路径。此时，需要从对应的目录打开 Stata 文件，如果 marketindex 文件是在"D：\ 示例 \ "这个目录下，需要执行以下命令：

use D：\ 示例 \ marketindex，clear

此时，可以使用 cd 命令将默认路径设置为"D：\ 示例"。这个时候，Stata 打开、处理和保存的数据都在新的默认路径下，打开该路径下的文件不再需要加上文件目录。cd 是 change discretionary 的缩写。

cd D：\ 示例

use marketindex，clear

当使用 cd 命令后，结果窗口会出现 cd 命令指定保存的路径。如果使用的默认路径中没有相应的文件，那么系统会报错。当把默认路径定义为 D 盘时，打开 marketindex 文件，系统会报错。

特别说明：本教材介绍的打开文件所设置的默认路径为"D：\ 示例 \ "，需要读者将网络上获取的本教材的配套数据"示例"解压到"D：\ "路径下或者 D 盘中。如果使用 cd 命令后发现打开路径错误，那么需要将默认路径设置到读者自己将示例数据压缩的文件夹中。例如，读者将网络上获取的本教材的示例数据解压到 E 盘的"示例"文件夹下，那么就需要使用 cd 命令将默认路径设置为"E \ 示例 \ "。

提示 1 - 3：强烈推荐读者在处理数据时，先使用 cd 命令更改默认路径，然后打开、处理和保存文件，这样保存和调用的文件都会在默认路径下。如果发现要打开的文件不在默认路径中，那么使用 use 命令时加上文件路径即可。

提示 1 - 4：以后的学习和工作中，可能会做不同的文章和数据，如果数据不属于同一篇文章，那么可以将每篇不同文章的数据放置在不同的文件夹下，方便归类。

提示 1 - 5: 当使用 use 命令打开新的数据集时,clear 命令会让原有的在操作的数据操作清除,回到未编辑前的状态,因此,如果想保存已经操作的数据集,记得先用 save 命令保存一下,再打开新的数据集。

三、观察数据

(一) 数据编辑窗口

在打开上述数据后,可以使用 edit 命令打开数据编辑窗口,以系统自带的"auto" 数据集为例,先打开系统自带数据:

sysuse auto,clear

打开系统自带的数据用 sysuse 命令,调用 Stata 官方网站的命令是用 webuse 命令,调用本地磁盘上的数据是用 use 命令。sysuse、webuse 一般在教学展示或者 Stata 示例中使用,实践中还是 use 命令使用的最多。

auto 数据是美国 1978 年 74 种品牌汽车的参数数据,数据包含的变量包括 make (汽车品牌名)、price (此品牌汽车的价格)、mpg (此品牌汽车的里程数)、rep78 (此品牌汽车在 1978 年的维修记录)、headroom (此品牌汽车的头上空间参数)、trunk (空间)、weight (此品牌汽车的重量)、length (此品牌汽车的长度)、turn (此品牌汽车的转弯半径)、displacement (此品牌汽车的发动机排量)、gear_ratio (此品牌汽车的传动比) 以及 foreign (此品牌汽车是否属于外国品牌),然后使用命令 edit 就可以打开数据编辑窗口 (见图 1 - 18)。

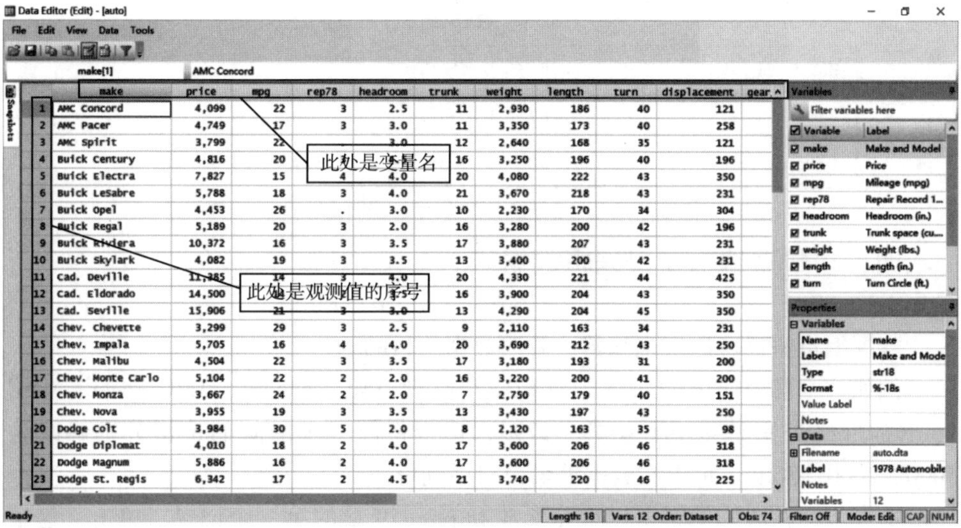

图 1 - 18 数据编辑窗口

数据编辑窗口左下部分就是数据部分，该部分中最顶端的一行是变量名，包括 make、price、mpg、rep78、headroom 等，数据之外的左边是一列数字，1，2，3，4，5，…，代表第几个观测值。数据部分中的每一行代表一条数据观测值（observation），例如 auto 数据中的每一行都代表某一个特定的汽车品牌，每一列代表一个对应的变量。在数据编辑窗口可以观察和修改数据。

右下部分是变量（variables）及其变量特征（properties），包括变量名称、标签、类型。在数据编辑窗口，可以直接将某一个数据选中并加以编辑修改，也可以对变量名和标签进行修改。

（二）结果窗口观察数据

当然，观察数据也可以在一开始的操作界面中的结果窗口实现。如果打开了数据编辑窗口，需要关闭数据编辑窗口（点击数据编辑窗口最右上方的叉号，记得千万不要点一开始打开 Stata 的操作页面的叉号）。

如果想在结果窗口观察某一部分数据，例如，想观察前 10 个汽车品牌的品牌名 make、里程数 mpg、价格 price、是否外国品牌 foreign，就需要在命令窗口输入以下命令：

list make mpg price foreign in 1/10

结果窗口会输出以下结果：

	make	mpg	price	foreign
1.	AMC Concord	22	4,099	Domestic
2.	AMC Pacer	17	4,749	Domestic
3.	AMC Spirit	22	3,799	Domestic
4.	Buick Century	20	4,816	Domestic
5.	Buick Electra	15	7,827	Domestic
6.	Buick LeSabre	18	5,788	Domestic
7.	Buick Opel	26	4,453	Domestic
8.	Buick Regal	20	5,189	Domestic
9.	Buick Riviera	16	10,372	Domestic
10.	Buick Skylark	19	4,082	Domestic

四、在数据编辑窗口编辑数据

数据编辑窗口可以实现编辑、修改数据的目的。

例如，本部分使用的 auto 数据前三个品牌 AMC concord、AMC Pacer、AMC Spirit 的价格分别是 4099、4749、3799，希望将前三个品牌的价格分别修改为 1000、2000、3000。可以在数据编辑窗口手动修改。

第一步，在数据编辑窗口将光标放到 price 变量的第一个记录，单击，这个部分就变为活动窗口（该条表格的边框变成粗体实线）。此时数据表的上方的两个空格分别显示了 pirce［1］和 4099，pirce［1］代表变量 price 的第 1 条观测值，4099 代表 price 变量的第一条数据是 4099。如图 1 - 19 所示。

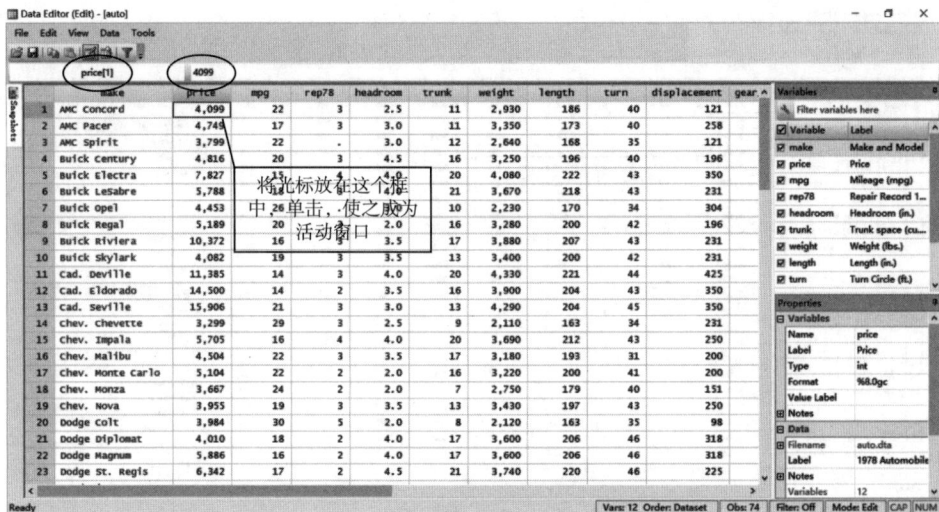

图 1 – 19　编辑窗口编辑数据

第二步，输入 1000，此时活动单元格中变为 1000，数据上方、pirce［1］后面的长空格处也变为 1000。如图 1 – 20 所示。

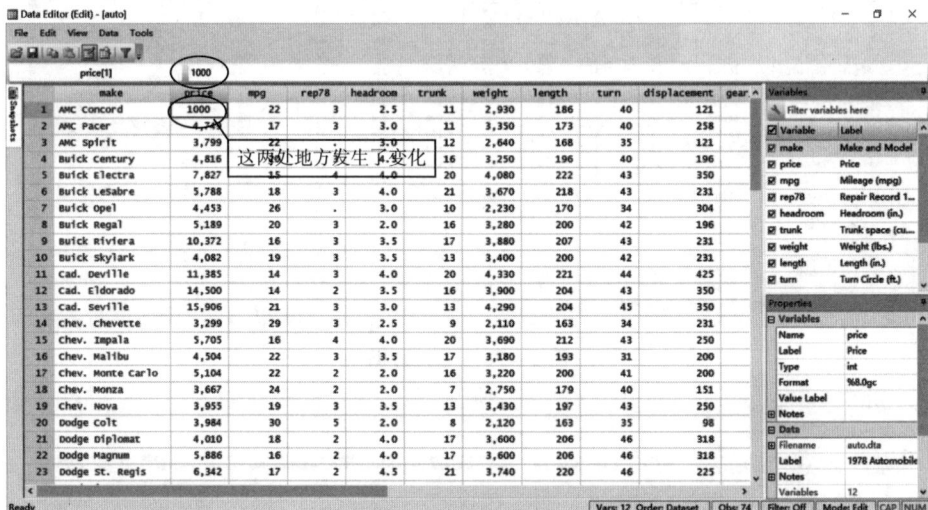

图 1 – 20　编辑数据

第三步，按回车键，此时 price 变量的第一条记录变为 1000，并且活动单元格移到 price 变量的第 2 行，而数据上方的两个空格也变为 price［2］和 4789。如图 1 – 21 所示。

第四步，重复上述操作，输入 2000，按回车键。此时 price 的第二条记录变为 2000，活动窗口自动移到 price 的第三个记录上。如图 1 – 22 所示。

第五步，输入 3000，按回车键。此时，完成了三条数据的修改。如图 1 – 23 所示。

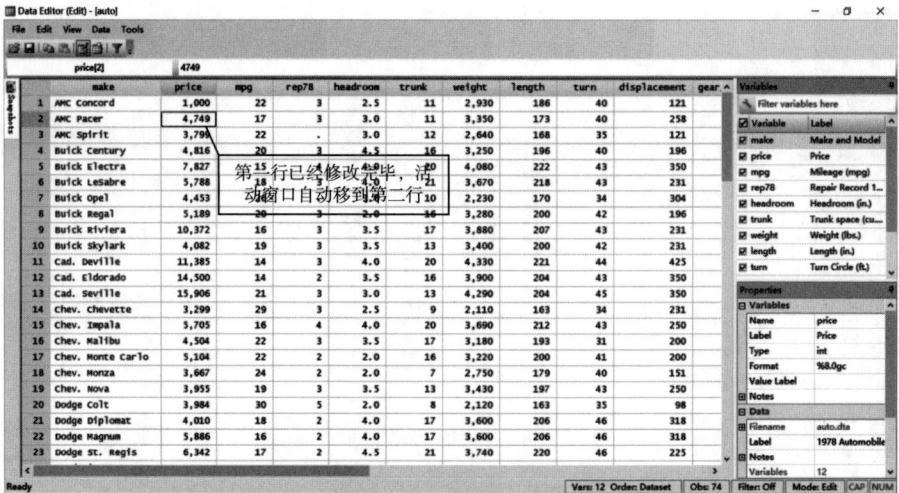

图 1-21　编辑数据

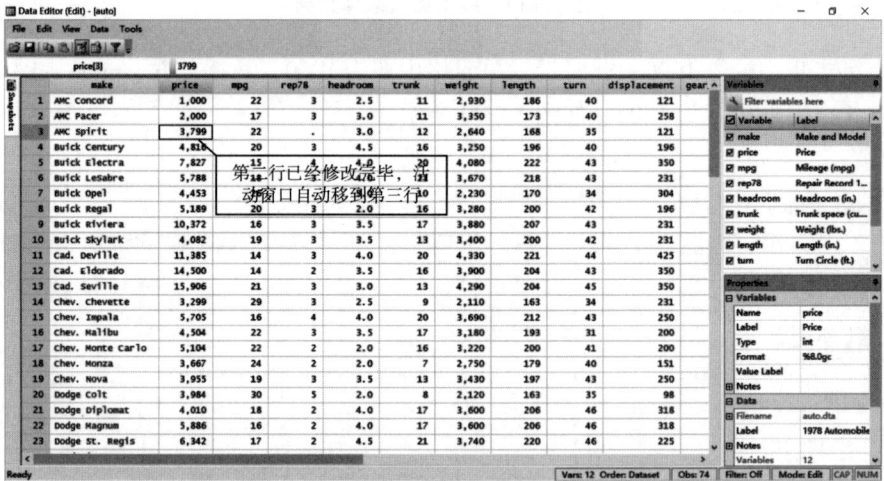

图 1-22　编辑数据

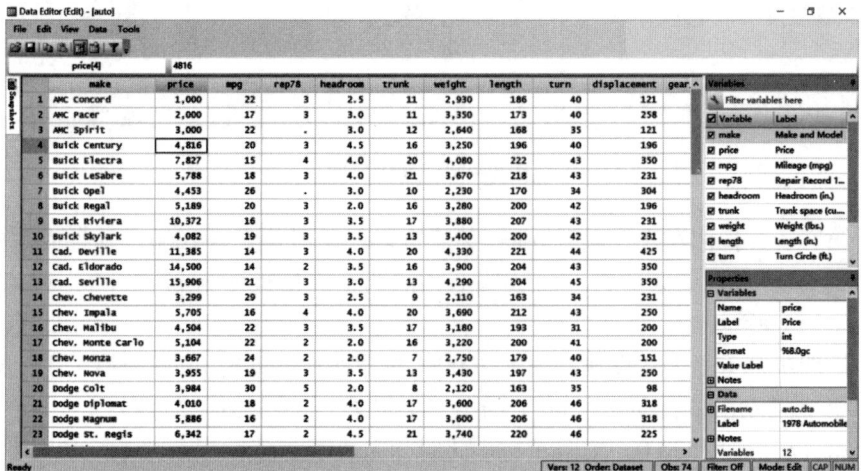

图 1-23　编辑数据

在完成上述操作后，关闭数据编辑窗口，就会发现命令窗口多了三条命令，结果窗口多了三条命令和对应的执行结果。如图 1 – 24 所示。

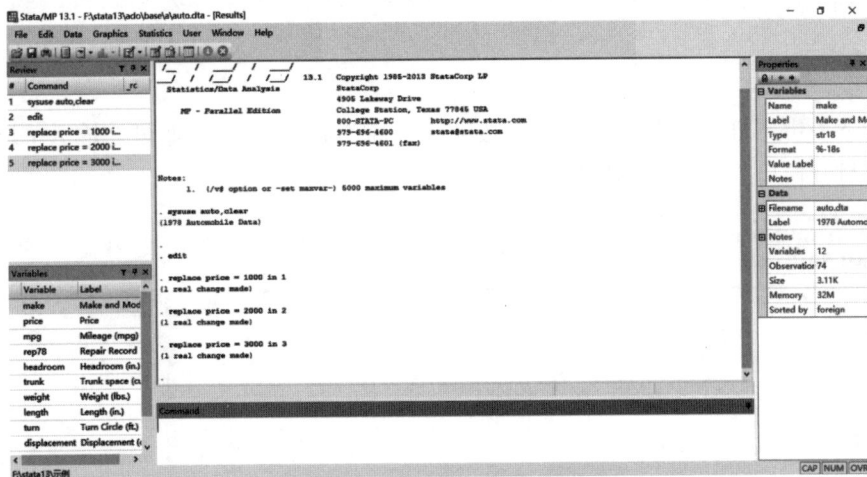

图 1 – 24 编辑数据之后的主界面

命令窗口多出来的命令如下：

replace price = 1000 in 1

replace price = 2000 in 2

replace price = 3000 in 3

结果窗口多出来三条执行命令和对应的执行结果。

```
. replace price = 1000 in 1
(1 real change made)

. replace price = 2000 in 2
(1 real change made)

. replace price = 3000 in 3
(1 real change made)
```

这也就是说，在数据编辑窗口编辑数据，等同于在命令窗口输入了这三条命令，然后按回车键。

五、录入数据

在空白数据集录入数据有三种方法：一是使用数据编辑窗口手动录入；二是使用 replace 命令在命令窗口手动录入；三是使用 input 命令在命令窗口录入。

例如，想录入一个数据，有两个变量 x 和 y，有三个观测值，x 和 y 变量的值分别为 1 和 3、2 和 4、5 和 6。

（一）方法 1——edit 窗口中录入

首先使用 clear 命令清除现有打开的数据；其次设置 3 个观测值；最后定义 x

和 y 两个变量，定义它们都是 1。

```
clear
set obs 3
g x = 1
g y = 1
```

下一步，打开数据编辑窗口，按照上一部分的方法进行即可。输入 edit 命令，打开窗口。如表 1－25 所示。

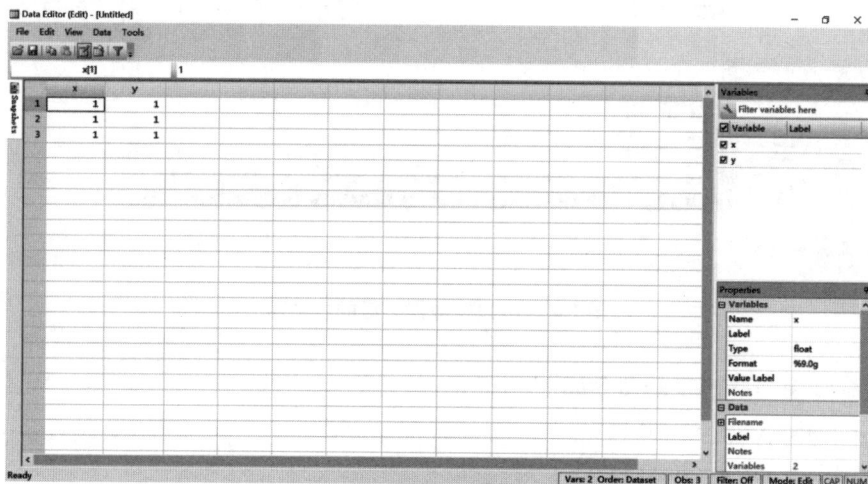

图 1－25　数据编辑器中录入数据

按照第四部分的具体步骤，将光标放在 x 变量的第二行，单击，使之成为活动窗口，输入 2、按回车键，输入 5、按回车键；将光标放在 y 变量的第一行，单击，使之成为活动窗口，输入 3、按回车键，输入 4、按回车键，输入 6、按回车键。如图 1－26 所示。数据修改完之后，点击叉号，关闭数据编辑窗口。

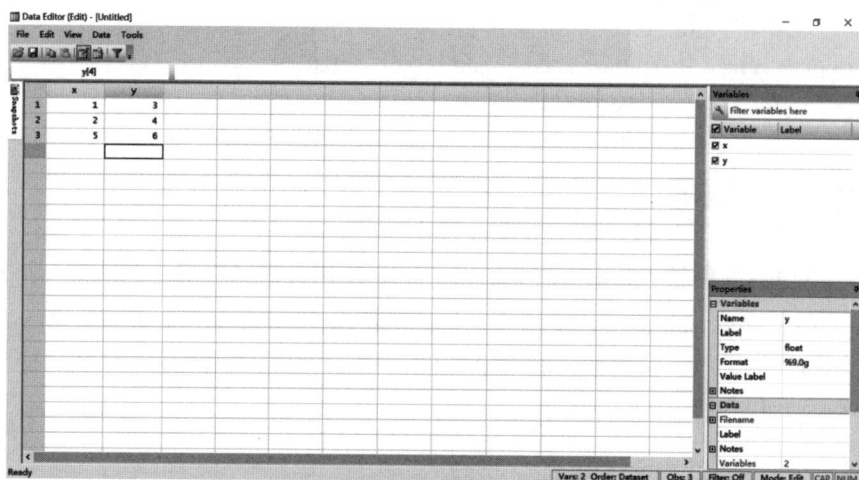

图 1－26　数据编辑器中录入数据

回到之前的操作界面,依然发现,在数据编辑窗口手动修改命令时,命令窗口自动出现了修改数据对应的命令,而结果窗口自动出现了修改这些数据的命令和结果,如图 1 – 27 所示。

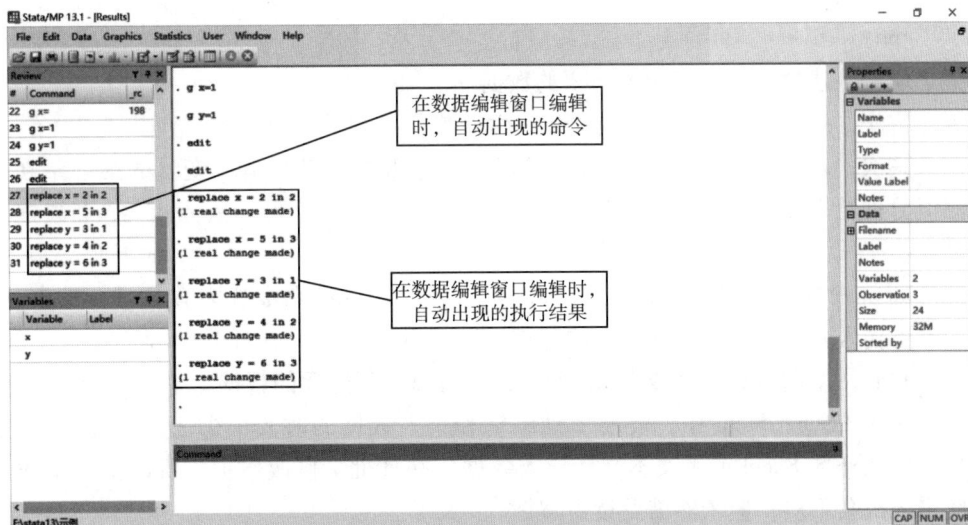

图 1 – 27 关闭数据编辑器后的主界面

正如前面提到的,在数据编辑窗口编辑和修改数据,等同于使用 replace 命令编辑和修改数据,这就涉及第二种方法。

(二) 方法 2——在命令窗口使用 generate 或者 replace 命令

在命令窗口依次输入如下命令,然后点击回车键:

clear

set obs 3

gen x = 1

gen y = 1

replace x = 2 in 2

replace x = 5 in 3

replace y = 3 in 1

replace y = 4 in 2

replace y = 6 in 3

第一条 replace 命令指的是,在第二条数据中,将 x 修改为 2;第二条 replace 命令指的是在第 3 条数据中,将 x 修改为 5。以此类推。

(三) 方法 3——在命令窗口使用 input 命令

clear

```
input x y
1 3
2 4
5 6
end
```

使用上述命令也可以录入想要的数据

首先，录入 input x y，指的是定义两个变量 x 和 y，准备录入数据。

其次，录入 "1　3"，注意 1 和 3 之间有空格，代表 x 和 y 变量的第一条观测值分别是 1 和 3。再录入 "2　4"，再录入 "5　6"，再录入 end，结束数据录入。

input 命令代表变量定义完毕、数据录入开始，end 命令代表数据录入结束，如果不输入 end 命令，数据录入的过程永远都不会停下。

此时，使用 edit 命令或者 list 命令，就可以得到想要的数据。

提示 1 – 6：Stata 中，需要手动编辑和录入数据的时候很少，多数情况下，是需要从外部 Excel 或者文本文档导入数据，并且批量修改数据。所以上述操作使用的机会不多，但依然需要读者掌握。

六、保存数据

在 Stata 中，保存数据通常用 save 命令，通常的格式是 "save 文件名" 的格式。

（一）如何使用 save 命令

例如，对系统自带的 "auto" 数据集进行修改操作后，将其保存在示例数据集中，名字定义为 "example1"。可以重复以前的命令：

```
cd D：\ 示例
sysuse auto，clear
replace price = 1000 in 1
replace price = 2000 in 2
replace price = 3000 in 3
```

然后将上述数据进行保存：

```
save D：\ 示例 \ example1
```

或者 save example1

第一个命令是定义了文件要保存的路径 "D：\ 示例 \"，example1 数据保存在该目录下。第二个命令是将 example1 的数据集保存在当前默认路径下。我们可以看到，一开始，已经使用 cd 命令将默认的路径定义在了 "D：\ 示例 \" 目录下。所以两个 save 命令是等价的。

提示 1 - 7：推荐读者先使用 cd 命令定义好默认文件路径，之后打开数据集、保存数据集就不需要加入文件路径了，而且会很清楚打开和保存的文件在哪里。

可以看到，在示例文件夹下，多出来一个名为"example1"的文件。下次，就可以直接打开该文件。

use example1，clear

（二）replace 后缀的使用

需要注意的是，如果文件夹中有了 example1 的 dta 文件，还想保存名字为 example1 的其他文件，那么系统会报错。在执行了上述命令后，可以尝试保存一个 example1 的文件。

sysuse auto，clear

set obs 5

gen x1 = 1

save example1

在执行最后一条命令时，系统会报错，表示名为 example1 的 . dta 文件已经存在。此时，只需要加上后缀"，replace"，那么就可以生成一个新的 example1 的数据。

sysuse auto，clear

set obs 5

gen x1 = 1

save example1，replace

最后一条命令执行后，重新打开 example1 的数据并且观察。观察数据既可以使用 list 命令在结果窗口观察（数据量不大的情况可以偶尔用），也可以使用 edit 命令在数据编辑窗口实现。

use example1，clear

list

原有的 example1 数据是与 auto 数据集类似的，现在已经被覆盖并且变成了刚刚定义的数据。

```
     | x1
  1. |  1
  2. |  1
  3. |  1
  4. |  1
  5. |  1
```

或者用 edit 命令，观察数据编辑器，如图 1 - 28 所示。

edit

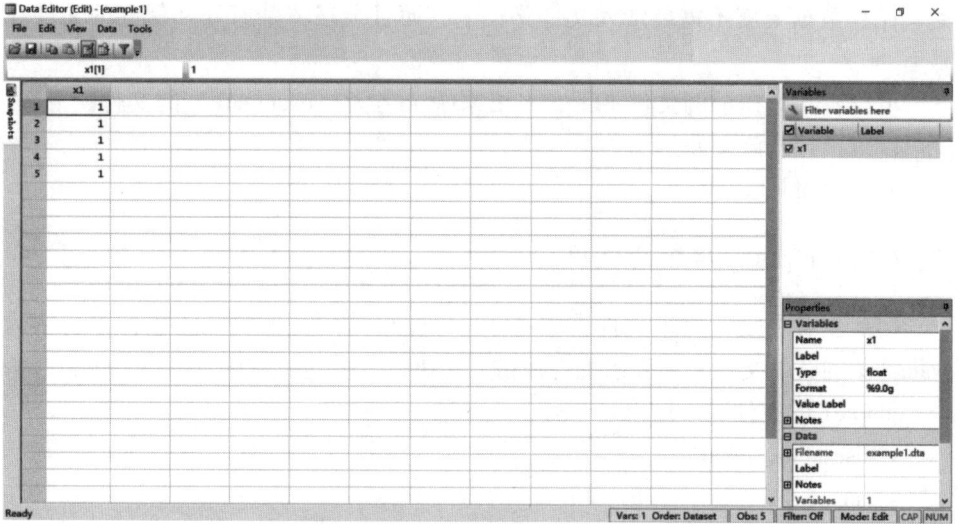

图 1 – 28　新的 example1 文件

当然，如果想生成一个新的数据集，也可以使用 replace 后缀。

sysuse auto，clear

set obs 5

gen x1 = 1

save example2，replace

最终保存的时候，系统会提示，原本 example2 这个文件是不存在的，现在已经保存了，这个与覆盖原有存在文件的系统提示是不一样的，多了 note 之后的一行提示。

提示 1 – 8：尽管 save 后面加 replace 是很好用的命令，但保存数据中的 replace 不要轻易用，因为会覆盖原有的数据集。除非是在原有数据基础上做了简单的深加工，否则最好的方法是将新生成的数据保存在新文件的名字中。

第四节　Stata 系统帮助

一、帮助命令 help

Stata 中，查询命令的完整说明、使用方法和示例可以使用 help 命令。例如查询 generate 命令的使用方法，在命令窗口键入如下命令并回车：

help generate

相关界面如图 1 – 29 所示。

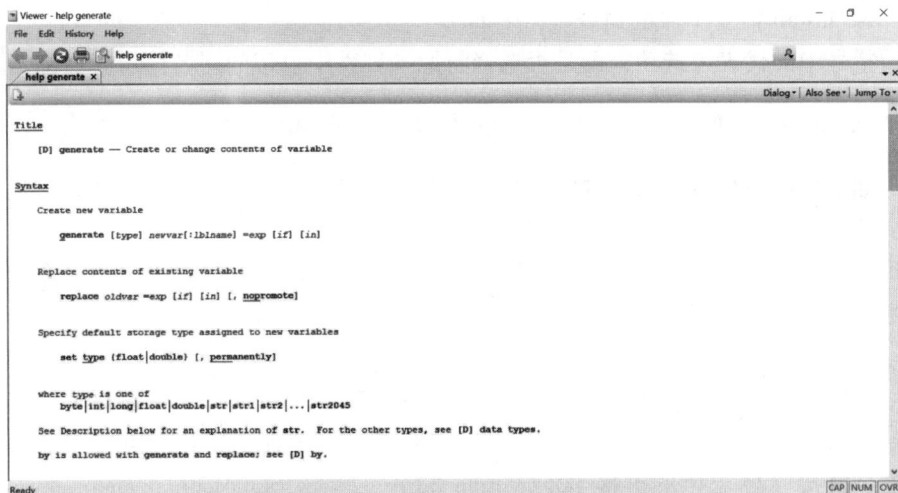

图 1-29　generate 函数的帮助界面

　　help 界面通常报告了被查询命令的简单定义（Title）、使用语法（Syntax）、主菜单中对应的与输入该命令等价的操作（Menu）、该命令的使用说明（Description）、选项（Option）。除了阅读命令的使用格式和简单说明外，Stata 往往在帮助窗口提供相关命令的使用示例（Examples 部分），使用这些示例会帮助读者快速了解该命令的常见用法。

　　help 命令在 Stata 学习中很常用，如果对某个命令不太熟悉或者需要了解其完整的用法，完全可以使用 help 命令进行学习。help 提供了每个命令的具体用法，这些用法五花八门、涵盖了各种可能的选项，面对这些具体的用法和实例，初学者可能感觉有些烦琐，尤其是 help 文件提供的是英文类说明。一开始可以使用本教材的具体实例完成学习。随着学习的深入和对命令要求的上升，读者会慢慢开始使用 help 并搜寻命令更加复杂和先进的用法。

　　help 不仅可以提供命令的帮助信息，还可以给出非命令主题（函数库或者日期格式）的帮助信息。例如在命令窗口键入 help function，就可以查询 Stata 中不同类型的函数库，而各个函数库又介绍了对应函数库的具体函数。

　　提示 1-9：随着学习的深入，建议经常使用 help 对常见的命令、函数进行查询，这是精通 Stata 的捷径，尤其是多看看 help 文件中例子（Examples）的部分。

二、安装外部命令

　　在使用 Stata 时，有些命令并没有包含在原有下载的软件中，有时候需要安装外部命令。

（一）安装官方网站的 Stata 命令——ssc install 命令

　　某些命令是 Stata 官方推出的，但是没有安装在个人的 Stata 软件中，可以使用以下格式完成安装。

ssc install 需要下载的命令 [，replace]

括号中的代表可选项，即是否选择将原来软件中自带的同名称的命令替换。

（二）安装非官方网站的 Stata 命令——findit 命令

如果某些命令不是 Stata 自带的，可以使用 findit 命令，寻找到外部安装的链接，然后安装完毕之后，就可以正常使用。

例如，需要安装 Stata 输出结果的命令 esttab，在命令窗口输入以下命令，然后按回车键。

findit esttab

如图 1-30 所示，可以看到命令的网络来源"Web resources from Stata and other users"。其中，网络搜索到 8 个安装包"8 packages found"。可以点击第一个安装链接（标蓝色的链接 st0523 from http://www.Stata-journal.com/software/sj18-2）。打开之后，如图 1-31 所示，点击"click here to install"，就可以等待并完成安装。

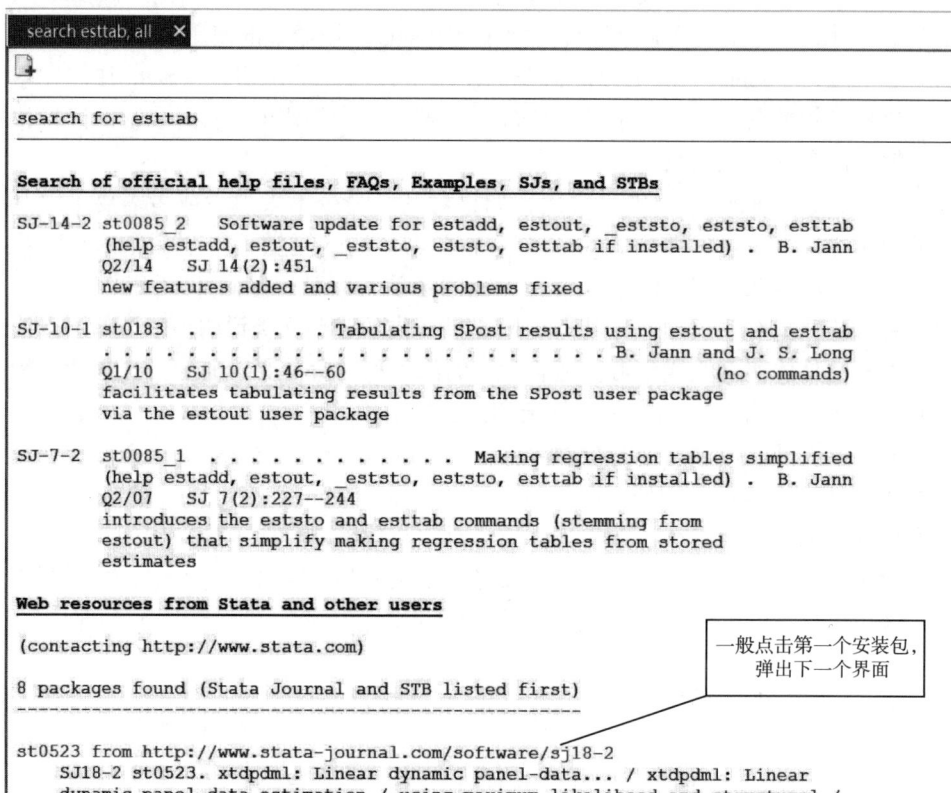

图 1-30　安装外部非官方命令

系统显示安装成功后，就可以正常使用该命令，esttab 命令的使用方法通过"help esttab"查询学习。

```
net describe st0523, from(htt...   ✕
```

```
package st0523 from http://www.stata-journal.com/software/sj18-2

TITLE
      SJ18-2 st0523. xtdpdml: Linear dynamic panel-data...

DESCRIPTION/AUTHOR(S)
      xtdpdml: Linear dynamic panel-data estimation
         using maximum likelihood and structural
         equation modeling
      by Richard Williams, Department of Sociology,
            University of Notre Dame, Notre Dame, IN
            USA
         Paul Allison, Department of Sociology,
            University of Pennsylvania, Philadelphia,
            PA USA
         Enrique Moral-Benito, Banco de Espana,
            Madrid, Spain
      Support:  rwilliam@nd.edu,
                allison@statisticalhorizons.com,
                enrique.moral@gmail.com
      After installation, type help xtdpdml
      esttab must be installed to run all the
         examples.

INSTALLATION FILES                          (click here to install)
      st0523/xtdpdml.ado
      st0523/xtdpdml.sthlp

ANCILLARY FILES                             (click here to get)
      st0523/xtdpdml examples.do
```

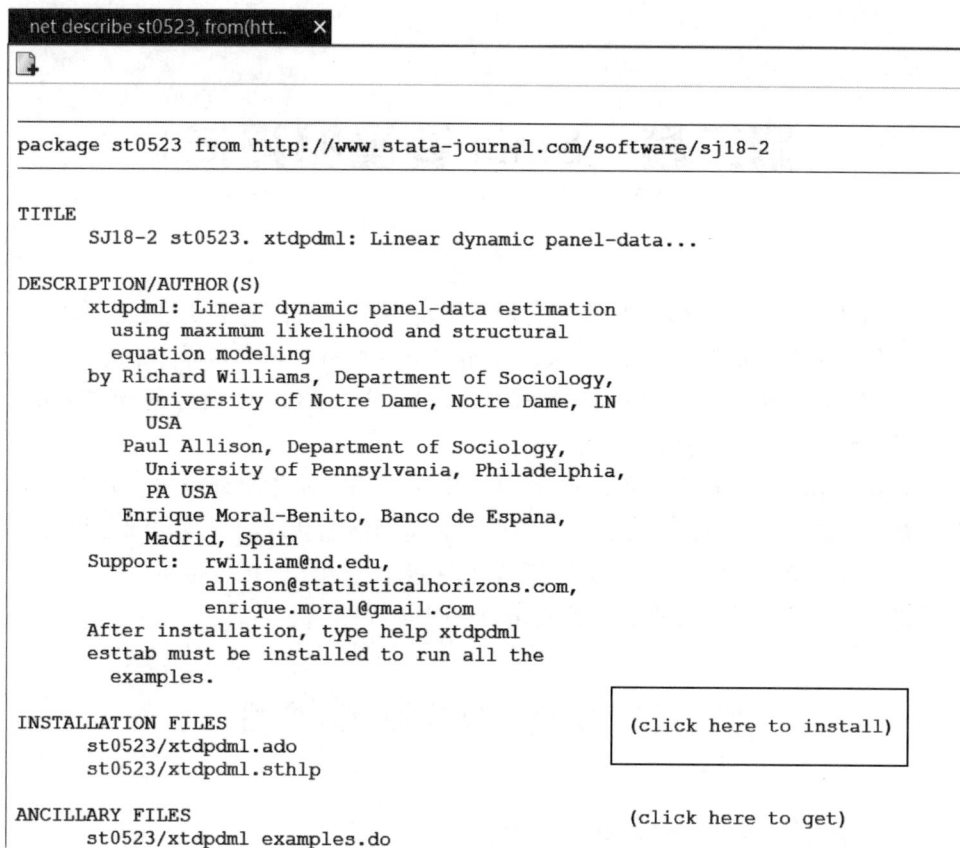

图 1-31   安装外部非官方命令

课后习题

1. 打开与关闭 Stata 软件。
2. 打开、编辑与保存 Stata 格式的数据文件。

第二章　Stata 变量的操作

Stata 中常见的变量包括数值型变量、字符型变量和日期型变量，本章的前两节介绍数值型变量的基本操作，第三节介绍修改变量的名称和标签的方法，第四节介绍字符型和日期型变量的操作问题，第五节介绍 Stata 命令的标准格式，第六节介绍 Stata 程序的初步使用方法。

再次强调，本教材的配套数据请到相关网页下载，本教材介绍的打开文件所设置的默认路径为"D:\ 示例 \"，需要读者将网络上获取的本教材配套数据文件夹"示例"解压到"D:\"路径下或者 D 盘中。当然，读者也可以自行设定默认路径，然后将这些文件置于那些路径下即可。

第一节　定义、修改和删除变量

一、定义变量——generate 命令

打开数据后，通常需要根据需要定义变量，定义变量的命令是 generate 命令。例如，在现有的 auto 数据中生成一个自然数序列，放置于所有变量的最后。

sysuse auto，clear

generate x = _n

edit

打开数据编辑器，可以看到最后一列生成自然数序列。如图 2 - 1 所示。

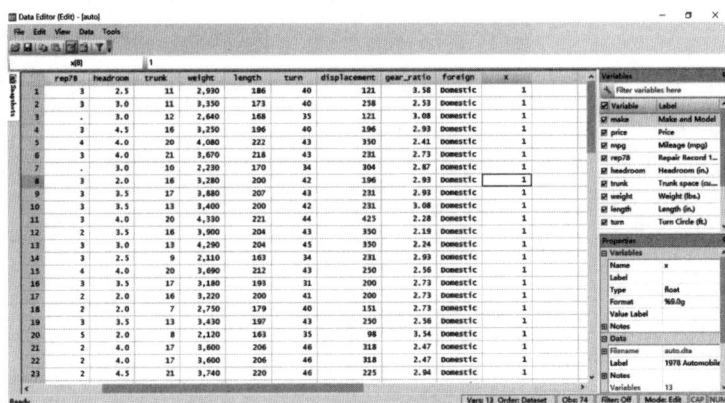

图 2 - 1　生成自然数序列

另一种观察数据的方式是命令窗口中输入 list。可以观察生成数据后的前 10 条数据的 make、mpg、price、foreign、x 变量，键入以下命令：

list make mpg price foreign x in 1/10

```
       make            mpg    price    foreign        x

 1.    AMC Concord      22    4,099    Domestic       1
 2.    AMC Pacer        17    4,749    Domestic       2
 3.    AMC Spirit       22    3,799    Domestic       3
 4.    Buick Century    20    4,816    Domestic       4
 5.    Buick Electra    15    7,827    Domestic       5

 6.    Buick LeSabre    18    5,788    Domestic       6
 7.    Buick Opel       26    4,453    Domestic       7
 8.    Buick Regal      20    5,189    Domestic       8
 9.    Buick Riviera    16   10,372    Domestic       9
10.    Buick Skylark    19    4,082    Domestic      10
```

当然，也可以在空白数据集上生成自然数序列。

clear

set obs 12

gen x = _n

list

上述命令的含义是：首先清空数据内存；其次设置样本量为 12；最后生成自然数序列。可以看到，在 Stata 中，generate 命令与 gen 命令的使用结果是等同的。这是因为，generate 命令可以简化为"gen"甚至是"g"。

所以录入以下命令，得到的是一样的结果。

clear

set obs 12

g x = _n

```
        x

 1.     1
 2.     2
 3.     3
 4.     4
 5.     5

 6.     6
 7.     7
 8.     8
 9.     9
10.    10

11.    11
12.    12
```

提示 2-1（变量简化规则）：对于许多 Stata 命令而言，可以使用命令的前几个字母代替整个命令，例如 summarize 可以简化为 sum 命令，regress 可以简化为 reg。具体简化到几个字母，需要查看该命令的 help 文档，然后查看该命令的使用格式中，命令下方划线的字母。例如，输入 help generate 命令，按回车键，看到帮助窗口，如图 2 - 2 所示。

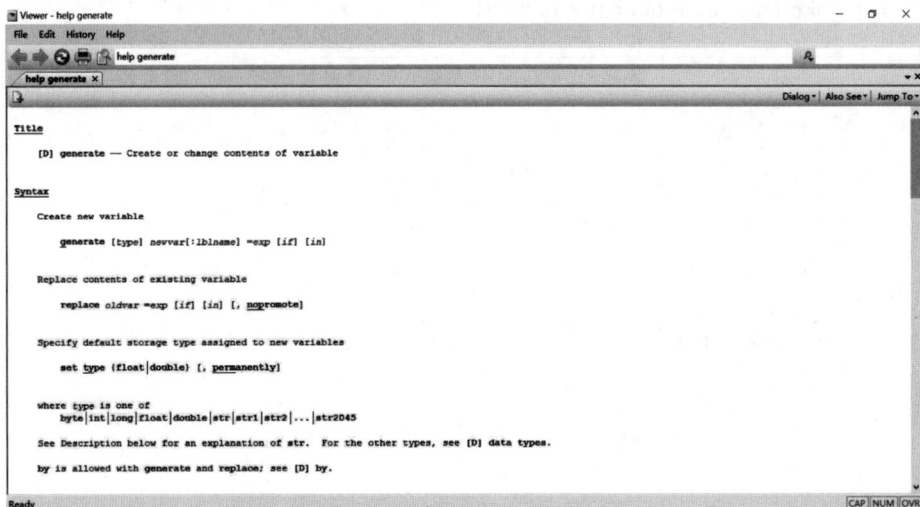

图 2 - 2　generate 命令的 help 文件

帮助窗口中有该命令的使用格式

generate [_type_] _newvar_[:_lblname_] =_exp_ [_if_] [_in_]

命令 generate 下方画横线的字母是使用该命令时的最简化形式，也就是说，generate 命令可以简化为 g。当然，如果读者觉得方便，也可以简化为 gen、ge 等。总之，其最简化的命令形式为 g。

二、数据的替换和修改——replace 命令

有时需要将现有变量的某些数值加以替换，replace 命令可以实现上述功能。

（一）示例 1

例如，想将 auto 数据中第四个品牌的 price 变量替换为 1000。先观察一下第 4 条数据的 make 和 price。

sysuse auto, clear

list make price in 4

结果窗口列示了第四个品牌是 Buick Century，价格是 4816。in 代表数据范围，表示在某个观测值或者观测值范围内。后面还会继续讲到 in 的用法。

	make	price
4.	Buick Century	4,816

然后将其价格替换为1000，使用 replace 命令：

replace price = 1000 in 4

list make price in 4

	make	price
4.	Buick Century	1,000

（二）示例 2

生成了自然数序列后，希望将这一列数据全部替换为原变量的相反数，命令如下：

clear

set obs 12

g x = _n

replace x = − x

使用 edit 命令后，会发现，变量 x 的全部数值已更改为其相反数。

list

	x
1.	−1
2.	−2
3.	−3
4.	−4
5.	−5
6.	−6
7.	−7
8.	−8
9.	−9
10.	−10
11.	−11
12.	−12

（三）示例 3

第一章里介绍过，数据的替换也可以在数据编辑窗口实现，可以用 edit 命令打开数据编辑窗口，然后逐个对数据进行修改。例如，希望把上述操作之后的第三条数据的 x 变量，由 − 3 手动修改为 33，将第 4 条数据的 x 变量由 − 4 修改为 44。

首先，打开数据编辑窗口，即命令窗口输入 edit、回车。

edit

将光标点击 x 变量的第三行，让其成为活动单元格，如图 2 − 3 所示。此时工具栏下方、数据上方出现了 "x[3]" "− 3" 的字样，即 x[3] 代表 x 变量的第三条记录，等于 − 3。

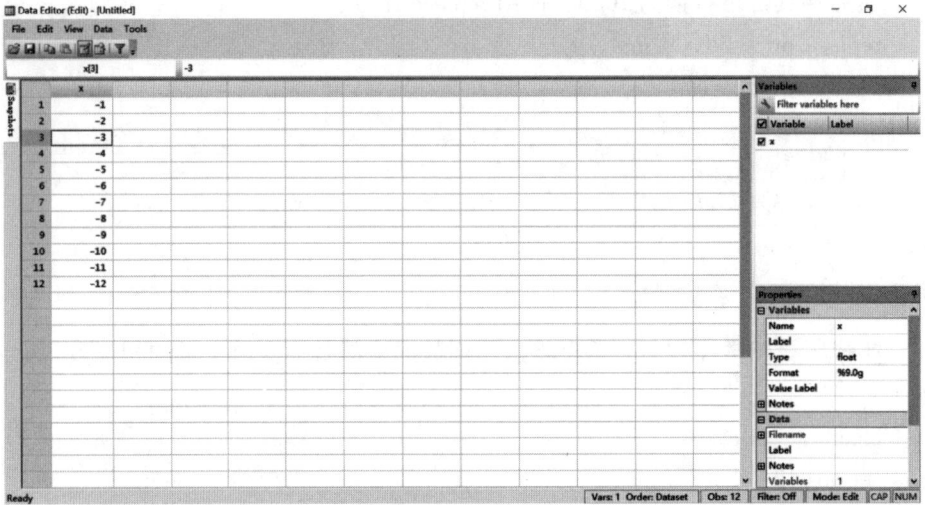

图 2 - 3　修改数据

此时，直接录入 33，回车。如图 2 - 4 所示，就会发现这个数字变成了 33，并且活动单元格自动落入了 x 变量的第 4 行（下一行）。

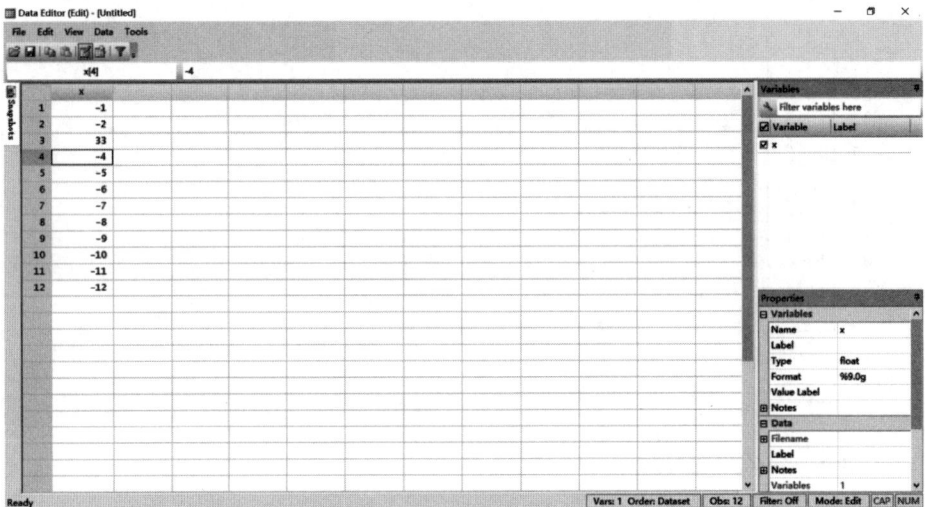

图 2 - 4　修改数据

其次，继续录入 44，回车，此时将 x 变量的第四条数据 - 4 改为 44。如图 2 - 5 所示。

最后，关闭数据编辑窗口。此时修改完成。

关闭数据编辑窗口后，会发现结果窗口多了两条命令记录，可以想象输入这两条命令与刚刚在数据编辑窗口的编辑效果是一样的。这也就意味着，数据编辑窗口的操作等同于输入该命令的操作，并且，在数据编辑窗口的操作都会以等价的命令方式记录在结果窗口中。

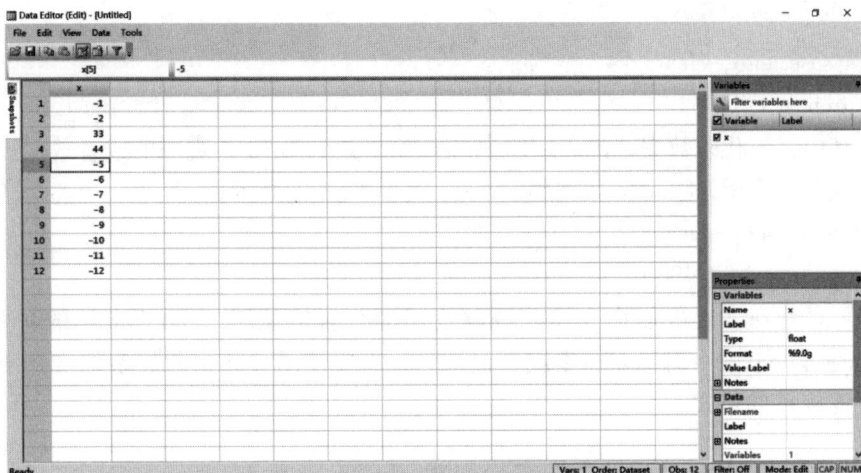

图 2 - 5　修改数据完毕

```
. replace x = 33 in 3
(1 real change made)

. replace x = 44 in 4
(1 real change made)
```

三、删除变量或者数据——drop 命令与 keep 命令

(一) 删除变量

使用"drop var"命令可以删除变量，var 代表变量名。例如，想删除 auto 数据中的 mpg 变量。

sysuse auto，clear

drop mpg

或者想删除 weight、rep78、turn 三个变量，并将其保存在 D 盘目录中。

sysuse auto，clear

drop weight rep78 turn

save D：\ autoshanchu，replace

drop 命令可以同时删除多个变量。这里的保存命令 save 直接使用了 replace 的后缀，是因为不需要担心系统自带的 auto 数据被改写的问题。同时，在进行上述操作时，也不希望将默认路径进行更改，依然希望其他的数据在"D：\ 示例"中进行操作，所以没有使用 cd 命令，而是直接在 save 命令中加入文件需要保存的路径"D：\ "。

(二) 删除观测值

drop 命令也可以实现删除观测值。例如，希望删除 auto 数据集中的前十条数据：

sysuse auto，clear

drop in 1/10

其中，in 代表数据范围；1/10 代表从第 1 条到第 10 条观测值或者数据。

或者，希望删除 auto 数据集中 price 大于 4000 的观测值：

sysuse auto，clear

drop if price >4000

可以看到，当 drop 命令用来删除变量时，直接使用"drop var"的命令格式，而当 drop 命令删除观测值或者记录时，需要使用 drop + 附加条件（用 in 或者 if 连接）的格式。

（三）用 keep 命令保留需要的观测值或者变量

同样可以使用 keep 命令保留需要的变量，借用之前的例子，想删除 weight、rep78、turn 三个变量，等同于只保留 make、price、headroom、mpg、truck、length、displacement、gear_ratio、foreign 这些变量。

键入以下命令就可以实现：

sysuse auto，clear

keep make、price、head、mpg、truck、length、displace、gear、foreign

可以看到，有三个变量，只写了前几个字母，headroom 替换为 head，displacement 替换为 displace，gear_ratio 替换为 gear。

提示 2 - 2：在 Stata 命令中，可以用变量的前几个字母识别这个变量，前提是这几个字母能够保证唯一识别该变量。

如果想保留以 m 开头的变量，即 make、mpg，那么可以键入以下变量：

keep m *

提示 2 - 3：在 Stata 命令中，标识变量名涉及的 * 代表任意其他字符。例如 keep m * 中的 * 代表以 m 开头的任何变量，所以这个命令就是保存所有变量名以 m 开头的变量。

keep 命令不仅可以保留变量，也可以保留观测值。例如，希望删除 auto 数据中 price 大于 4000 的观测值，这等同于删除 price 小于等于 4000 的样本。

keep if price < =4000

四、设定条件下的变量定义——使用 generate 和 replace 命令

某些情况下，需要设定一些条件以定义相关变量。

（一）示例 1

以 auto 数据中的价格变量 price 为例，定义一个高价格虚拟变量 highprice，

如果价格高于 price 的均值，highprice 取值为 1，否则 highprice 取值为 0。

打开数据，并对 price 变量使用 summarize 变量进行统计：

sysuse auto，clear

summarize price，detail

或者 sum price，d

可以看到 price 的均值是 6165.257，其中，summarize 的命令可以简化为 sum，detail，后缀可以简化为 d。

gen highprice = 1 if price > = 6165.257

replace highprice = 0 if price < 6165.257

其中，if 代表条件。

（二）示例 2

可以定义价格最低的 10 个样本 highprice1 为 0，其他的样本 highprice1 为 1。

sort price

gen highprice1 = 0 in 1/10

replace highprice1 = 1 if highprice1 == .

sort 指的是将样本按照 price 由低到高的顺序排列。replace 命令表示，如果 highprice1 没有设置数值，Stata 默认等于 "."，此时 highprice1 的数值修改为 1。务必注意，在 if 条件中，等于号需要写两个，这代表等于。下一节中的表 2 - 1 会再做介绍。

提示 2 - 4： Stata 中的数值型变量如果没有设定数值，那么系统会自动设置缺省值 "."，在运算时，缺省值可以理解为正无穷大。

（三）示例 3

可以定义价格最高的 10 个样本 highprice2 变量取值为 1，否则为 0。

sort price

gen highprice2 = 1 in L/10

replace highprice2 = 0 if highprice2 == .

L/10 表示从最后一个数值往前数。

或者使用 gsort 和 " - " 将数据由大到小排序，然后定义，重新定义之前，先将之前定义的 highprice2 变量删掉，使用 drop 命令：

drop highprice2

gsort - price

gen highprice2 = 1 in 1/10

replace highprice2 = 0 if highprice2 == .

第二节 变量的运算

一、Stata 运算符号介绍

(一) 运算符介绍

表 2 – 1 列示了 Stata 的运算符。读者可以在命令窗口键入 "help operators" 进行查询。

表 2 – 1　　　　　　　　　　　　Stata 数学运算符号

代数运算符		逻辑运算符		比较关系运算符	
+	加法	&	逻辑关系：和	>	大于
−	减法	|	逻辑关系：或	<	小于
*	乘法	!	逻辑关系：非	> =	大于等于
/	除法	~	逻辑关系：非	< =	小于等于
^	乘方			= =	等于
−	相反数			! =	不等于
+	字符相加			~ =	不等于

如果同一行命令中有多个运算符存在，那么 Stata 在运算时存在优先顺序：逻辑关系非（!、~），乘方（^），除法（/），乘法（ * ），减法（ − ），加法（ + ），不等于（! =或者 ~ =），小于（<），大于（>），小于等于（ < =），大于等于（ > =），等于（ = =），逻辑关系和（&），逻辑关系或（｜）。

读者不需要记忆上述的关系图，如果需要确定运算顺序，只需要对优先计算的部分加括号即可。Stata 会强制优先计算括号中的部分。

提示 2 – 5：逻辑关系中的符号 &（代表并且）和｜（代表或者），以后会用到。

(二) 简单举例

以 auto 数据集为例，希望保留价格大于等于 10000 或者价格小于 5000 的样本：

```
sysuse auto，clear
keep if price > = 10000｜price < 5000
```

删除价格高于 5000 并且维修记录 mpg 高于 20 的样本：

```
sysuse auto，clear
drop if price > 5000&mpg > 20
```

保留 mpg 等于 12 的样本：

```
sysuse auto，clear
keep if mpg ==12
```

二、变量的代数运算

生成数据后，需要对数据进行运算，先是加减乘除的运算，这些运算可以通过相应的运算符号（ + 、– 、 ＊ 、／）实现。

```
clear
set obs 100
g x = _n
g x1 = x + x
g x2 = x1 – x
g x3 = x1 * x
g x4 = x1/x
```

设置100个观测值，生成自然数序列变量 x。x1 的结果就是 x 加变量 x 的结果，x2 就是 x1 减去变量 x 的结果，x3 就是 x1 乘以 x 的结果，x4 就是 x1 除以 x 的结果。

计算完之后，可以检查一下变量计算的结果，例如，显示前 10 条数据所有变量的结果。

```
list in 1 – 10
```

in 代表条件，指的是第 1 条到第 10 条：

```
       x    x1   x2    x3    x4

 1.    1    2    1     2     2
 2.    2    4    2     8     2
 3.    3    6    3    18     2
 4.    4    8    4    32     2
 5.    5   10    5    50     2

 6.    6   12    6    72     2
 7.    7   14    7    98     2
 8.    8   16    8   128     2
 9.    9   18    9   162     2
10.   10   20   10   200     2
```

三、使用 display 命令进行简单的四则运算

```
display 4 +8
display 8/6
```

di 是 display 的缩写，上述命令可以直接在结果窗口显示公式的计算结果。

```
. di 4+8
12

. di 8/6
1.3333333
```

display 命令只是针对简单的单个式子的运算而言，并不是针对变量做批量计算，所以并不常见。

四、四则运算的混合运用

变量的运算可以混合。键入以下命令：

gen y1 = x * x2/x1 − x3

y1 的结果就是 x 乘以 x2 除以 x1 减去 x3 的结果。键入以下命令查看结果：

list in 1/10

	x	x1	x2	x3	x4	y1
1.	1	2	1	2	2	−1.5
2.	2	4	2	8	2	−7
3.	3	6	3	18	2	−16.5
4.	4	8	4	32	2	−30
5.	5	10	5	50	2	−47.5
6.	6	12	6	72	2	−69
7.	7	14	7	98	2	−94.5
8.	8	16	8	128	2	−124
9.	9	18	9	162	2	−157.5
10.	10	20	10	200	2	−195

五、Stata 函数运算

除了加减乘除外，Stata 的变量定义可以调用数学函数，常用的数学函数如下：

abs(x)：x 的绝对值。

exp(x)：指数函数。

log(x)：x 的自然对数。

x^y：x 的 y 次方。

sqrt(x)：x 的开方。

max(x1，x2，…)：x1、x2 等变量的最大值。

min(x1，x2，…)：x1、x2 等变量的最小值。

Stata 可以计算常见的函数，可以根据自己的兴趣和需要在 Stata 手册中查看。具体通过

help operator，然后 math functions 查看。

下面介绍一个函数运算的实例，以本节生成的数据为例：

gen y2 = abs(y1)

gen y3 = exp(x1)

gen y4 = log(x1)

gen y5 = x^x1

gen y6 = sqrt(x1)

gen y7 = max(x, x1, x2, x3)

gen y8 = min(x, x1, x2, x3)

list x * y * in 1/10

可以观察到以下的结果，list 命令中 x * 代表所有以 x 开头的变量，y * 代表所有以 y 开头的变量。

	x	x1	x2	x3	x4	y1	y2	y3	y4	y5	y6	y7	y8
1.	1	2	1	2	2	-1.5	1.5	7.389056	.6931472	1	1.414214	2	1
2.	2	4	2	8	2	-7	7	54.59815	1.386294	16	2	8	2
3.	3	6	3	18	2	-16.5	16.5	403.4288	1.791759	729	2.44949	18	3
4.	4	8	4	32	2	-30	30	2980.958	2.079442	65536	2.828427	32	4
5.	5	10	5	50	2	-47.5	47.5	22026.46	2.302585	9765625	3.162278	50	5
6.	6	12	6	72	2	-69	69	162754.8	2.484907	2.18e+09	3.464102	72	6
7.	7	14	7	98	2	-94.5	94.5	1202604	2.639057	6.78e+11	3.741657	98	7
8.	8	16	8	128	2	-124	124	8886111	2.772589	2.81e+14	4	128	8
9.	9	18	9	162	2	-157.5	157.5	6.57e+07	2.890372	1.50e+17	4.24264	162	9
10.	10	20	10	200	2	-195	195	4.85e+08	2.995732	1.00e+20	4.472136	200	10

第三节 修改变量的名称与标签

一、更改变量名称

更改变量名称的方法有三种：一是直接在命令窗口输入命令 rename；二是在变量特征（variable prosperity）窗口直接修改；三是在变量编辑窗口修改。

1. 使用 rename 命令

sysuse auto, clear

rename price jiage

通过上述命令就可以将变量 price 的名称修改为 jiage。

rename 命令的一个优势在于，它可以同时更改多个变量名，例如，希望将 make、weight、mpg 的名称相应修改为 pinpai、zhongliang、licheng，那么可以使用以下操作：

rename (make weight mpg) (pinpai zhongliang licheng)

2. 属性窗口修改

第二种方法是打开属性（variable prosperity）窗口，使用快捷键"ctrl + 5"可以打开或者关闭变量特征窗口。

打开之后，窗口处有一个锁型的标志，点击可以切换锁定🔒或者解锁🔓状态，当切换为解锁状态后，单击变量窗口处需要改变名字的变量，例如 price，然后在变量特征窗口直接修改为 jiage。如图 2 - 6 所示。

修改完后会发现，历史回顾窗口自动弹出了"rename price jiage"，而结果窗口弹出了该命令与执行结果。这意味着，在属性窗口修改与键入命令的本质是相同的。

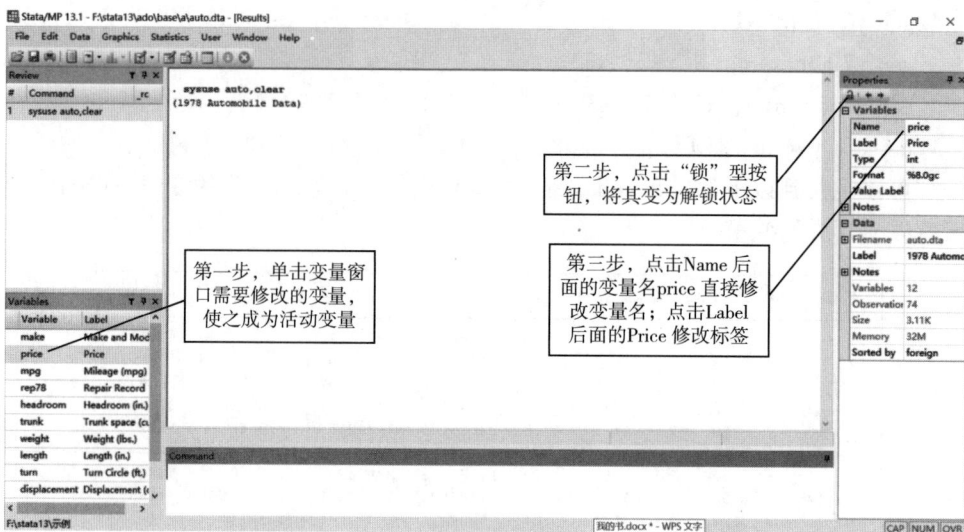

图 2-6 修改变量名字

3. 变量编辑窗口修改

如图 2-7 所示。点击工具栏中的 ▦，打开变量管理窗口（variable manager），首先将光标放在左侧 price 变量这一行、单击，使之成为活动行，此时右侧变量属性界面切换为 price 的信息；其次将光标放到右侧变量属性界面的 name 下方的 price 上，就可以修改右边变量属性窗口的变量名字。

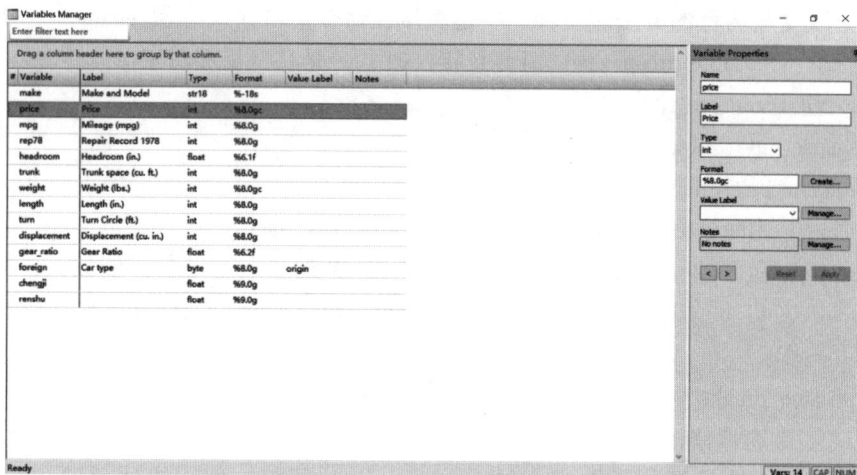

图 2-7 修改变量名字

二、更改变量标签——使用 label 命令

与修改变量名称一样，更改变量标签也可以使用上述三种方法。这里介绍输入命令的方法，Stata 中，更改变量标签的命令是 label。其标准格式为：

sysuse auto，clear

label variable price 价格

这样就将 price 变量的标签更改为"价格"。

类似地，修改变量的标签也可以通过在变量特征（variable prosperity）窗口或者变量编辑窗口（variable manager）直接修改。对于复杂的标签而言，最简单的方法是直接在变量特征窗口修改。

提示 2 - 6：修改变量标签更加推荐的是在主界面的属性窗口（properties）直接修改，如图 2 - 5 的操作步骤，尽管其他命令都推荐命令窗口输入命令的方式。

第四节 变量的类型和函数

一、变量类型

Stata 通常把变量划分为三类：分别是数值型、字符型和日期型。

（一）数值型变量

1. 集中数值型变量简介

数值型变量就是作为数值、直接能够使用数学公式或者函数加以计算的变量。通常而言，数值型变量按照精度又可以细分为字符型数值变量（byte）、整数型数值变量（int）、数字浮点型（float）、双精度数字类型（double）、长整数型（long）。几种数值型变量的精度、数据范围、字节数如表 2 - 2 所示。

表 2 - 2　　　　　　　　　　　　　五种数值型变量的特征

存储类型	最小值	最大值	精度	字节数
byte	- 127	127	1	1
int	32767	32767	1	2
long	- 2147483647	2147483647	1	4
float	$- 1.70141173319 * 10^{38}$	$1.70141173319 * 10^{38}$	10^{-38}	4
double	$- 8.9884656743 * 10^{307}$	$8.9884656743 * 10^{307}$	10^{-323}	8

当运算精度要求很高的时候，需要将变量设置成浮点型或双精度型。

2. byte 型数值变量

在数值型变量中，比较特殊的是 byte 型，这种类型的变量在数据编辑窗口（Data Editor）显示的是字符，但是其实是数值。典型的 byte 型变量是 auto 数据中的 foreign 变量，采用如下的命令为例，直观观察一下 byte 类型与字符型变量以及其他数值型变量的区别。

sysuse auto，clear

edit make price foreign in 1/10

图 2 - 8 打开了 auto 变量中前 10 条数据的 make、price、foreign 变量的结果。

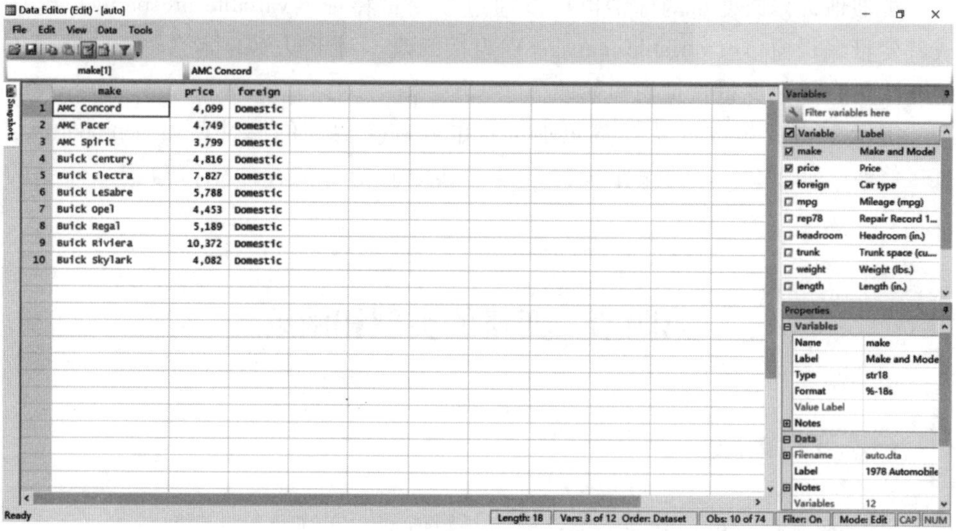

图 2 - 8　byte 型变量示例 1

可以看到，与数值型的 int 型变量 price 相比，foreign 变量在数据编辑窗口显示的是字符 foreign 或者 domestic，而 price 显示的是数字。而与字符型变量 make 相比，两列数据的颜色不同，make 变量的颜色是红色，这是标准的字符型变量的颜色，而 foreign 的颜色是蓝色，price 变量的颜色是黑色，蓝色和黑色都代表该变量属于字符型。

此外，点击第一行观测值中的 make 变量的结果，可以看到，在数据上方的两个空白框中，显示 make［1］、AMC Concord，如图 2 - 7 所示。这表示 make 变量的第一个观测值是 AMC Concord。而点击第一行观测值中的 foreign 变量的结果，将其变为活动单元格，可以看到，在数据的上方的两个空白框中，显示 foreign［1］、0，如图 2 - 9 所示。这表示 foreign 变量的第一个观测值是数值 0。

因此，对于 byte 型的变量而言，尽管显示的是字符，但字符在数据编辑窗口是蓝色的，并非字符型变量显示的红色，并且 Stata 在计算时默认其是赋值的数字。

本质上，byte 型是与字符型变量存在一一对应映射关系的数值型变量。这里的 foreign 变量也是如此，其数值等于 1 或者 0。如果等于 1，对应了外国汽车品牌（foreign），如果等于 0，对应了本土汽车品牌（domestic）。

（二）字符型变量

字符变量通常是描述变量特征的汉字、英文字母信息，例如公司名称、人名、地名、职业、籍贯以及 auto 数据中的汽车品牌名。当然，字符型变量也包含一些数字或者将纯粹的数字定义为字符型变量，这些数字不再表示可计算的数

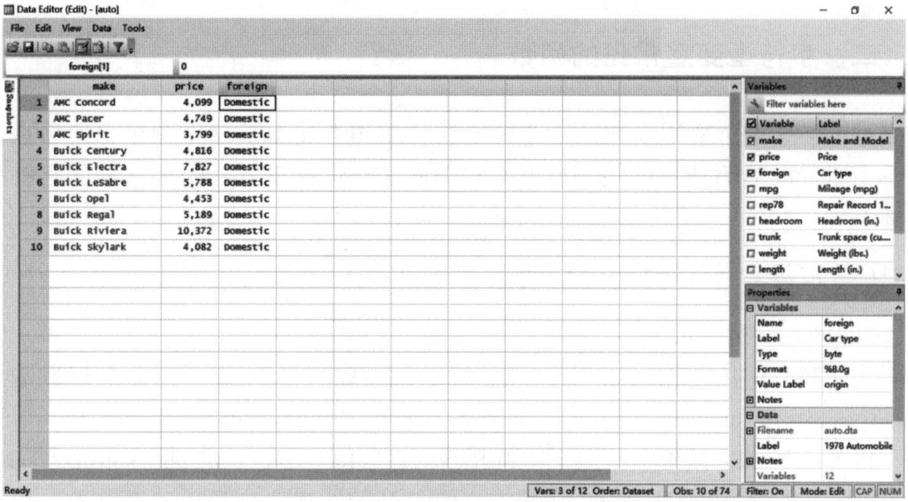

图 2 - 9　byte 型变量示例 2

字，而仅仅代表一些符号。

字符型变量通常由 str#表示字符设定的长度，auto 数据中汽车品牌名 make 变量，是 str18，代表这一变量包含了 18 个字符。

sysuse auto, clear

describe make

在字符型变量中，字母和特殊符号占据了一个字符；字母大小写是有区别的；空格是有意义的，并且占据一个字符；每个汉字占据了两个字符，所以三个汉字的名字占据 6 个字符。字符串变量通常以引号（" "）注标，而且引号一般不被视同为字符的一部分，注意这里的引号必须是英文输入状态下的引号。字符型变量示例如下：

display "China"　　//字符 China，共 5 个字符

display "china"　　　//字符 china，占据了 5 个字符，与大写 China 不是同一
　　　　　　　　　　　个字符

display "␣china"　　　//字符 china 前面加了一个空格，占据了 6 个字符

display "␣"　　//空格字符，占据了 1 个字符

display ""　　//空字符，占据了 0 个字符

display "145"　　//字符 145，不能用于计算，纯粹的符号

（三）日期型变量

对于日期而言，Stata 运用一种特殊形式，对日期进行了编码，使之与数字存在着一一对应的关系，这种方式被称为 elapsed dates。在 Stata 中，1960 年 1 月 1 日被认为是第 0 天，每往前一天减 1，因此，1959 年 12 月 31 日为第 - 1 天，对应数字为 - 1，而每往后一天加 1 天，所以 2019 年 12 月 31 日是第 21914 天，对应数字为 21914。之后会对日期型变量的函数进行介绍。

二、字符型变量常见的函数

对于字符型变量的函数，读者可以通过使用 help functions 命令，然后点击 string functions 查看所有的字符型变量相关的函数。这里只介绍最常见的字符型变量函数。

（一）提取字符型变量中的某些字符串——substr 函数

substr（s，n1，n2）

从字符串 s 中的第 n1 个字符开始提取，提取长度为 n2。在命令窗口键入 display substr（"abcdef"，2，3），得到的是 bcd。display substr（"abcdef"，-3，2），得到的是 de，从倒数第三个字符开始，提取两个字符。display substr（"abcdef"，3，.），得到的是 cdef，从第三个字符开始，提取到最后一个字符。也可以使用 substr 函数生成新的变量：

```
sysuse auto, clear
gen make1 = substr(make, 1, 4)
gen make2 = substr(make, -3, 2)
gen make3 = substr(make, 3, 2)
list make* in 1/10
```

	make	make1	make2	make3
1.	AMC Concord	AMC	or	C
2.	AMC Pacer	AMC	ce	C
3.	AMC Spirit	AMC	ri	C
4.	Buick Century	Buic	ur	ic
5.	Buick Electra	Buic	tr	ic
6.	Buick LeSabre	Buic	br	ic
7.	Buick Opel	Buic	pe	ic
8.	Buick Regal	Buic	ga	ic
9.	Buick Riviera	Buic	er	ic
10.	Buick Skylark	Buic	ar	ic

make1 是 make 的前 3 个字符，make2 是 make 的倒数第 3 个字符之后的 2 个字符（倒数第 3 个字符和倒数第 2 个字符）的结果，make3 是第 3 个字符和第 4 个字符。其中，make3 的前三个观测值是"C"，C 后面跟着一个空格。

（二）数值型变量与字符型变量的互相转换——tostring 与 destring

这里将介绍两个函数：数值型变量转换为字符型变量——tostring、字符型变量转换为数值型变量——destring。

```
sysuse auto, clear
tostring price, gen(price1)
```

将数值型变量 price 生成新的字符型变量 price1。

```
destring price1, gen(price2)
```

将字符型变量 price1 生成新的数值型变量 price2。

destring price1，replace force

将字符型变量 price1 变成数值型变量 price1，替换原有的 price1 变量。

有时候，字符型变量中可能包含了一些非数字的内容，导致转换失败，此时需要加上 force，即强制转换，而那些包含非数字内容的记录在转换时会自动变为空值。

提示 2 - 7：如果使用 destring 命令时，总是发现系统报错，那么很大可能是被转码的变量存在字母、汉字等非数字的符号，此时加上后缀 force 就变得很有必要。后缀 force 会在 destring 函数中经常用到，一定注意它的用法。

（三）检索字符型变量是否包含某些关键词——regexm

regexm 可以看作一个小型的关键词抓取命令，其基本命令格式为 regexm（s，re），如果字符串 s 中有关键词 re，那么返回值为 1，否则为 0。

display regexm（"abcd"，"c"）　　//返回值为 1

display regexm（"abcd"，"e"）　　//返回值为 0

regexm 命令中的 s 部分可以代表某个变量，此时就可以实现从某个变量中批量检索关键词 re。有时候针对一个变量可以多次使用 regexm，此时就可以抓取多个关键词，并且生成是否包含上述关键词的指示变量（0 - 1 变量）。

以 auto 数据集为例，想生成一个指示变量，如果汽车品牌 make 中有大写的 B 或者 C，取值为 1，否则为 0。

sysuse auto，clear

g make1 = regexm（make，"B"）

生成变量 make1，如果 make 变量中包含关键词 B，make1 变量取值为 1，否则为 0。

replace make1 = 1 if regexm（make，"C"）== 1

如果变量 make 中包含关键词 C，那么 make1 的取值修改为 1。

list make * in 15/30

```
     make                make1

15.  Chev. Impala            1
16.  Chev. Malibu            1
17.  Chev. Monte Carlo       1
18.  Chev. Monza             1
19.  Chev. Nova              1

20.  Dodge Colt              1
21.  Dodge Diplomat          0
22.  Dodge Magnum            0
23.  Dodge St. Regis         0
24.  Ford Fiesta             0

25.  Ford Mustang            0
26.  Linc. Continental       1
27.  Linc. Mark V            0
28.  Linc. Versailles        0
29.  Merc. Bobcat            1

30.  Merc. Cougar            1
```

可以看到，所有包含大写字母 B 或者 C 的品牌，make1 都等于 1。需要注意的是，对于第 27 条数据，尽管 make 中包含小写 c，但是 make1 还是等于 0。这说明，Stata 中对于字符型变量严格区分大小写。

提示 2－8： regexm 命令对于处理微观数据很常用，例如，在营业外收入明细说明中，经常会涉及每笔营业外收入的来源，包括捐赠、政府补助等，通过检索"研发补助""研发补贴"等关键词可以确定哪些收入是企业收到的来自政府针对研发的补贴行为。

（四）字符型变量编码程序——encode 与 decode 命令

encode 能够基于原有的字符型变量构造一个新的数值型变量，新的数值型变量的数值与原有的字符型变量的字符存在一一对应的映射关系。该变量的核心是针对原有的字符构建编码，字符与编码存在意义对应的关系。

use hbp2，clear

encode sex，generate(gender)

list sex gender in 1/4

list sex gender in 1/4，nolabel

第一步命令是基于字符型变量 sex 构造了一个数值型变量 gender。

第二步命令列示了 sex 和 gender 的数值，可以看到，尽管 gender 是数值型变量（long 型），但仍然在结果窗口显示了字符，但与字符变量 sex 不同，gender 变量在第二个观测值是数值"."，代表缺省值。

	sex	gender
1.	female	female
2.		.
3.	male	male
4.	male	male

第三步命令列示了 sex 和 gender 的数值，并且展示 gender 的数字值本身而非标签数值（label values）。

	sex	gender
1.	female	1
2.		.
3.	male	2
4.	male	2

这里可以看到，encode 命令之后生成的变量显示的是解码前字符型变量，但本质是数值型变量。这与 byte 变量有些类似。

提示 2－9： encode 命令可以实现对字符型变量的编码。

decode 命令是将 encode 命令之后生成的变量逆向编码为原有的字符型变量。

（五）如何删除字符串中的所有空格——subinstr 命令

1. 哪些情况需要删除字符串中的空格

有时候，在提取字符串的某一部分或者寻找关键词时，字符串的前中后可能隐藏了大量的空格，这会导致提取字符串或者寻找关键词失败。

第一种情况：提取关键词。如果想从字符串"研发支出"中寻找关键词"研发"，由于中间存在空格，使用 regexm 提取关键词就会失败。在命令窗口录入：

display regexm（"研　发支出"，"研发"）

此时会发现，结果为 0，即没有找到该关键词。

第二种情况：提取字符串。当希望提取前两个非空格的字符，但是，面对的数据集中，随机出现了很多空格。

```
clear
set obs 3
g x = "abcd" in 1
replace x = "e fgd" in 2
replace x = "su gd" in 3
```

x 变量在第 1、2、3 观测值中，空格随机出现在了第 1、2、3 个字符的位置。此时，很难通过 substr 函数直接提取前两个非空格字符。此时，就需要将字符串中的空格全部剔除掉，以避免寻找关键词或者提取字符串失败。

2. 使用 subinstr 去掉所有空格

replace x = subinstr(x," ","",.)

通过这个命令可以将 x 变量中的所有空格剔除。

3. subinstr 的用法

该命令的标准用法是 subinstr（s1，s2，s3，n），s1、s2、s3 代表字符串，n 是数字，代表的是将字符串 s1 中第 n 次出现的字符串 s2 全部替换为字符串 s3。如果 n 缺省，那么代表将所有在字符串 s1 中的 s2 替换为 s3。例如：

subinstr("this is the day","is","X",1) = "thX is the day"

subinstr("this is the hour","is","X",2) = "thX X the hour"

命令就可以理解为，将所有 x 中出现的空格替换为空值（空格占据 1 个字符串，空值占有 0 个字符串），这样就删除了所有的空格。

三、日期型变量常见的函数

对于日期型变量的函数，读者可以通过使用 help functions 命令，然后点击 datetime_functions 查看所有的日期型变量相关的函数。这里只介绍最常见的日期型变量函数。

(一) 万能日期型函数 date

在面板数据和时间序列数据中，日期型变量会经常涉及。而当从 Excel 中直接粘贴日期型数据时，Stata 会将其定义为字符型变量。date 函数的用法为 date（s1，s2［，Y］)，其中，s1 代表需要转换为日期的字符串；s2 代表需要被识别的 s1 字符串中年份、月度和天的顺序排列，s2 常见的形式有"YMD""DMY"等，代表"年份月份天""天月份年份"；而 Y 为可选项，代表最大年份，即选择最大的不超过 Y 的年份，可选项 Y 只有在月份、年份和日期都是两位数的情况下才能使用。

1. 示例 1

以 zichanfuzhai. dta 数据中 yyyy – mm – dd 格式的字符型变量 qijian 为例，为了将其转换为日期型变量，需要输入以下的命令：

```
cd D：\ 示例
use zichanfuzhai，clear
gen t = date( qijian，"YMD")
drop year
gen year = year( t)
gen month = month( t)
gen day = day( t)
list in 1/10
```

如此一来，就定义了 yyyy – mm – dd 格式的日期型变量 t，并且根据这一变量定义了相应的年份、月份和天。

	stock	qijian	Typrep	huobi	zichan	t	year	month	day
1.	1	2009-12-31	A	0	5.878e+11	18262	2009	12	31
2.	1	2010-12-31	A	0	7.272e+11	18627	2010	12	31
3.	1	2011-12-31	A	0	1.258e+12	18992	2011	12	31
4.	1	2012-12-31	A	0	1.607e+12	19358	2012	12	31
5.	1	2013-12-31	A	0	1.892e+12	19723	2013	12	31
6.	1	2014-12-31	A	0	2.186e+12	20088	2014	12	31
7.	1	2015-12-31	A	0	2.507e+12	20453	2015	12	31
8.	1	2016-12-31	A	0	2.953e+12	20819	2016	12	31
9.	1	2017-12-31	A	.	3.248e+12	21184	2017	12	31
10.	1	2018-12-31	A	.	3.419e+12	21549	2018	12	31

可以看到，qijian 变量是字符型变量，格式为 yyyy – mm – dd，但是，当将其转换为日期型变量 t 时，t 对接的是数字，并且日期型变量 t 的变量类型是 float。而针对日期型变量 t，能够以此为基础生成年份、月份和天。

2. 示例 2

date 函数 date（s1，s2［，Y］) 中，s2 的录入需要根据 s1 中年月日的顺序排列，Y 代表年份，M 代表月份，D 代表天。

```
display date("1/15/08","MDY",1999)
```

输出结果为 – 18979，对应的日期为 1908 年 1 月 15 日。不超过 1999 年的后缀为 08 的最大年份为 1908 年。

display date("1/15/08","MDY",2019)

输出结果为 17546，对应的日期为 2008 年 1 月 15 日。不超过 2019 年的后缀为 08 的最大年份为 2008 年。

display date("1/15/51","MDY",2000)

输出结果为 -3273，对应的日期为 1951 年 1 月 15 日。不超过 2000 年的后缀为 51 的最大年份为 1951 年。

display date("1/15/51","MDY",2053)

输出结果为 33252，对应的日期为 2051 年 1 月 15 日。不超过 2053 年的后缀为 51 的最大年份为 2051 年。

display date("12/1/1987","MDY")

输出结果为 10196，对应的日期为 1987 年 12 月 1 日。

display date("12/1/1987","DMY")

输出结果为 9873，对应的日期为 1987 年 1 月 12 日。

（二）format 函数定义日期型变量格式

在之前的部分发现，当字符型数据转换为日期型数据时，Stata 自动显示其数字，为了更加直观地观察到日期型变量的日期，可以使用 format 命令强制日期型变量显示需要的日期格式。

```
cd D:\ 示例
use zichanfuzhai, clear
gen t = date(qijian, "YMD")
gen time1 = t
gen time2 = t
gen time3 = t
gen time4 = t
gen time5 = t
format time1 % d
format time2 % dCYND
format time3 % dCY_N_D
format time4 % dCY_m_D
format time5 % dm_D_Y
list t time * in 1/5
```

	t	time1	time2	time3	time4	time5
1.	18262	31dec2009	20091231	2009 12 31	2009 Dec 31	Dec 31 09
2.	18627	31dec2010	20101231	2010 12 31	2010 Dec 31	Dec 31 10
3.	18992	31dec2011	20111231	2011 12 31	2011 Dec 31	Dec 31 11
4.	19358	31dec2012	20121231	2012 12 31	2012 Dec 31	Dec 31 12
5.	19723	31dec2013	20131231	2013 12 31	2013 Dec 31	Dec 31 13

推荐读者使用 time2 或者 time3 的格式

（三）其他日期型函数——mdy 函数

如果获取了年度、月份和日期三列数值型变量的数据，可以使用 mdy 函数直接生成日期型数据。

```
cd D：\ 示例
use zichanfuzhai，clear
gen t = date( qijian，"YMD" )
drop year
gen year = year( t )
gen month = month( t )
gen day = day( t )
gen time1 = mdy( month，day，year)
```

time1 就是根据年度、月度、日期生成的日期型变量。

四、定义广义日期型变量的命令——egen

有时候，希望生成新的特殊的数值型变量，例如整列数据的加和、整列数据的标准差或者平均值。此时，用 generate 命令已经满足不了上述要求，需要使用更加广义的变量定义命令 egen。egen 命令有非常广泛的用处，包括分组求变量的均值（中值、标准差）等特征等。

示例 1：

```
use egenxmpl2，clear
by dcode，sort：egen medstay = median( los)
by dcode，sort：egen meastay = mean( los)
by dcode，sort：egen sdstay = sd( los)
```

其中，median、mean、sd 分别代表中值、均值和标准差；medstay 代表以 dcode（诊断代码或者疾病类型）分组，分别计算每组（每种疾病类型）所有样本的 los 变量（住院天数）的中值；meastay 代表以 dcode 分组，分别计算每组 los 变量的均值；sdstay 代表以 dcode 分组，分别计算每组 los 变量的标准差。

示例 2：

```
clear
set obs 5
generate x = _n if _n！ = 3
generate runsum = sum( x)
egen totalsum = total( x)
list
```

```
        x    runsum    totalsum

1.      1         1          12
2.      2         3          12
3.      .         3          12
4.      4         7          12
5.      5        12          12
```

使用 generate 命令生成总和数据时，计算的是滚动和，使用 egen 时，计算的是所有数据的和。

第五节　Stata 命令的基本格式

之前的部分已经初步接触到 Stata 命令，那么 Stata 命令有哪些规则和格式规范呢？本节将对这些问题予以介绍，以加深对 Stata 命令的认识。

Stata 命令语句的基本格式是：

［by varlist：］command［varlist］［= exp］［if exp］［in range］［weight］［, options］

注：［　］表示可有可无的项，显然只有 command 代表的命令部分是必不可少的。例如，清除目前的数据就可以只用一个单独的"clear"命令。by 代表分类；"= exp"代表变量等于某个表达式；exp 是表达式（expression）的简写；"in range"代表某个数据范围；"weight"代表权重；"options"代表其他附加条件。下面举例说明这些部分的用法。

一、by 的用法

by 代表分类，by varlist 代表以某些变量为基础进行分组。

1. 示例一

以 auto 数据集为例，想分别统计一下国产车和外资车的价格与维修记录的信息，这就涉及分组的问题，分组涉及的变量是 foreign。

sort foreign

by foreign：sum price rep78

两条命令可以直接合并为：

by foreign，sort：sum price rep78

```
-> foreign = Domestic

    Variable |       Obs        Mean    Std. Dev.       Min        Max

       price |        52    6072.423    3097.104       3291      15906
       rep78 |        48    3.020833     .837666          1          5
```

```
-> foreign = Foreign
```

Variable	Obs	Mean	Std. Dev.	Min	Max
price	22	6384.682	2621.915	3748	12990
rep78	21	4.285714	.7171372	3	5

这样就得到国产车和外资车对于 price 和 rep78 的基本统计结果。

2. 示例二

如果想生成一个变量 mprice，该变量等于所有国产车的平均价格（如果该品牌是国产车）或者所有外资车的平均价格（如果该品牌是外资车）。

by foreign，sort：egen mprice = mean(price)

提示 2 – 10："by varlist：sort" 这种命令形式会经常用到，因为通常会分组基础上生成变量或者进行回归，例如生成分年度分行业的平均杠杆等，每个行业和年度进行回归等。

二、［ = exp］的使用

例如，"gen x = price + rep78" 中的 " = price + rep78" 部分就是 " = exp" 的具体化。

三、if 的使用

前面定义是否属于高价品牌 highprice1 变量，就是典型的使用 if 的命令语句：

gen highprice = 1 if price > = 6165. 257
replace highprice = 0 if price < 6165. 257

四、in 的使用

in 后面跟着的是观测值的范围，而 if 后面跟随的是变量的条件。

sort price
gen highprice1 = 0 in 1/10
replace highprice1 = 1 if highprice1 = = .
其中，1/10 代表从第 1 到第 10 个数据

五、weight 的使用

weight 代表计算数值时使用的权重。

例如，录入一个班级成绩和获得成绩的人数信息。假设一个班级有 37 个人，目前有班级中分数和获得该分数的人数的相关信息。在命令界面分行录入：

input chengji renshu

```
80 21
90 10
70 6
end
```

第一行是录入两个变量 chengji 和 renshu，第二行开始分别录入每一条记录，80 21 代表成绩 80 分、对应的人数是 21 人；90 10 代表成绩 90 分、对应的人数是 10 人；70 6 代表成绩 70 分、对应的人数是 6 人；end 代表结束数据录入。

```
          chengji    renshu
  1.
. 80 21
  2.
. 90 10
  3.
. 70 6
  4.
. end
```

然后，想统计全班 37 位同学的平均成绩，直接录入 sum chengji 肯定不合适，需要以每个成绩的人数为权重统计。

sum chengji［weigh = renshu］

Variable	Obs	Weight	Mean	Std. Dev.	Min	Max
chengji	3	37	81.08108	7.944291	70	90

这样就可以得到班级的平均成绩为 81.08108 分。

第六节　Stata 程序窗口简介

一、批量处理命令——程序文件编辑窗口

（一）编辑程序

在命令窗口，只能一条一条地键入命令并且通过回车实现程序运行。当然，也可以粘贴多行命令，然后放到 Stata 命令窗口，按回车键。在 Stata 中，可以打开程序文件编辑窗口，批量执行多条命令。程序文件编辑窗口的打开命令是：

doedit

这样就打开了一个空白的程序文件编辑窗口。然后，将需要执行的命令录入或者粘贴到程序文件编辑窗口中。手动录入的方法比较简单，就是输入每一条命令后，点击回车键，继续输入下一条命令。例如，录入以下命令（见图 2-10）：

clear

set obs 100

g x = _n

g x1 = x + x

g x2 = x1 − x

g x3 = x1 ∗ x

g x4 = x1/x

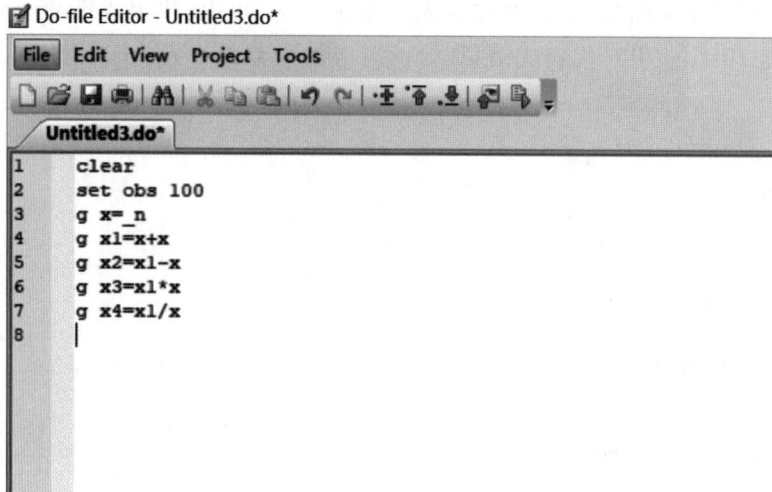

图 2 − 10　键入程序

(二) 执行程序

点击命令窗口中的执行按钮，即 ▣ 按钮，这样所有的程序就自动执行完毕。也可以同时按 Ctrl + D 执行这一系列命令，结果窗口中汇报了命令的执行过程。

```
. do "C:\Users\69409\AppData\Local\Temp\STD3b20_000000.tmp"

. clear

. set obs 100
number of observations (_N) was 0, now 100

. g x=_n

. g x1=x+x

. g x2=x1-x

. g x3=x1*x

. g x4=x1/x

.
end of do-file
```

可以将这个程序保存，名称为 sample1。方法是点击程序编辑窗口中的 ▣ 按钮，然后保存在相应的路径，文件名称为 sample1。下次可以直接执行这个程序，使用以下命令：

do sample1

同时，也可以编辑这个程序：

doedit1 sample1

（三）执行部分程序

针对程序窗口中的命令，有时候也可以选择某些命令执行，方法是选中这些命令，然后点执行按钮（见图 2 – 11）。

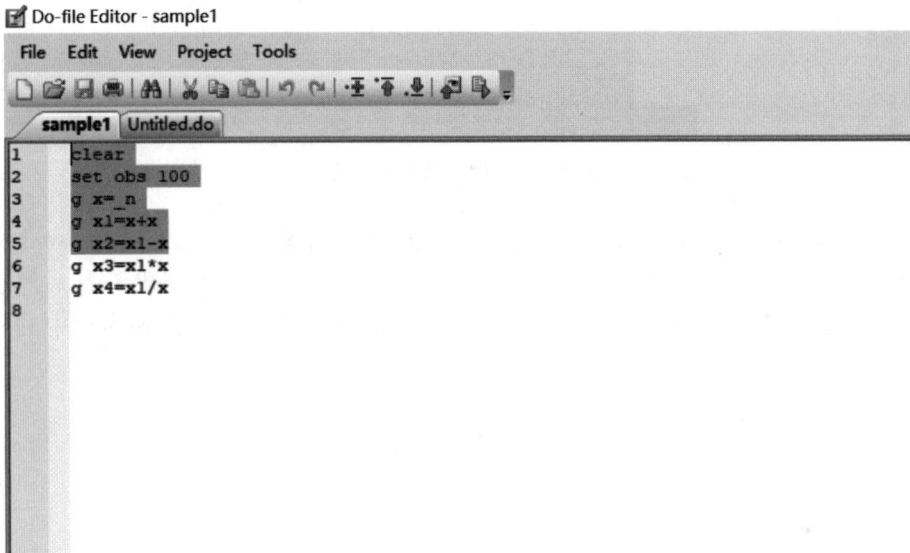

图 2 – 11　执行部分程序

例如，可以选中前 5 条命令，点击执行按钮或者同时按 Ctrl + D，就可以执行这 5 条命令。

二、添加命令注释

当打开以前写的程序时，可能忘记这些程序都是做什么的，此时在程序中加入说明就显得很有必要。Stata 程序中加入说明主要有两种：一是在某一行的命令之后或者直接在某一行以"//"开头，这一行中//符号后的内容 Stata 将不会作为命令执行，//就是负责将一行中从这个符号开始到本行结束的部分不再执行。二是可以以"/ *"开头，中间录入说明，然后以" * /"结束，所以这组符号可以包括多行的说明，参考图 2 – 12 中的第 10 行和第 11 行，只需要用一组符号就可以将其定义为数据说明，Stata 遇到两个符号之间的所有指令将自动不予执行。

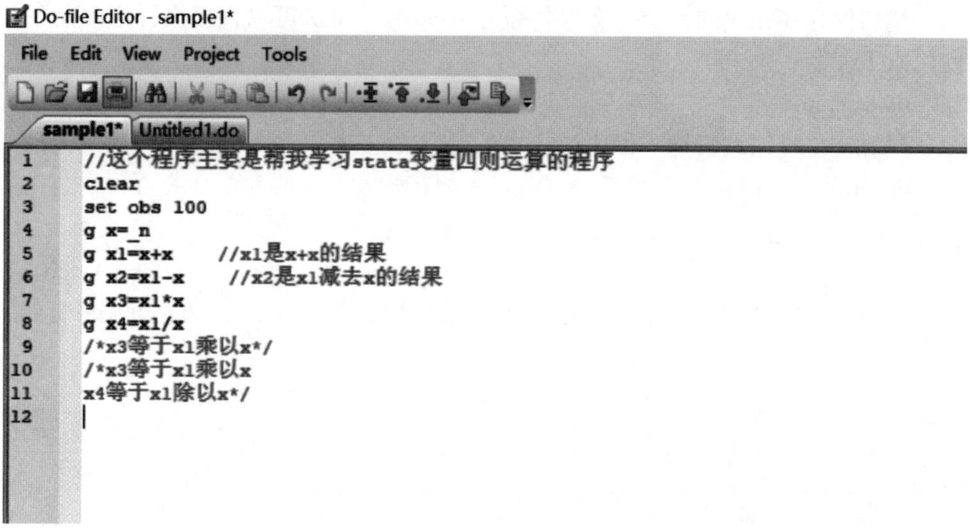

图 2 - 12　键入命令的注释

提示 2 - 11：强烈推荐读者养成将批量命令保存至程序运行文件或者 word 文档的习惯，并且将程序的说明在 do 文件中加以说明，方便下次打开 Stata 后对这些程序进行检查。Stata 一旦关闭，未保存的 .dta 文件以及历史回顾窗口中的所有命令都会消失，因此，把文件和历史执行的命令保存好尤为重要。

课后习题

1. 使用 Stata 软件定义、修改和删除变量。
2. 使用 Stata 软件修改变量的名称与标签。

第三章 数据集的处理

本章主要介绍导入数据、合并数据、改变数据集形状等一系列针对数据集的操作。这一章的第一节介绍如何从外部数据中导入数据，第二节介绍了合并数据的方法，第三节介绍了合并数据的方法，第四节介绍了改变数据形状的方法。

第一节 导入数据

通常而言，所面对的原始数据并非 Stata 中的 dta 后缀格式的数据，大部分是从数据库中下载的 Excel 文档的数据或者是 txt 文档的数据。将这些格式的数据导入 Stata 中的常用方法有以下五种。

一、直接粘贴

对于 Excel 数据而言，可以直接将数据部分粘贴到 Stata 的数据编辑窗口。具体做法是输入命令"edit"，然后从 Excel 数据中复制数据，点击数据编辑窗口的第一个空格，右键粘贴。例如，需要将示例文件夹下的"数据导入示例.xlsx"的全部数据导入 Stata 中。

第一步，将示例文件夹下的"数据导入示例.xlsx"的全部数据复制，如图 3 – 1 所示。

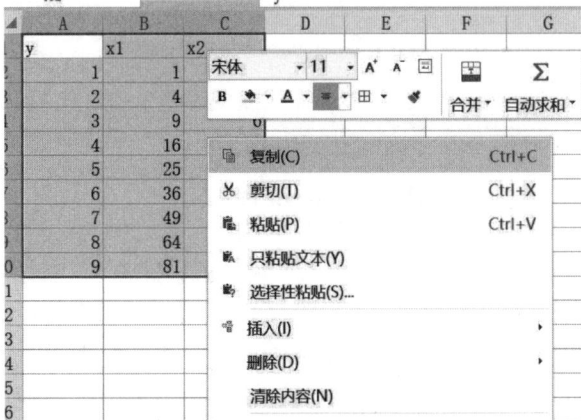

图 3 – 1 从 Excel 数据中粘贴数据

第二步，单击数据编辑器中的第一个表格，右键，单击，粘贴。如图 3 - 2 所示。

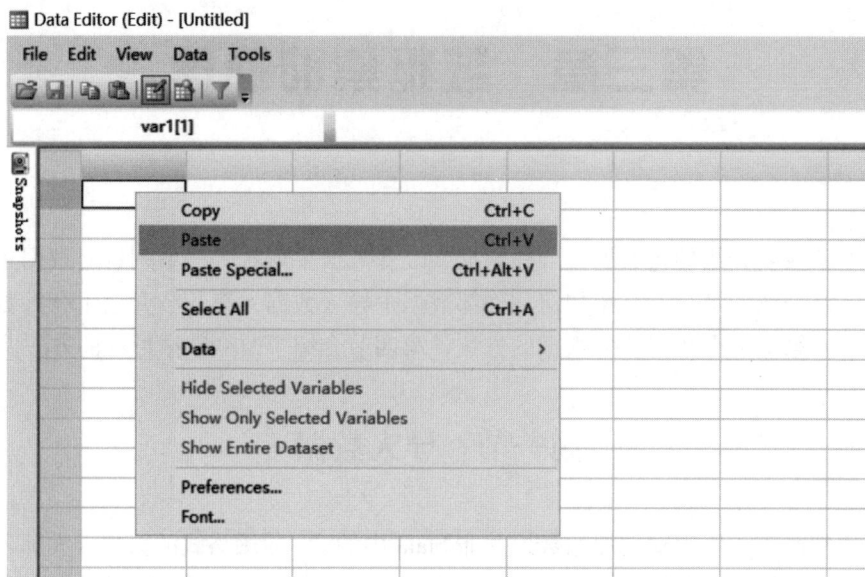

图 3 - 2　将 Excel 数据粘贴到数据编辑器

第三步，弹出对话框询问是否将第一行作为变量名还是数据，由于第一行是变量名 y、x1、x2，所以选择 "treat first row as variable names"，如图 3 - 3 所示。导入数据完毕，如图 3 - 4 所示。

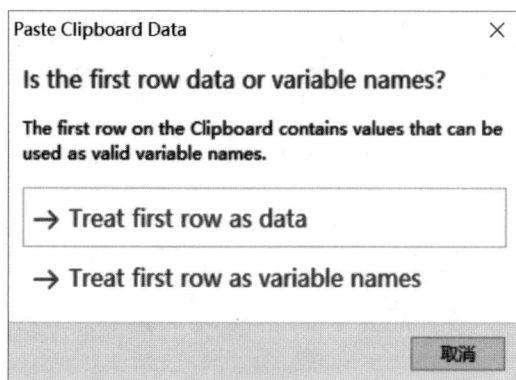

图 3 - 3　第一条命令选择

第四步，导入数据结束后，关闭数据编辑器，然后可以改变量的名称和标签，再用 save 命令保存该数据。

第五步，如果需要粘贴的 Excel 数据分布在不同的工作表中、无法一次粘贴完成，那么在粘贴完一个表格后，再继续在数据编辑器中粘贴即可，粘贴的位置是已经粘贴完成的数据之后、第一列变量的第一个空白单元格处。如图 3 - 4 所示。读者可以练习在已经完成粘贴的编辑器中再把"数据导入示例.xlsx"的文件粘贴一遍，结果如图3-5所示。

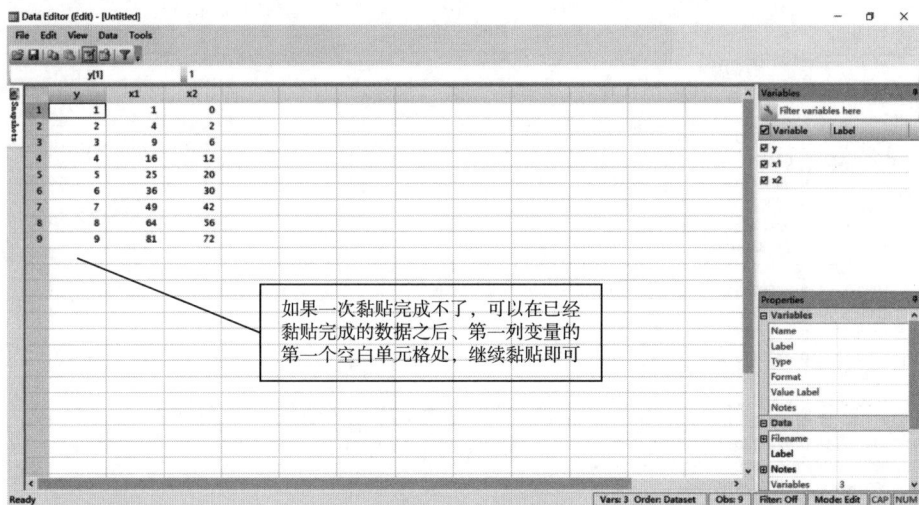

图3-4 导入数据结束

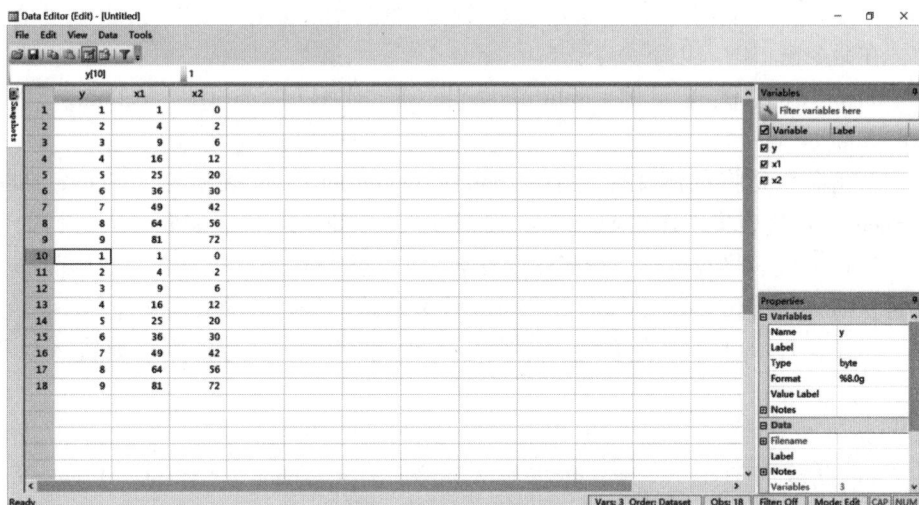

图3-5 多次粘贴数据的结果

提示3-1：复制数据然后粘贴进入数据编辑器是最简单的方式，一般而言，如果数据的第一行是英文名，第二行开始是数据，那么可以直接全部粘贴。然而，如果 Excel 数据中的第一行或者第二行是变量的中文说明或者单位，那么最好先删除，粘贴到 Stata 以后再慢慢定义变量的名称和标签。

二、使用 import 命令

如果期望将示例文件夹中的 returnexample 的 Excel 文件数据导入 Stata，该数据如图 3 - 6 所示。returnexample 数据的数据范围是 A1 ~ B18，并且第一行是变量名。

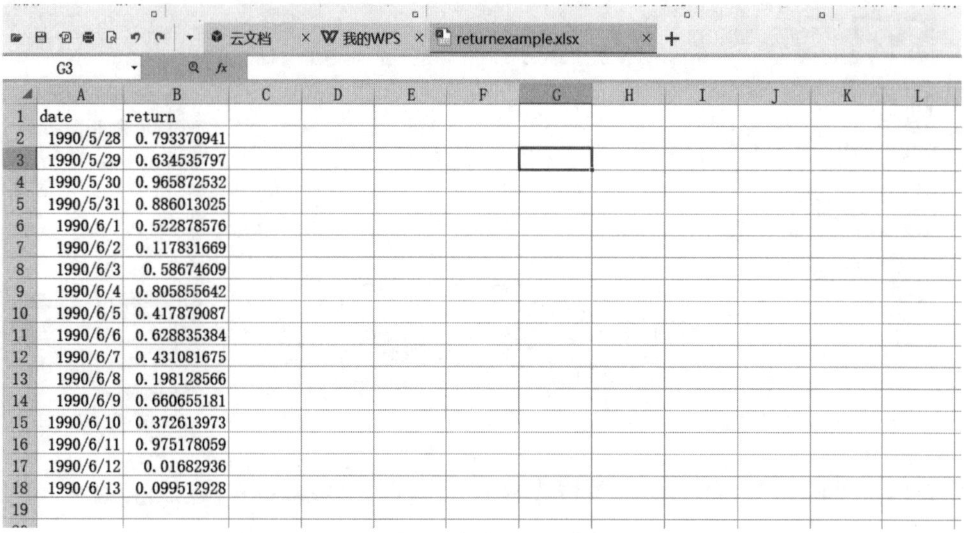

	A	B
1	date	return
2	1990/5/28	0.793370941
3	1990/5/29	0.634535797
4	1990/5/30	0.965872532
5	1990/5/31	0.886013025
6	1990/6/1	0.522878576
7	1990/6/2	0.117831669
8	1990/6/3	0.58674609
9	1990/6/4	0.805855642
10	1990/6/5	0.417879087
11	1990/6/6	0.628835384
12	1990/6/7	0.431081675
13	1990/6/8	0.198128566
14	1990/6/9	0.660655181
15	1990/6/10	0.372613973
16	1990/6/11	0.975178059
17	1990/6/12	0.01682936
18	1990/6/13	0.099512928

图 3 - 6　需要导入的 Excel 数据 returnexample

在命令窗口键入以下命令：

import excel D：\ 示例 \ returnexample. xls，sheet（" Sheet1 "） cellrange（A1：B18） firstrow clear

上述命令是将示例文件夹中的 returnexample 的 Excel 表格导入 Stata，sheet（"Sheet1"）代表将工作表 Sheet1 的数据导入；cellrange 代表需要导入数据的范围；firstrow 代表将数据第一行当作变量名。如果数据的第一行直接是数据而非变量名，则需要把 firstrow 去掉即可。clear 代表清除已经打开的数据文件。

如果导入示例文件夹下的"数据导入示例 . xlsx"文件，则需要键入以下命令：

clear

import excel D：\ 示例 \ 数据导入示例 . xlsx，sheet （" Sheet1 "） cellrange（A1：C10） firstrow

三、使用 insheet 命令

insheet 命令主要针对的是文本文档的数据。在使用 insheet 命令之前，需要先将 txt 文档先保存为 ANSI 格式。打开文档—点击另存为—解码处选择 ANSI 格式—保存，之后可以直接使用 insheet 命令。如图 3 - 7 所示，在将 txt 文档另存为之后，可以在下方的解码处找到 ANSI。

以示例中自带的 returnexample. txt 的文本文档为例，在将其转换为 ANSI 格式后，键入以下命令：

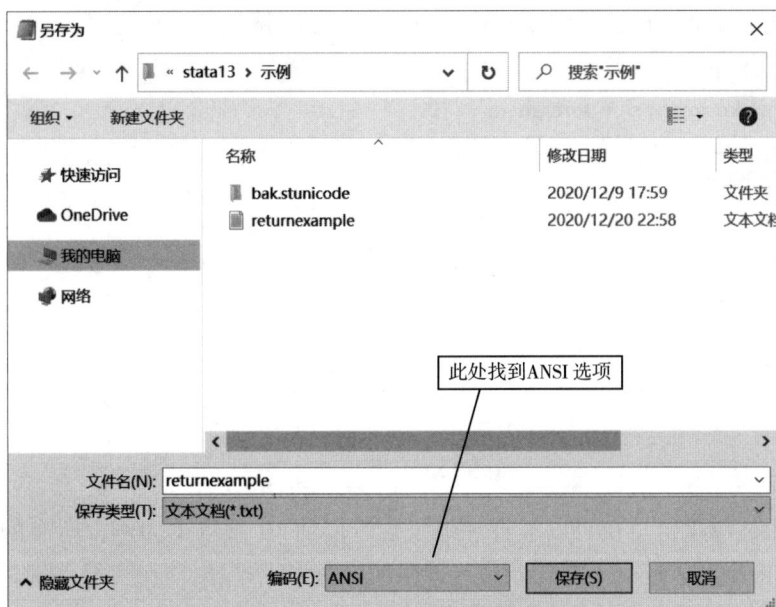

图 3 – 7　txt 文档另存为界面

insheet using D：\ 示例 \ returnexample. txt，clear

四、其他方式

还可以通过菜单栏中的 File > Import，实现相关文件的导入。

五、直接从数据库将数据导入

网上还有一些精通 Stata 的老师写的命令，直接实现从 wind 数据库将数据导入 Stata 中，感兴趣的可以查询和学习。

第二节　数据排序

一、数据排序命令——sort

Stata 中使用 sort 命令对数据进行排序。Sort 命令的使用格式是"sort 变量名1 变量名2"。

```
sysuse auto，clear
sort price
edit
```

使用 sort 命令后，数据编辑窗口显示，所有观测值按照价格（price）由小到大进行了排序。

list make mpg price foreign in 1/10

	make	mpg	price	foreign
1.	Merc. Zephyr	20	3,291	Domestic
2.	Chev. Chevette	29	3,299	Domestic
3.	Chev. Monza	24	3,667	Domestic
4.	Toyota Corolla	31	3,748	Foreign
5.	Subaru	35	3,798	Foreign
6.	AMC Spirit	22	3,799	Domestic
7.	Merc. Bobcat	22	3,829	Domestic
8.	Renault Le Car	26	3,895	Foreign
9.	Chev. Nova	19	3,955	Domestic
10.	Dodge Colt	30	3,984	Domestic

在上述结果窗口也可以很直观地发现，以前 10 条数据为例，所有的数据按照 price 由小到大进行了排列，这与排序前的前 10 条数据存在明显差别。以下是排序前的前 10 条数据：

	make	mpg	price	foreign
1.	AMC Concord	22	4,099	Domestic
2.	AMC Pacer	17	4,749	Domestic
3.	AMC Spirit	22	3,799	Domestic
4.	Buick Century	20	4,816	Domestic
5.	Buick Electra	15	7,827	Domestic
6.	Buick LeSabre	18	5,788	Domestic
7.	Buick Opel	26	4,453	Domestic
8.	Buick Regal	20	5,189	Domestic
9.	Buick Riviera	16	10,372	Domestic
10.	Buick Skylark	19	4,082	Domestic

如果希望将数据按照 price 由大到小的顺序排列，可以使用 gsort，并且需要在变量前加负号。

sysuse auto, clear

gsort −price

	make	mpg	price	foreign
1.	Cad. Seville	21	15,906	Domestic
2.	Cad. Eldorado	14	14,500	Domestic
3.	Linc. Mark V	12	13,594	Domestic
4.	Linc. Versailles	14	13,466	Domestic
5.	Peugeot 604	14	12,990	Foreign
6.	Volvo 260	17	11,995	Foreign
7.	Linc. Continental	12	11,497	Domestic
8.	Cad. Deville	14	11,385	Domestic
9.	Buick Riviera	16	10,372	Domestic
10.	Olds Toronado	16	10,371	Domestic

可以看到，排序之后，前 10 条数据报告了价格最高的 10 条记录按照由大到

小顺序排列的结果。

二、后缀 stable 的使用

通常而言，当针对某个变量进行排序后，排序变量在相同数值上可能存在多个观测值。例如，auto 数据集中的 mpg 变量，mpg = 12 对应着两个观测值，mpg = 14 对应着 6 个观测值。对 auto 数据集按照 mpg 进行排序，然后观察前 10 条数据。连续运行两次下述命令：

sysuse auto，clear

sort mpg

list make mpg price foreign in 1/10

	make	mpg	price	foreign
1.	Linc. Mark V	12	13,594	Domestic
2.	Linc. Continental	12	11,497	Domestic
3.	Merc. XR-7	14	6,303	Domestic
4.	Peugeot 604	14	12,990	Foreign
5.	Linc. Versailles	14	13,466	Domestic
6.	Cad. Deville	14	11,385	Domestic
7.	Cad. Eldorado	14	14,500	Domestic
8.	Merc. Cougar	14	5,379	Domestic
9.	Merc. Marquis	15	6,165	Domestic
10.	Buick Electra	15	7,827	Domestic

sort mpg

list make mpg price foreign in 1/10

	make	mpg	price	foreign
1.	Linc. Continental	12	11,497	Domestic
2.	Linc. Mark V	12	13,594	Domestic
3.	Peugeot 604	14	12,990	Foreign
4.	Cad. Eldorado	14	14,500	Domestic
5.	Linc. Versailles	14	13,466	Domestic
6.	Cad. Deville	14	11,385	Domestic
7.	Merc. Cougar	14	5,379	Domestic
8.	Merc. XR-7	14	6,303	Domestic
9.	Buick Electra	15	7,827	Domestic
10.	Merc. Marquis	15	6,165	Domestic

可以看到，尽管两次运行之后，数据的确按照 mpg 从小到大的顺序进行了排列，前 2 条是 mpg = 12 的结果，3~8 条是 mpg = 14 的结果，9~10 条是 mpg = 15 的结果，但是，mpg 相同的数据而言，两次运行的数据却发生了变化。例如 mpg = 12 的两条记录在第一次和第二次运行时顺序发生了变化，而 mpg = 14 的数据在第一次和第二次运行时的顺序也发生了变化。

通常希望对 mpg 进行排序后，相同 mpg 数值下原有观测值的顺序不变，此时需要在 sort 命令加上 stable。

sysuse auto，clear

sort mpg，stable

list make mpg price foreign in 1/10

	make	mpg	price	foreign
1.	Linc. Continental	12	11,497	Domestic
2.	Linc. Mark V	12	13,594	Domestic
3.	Cad. Deville	14	11,385	Domestic
4.	Cad. Eldorado	14	14,500	Domestic
5.	Linc. Versailles	14	13,466	Domestic
6.	Merc. Cougar	14	5,379	Domestic
7.	Merc. XR-7	14	6,303	Domestic
8.	Peugeot 604	14	12,990	Foreign
9.	Buick Electra	15	7,827	Domestic
10.	Merc. Marquis	15	6,165	Domestic

反复运行上述命令后，所有观测值的顺序都保持不变，因为 mpg 相同的观测值还是保留了初始的顺序。

提示 3 - 2： stable 这个后缀在批量计算资本市场投资组合中会经常用到，不加 stable 的后果是排序变量相同情况下，观测值的顺序可能会被打乱，这会导致每次计算结果存在差异、导致结果不可信，所以建议读者在使用 sort 命令时，加上后缀 stable。

三、多个变量排序

如果希望以 mpg 为主排序变量、price 为辅助排序变量进行排序，那么需要输入以下命令：

sysuse auto，clear

sort mpg price

list make mpg price foreign in 1/10

	make	mpg	price	foreign
1.	Linc. Continental	12	11,497	Domestic
2.	Linc. Mark V	12	13,594	Domestic
3.	Merc. Cougar	14	5,379	Domestic
4.	Merc. XR-7	14	6,303	Domestic
5.	Cad. Deville	14	11,385	Domestic
6.	Peugeot 604	14	12,990	Foreign
7.	Linc. Versailles	14	13,466	Domestic
8.	Cad. Eldorado	14	14,500	Domestic
9.	Merc. Marquis	15	6,165	Domestic
10.	Buick Electra	15	7,827	Domestic

第三节 数据集合并

合并数据会用到 merge 或者 append 命令。merge 是将两个数据进行横向合并。两个数据集具有相同或者重合的个体（observation），但却有不同的变量（variables），此时需要用 merge。例如，数据集 1 是一班学生的物理成绩，数据集 2 是一班学生的化学成绩，希望将一班学生的物理和化学成绩放在一个表格中，此时需要用到 merge 命令。

append 是将两个数据进行纵向合并。如果两个数据集的变量相同，但个体不同，此时需要用 append。例如，数据集 1 是一班学生的物理成绩，数据集 3 是二班学生的物理成绩，希望将一班和二班学生的物理成绩合并在一个表格中，此时用 append 命令。

一、纵向合并示例——merge 命令

merge 命令的基本格式为：

merge varlist using filename

（一）单个关键词的数据之间合并

例如，想合并 autoexpense 和 autosize 的信息，autoexpense 报告了 5 种品牌车（品牌变量为 make）的价格（price）和公里数（mpg），而 autosize 报告了相同的 6 种品牌车（多了一个品牌）的重量（weight）和长度（length）的信息。可以发现，两个数据集拥有相同的 observation（5 种车重合），但是有不同的特征变量。此时使用 merge 命令。两个数据集分别如下：

```
     make              price    mpg

1.   Toyota Celica     5,899     18
2.   BMW 320i          9,735     25
3.   Cad. Seville     15,906     21
4.   Pont. Grand Prix  5,222     19
5.   Datsun 210        4,589     35
```

```
     make              weight   length

1.   BMW 320i          2,650     177
2.   Cad. Seville      4,290     204
3.   Datsun 210        2,020     165
4.   Plym. Arrow       3,260     170
5.   Pont. Grand Prix  3,210     201

6.   Toyota Celica     2,410     174
```

需要注意的是，使用 merge 命令前，必须先对数据进行排序：

use autosize，clear

sort make

save autosize，replace

use autoexpense，clear

sort make

merge make using autosize

list

在合并数据前，需要首先将被合并数据集 autosize 按照合并关键词 make 进行排序；其次重新保存该数据；再其次打开合并方数据 autoexpense，按照合并关键词 make 进行排序；最后使用 merge 命令，merge 命令的含义是，以 make 作为关键词，将数据集 autosize 合并到 autoexpense 当中。合并之后的数据如下：

	make	price	mpg	weight	length	_merge
1.	BMW 320i	9,735	25	2,650	177	3
2.	Cad. Seville	15,906	21	4,290	204	3
3.	Datsun 210	4,589	35	2,020	165	3
4.	Pont. Grand Prix	5,222	19	3,210	201	3
5.	Toyota Celica	5,899	18	2,410	174	3
6.	Plym. Arrow	.	.	3,260	170	2

可以看到，合并后，相同品牌（make）成本方面的特征和大小方面的特征都匹配在了一起。合并之后，会发现生产了一个新变量_merge。_merge 等于 3 代表完美合并，即这一条记录中的 make 在两个数据集中都有。_merge 等于 2 代表不完美合并，即这一条记录中的 make 在合并数据集（autoexpense）没有，在被合并数据集（autosize）有。_merge 等于 1 代表不完美合并，即这一条记录中的 make 在合并数据集（autoexpense）有，在被合并数据集（autosize）没有。

（二）多个关键词变量的数据之间的合并

合并关键词不一定只有一个，有时候，合并关键词可能涉及两个或者更多变量，此时，sort 命令和 merge 命令必须使用这些关键词变量，并且多个关键词变量在 sort 和 merge 命令中的顺序必须相同。合并数据为 data1，被合并数据为 data2，关键词为 var1 和 var2。变量处理的顺序如下：

use data2，clear

sort var1 var2

save data2，replace

use data1，clear

sort var1 var2

merge var1 var2 using data2

这样就可以实现多个关键词的数据合并。需要注意以下两点：一是关键词变量的顺序可以调换，但所有步骤必须保持一致；二是合并数据也可以换成 data2，一般而言，把数据比较全的数据集作为合并数据。

提示 3 – 3：merge 命令是实现不同数据之间合并的命令，注意需要先对关键词排序。

二、纵向合并数据——append 命令

append 命令能够将两个变量相同但观测样本不同的样本合并在一起。

append using filename

例如，将 auto 数据拆分为国产车数据集和外国车数据集，然后再合并在一起。

sysuse auto，clear

keep if foreign == 0

list

save domestic，replace

sysuse auto，clear

keep if foreign == 1

save foreign，replace

list

use foreign，clear

append using domestic

list

除了 append 方法外，如果两个数据集的变量顺序完全相同，可以直接从一个数据集的数据编辑器粘贴到另一个数据集的数据编辑器中。

第四节 改变数据形状

一、改变数据形状的命令——reshape

Stata 可以实现数据从长型（long）到宽型（wide）的相互转变，改变的命令是 reshape。

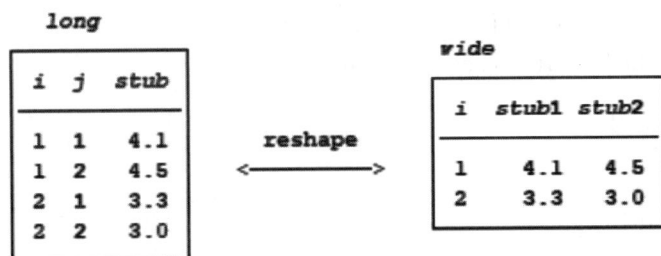

从长型转换为宽型的命令为：

reshape wide stub, i(i) j(j)

从宽型转换为长型的命令为：

reshape long stub, i(i) j(j)

在由宽型数据变为长型数据时，j 变量本身是不存在的，只是提取了 stub 变量的后缀数字作为 j 变量。

二、示例一

以示例文件夹中的数据集中 marketindex 数据为例，可以实现宽型数据和长型数据的互相转换。

use marketindex, clear

edit

如图 3 - 8 所示。打开数据后，发现这属于长型数据，因为每个省份 i 和每个年度 j 都对应着一个市场化指数。

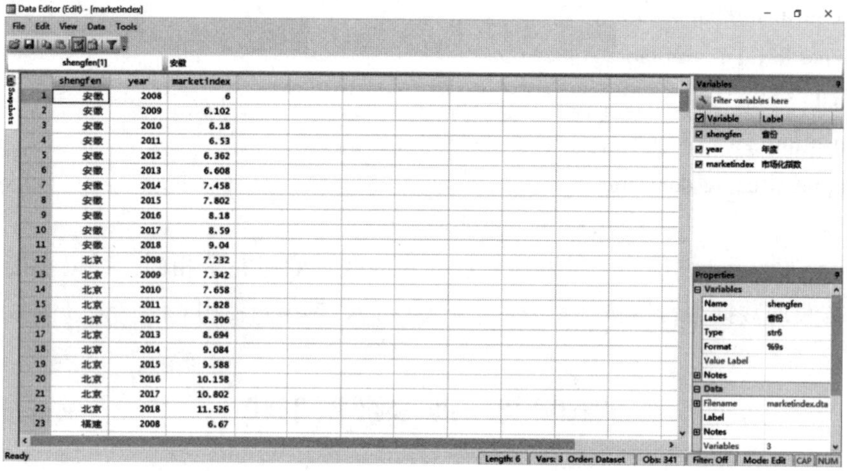

图 3 - 8 marketindex 的长型数据

然后使用 reshape 命令将其变成宽型数据，转换后的数据如图 3 - 9 所示。

reshape wide marketindex, i(shengfen) j(year)

edit

之后可以再使用 reshape 命令将其变换为长型数据：

reshape long marketindex, i(shengfen) j(year)

三、示例二

use reshape1, clear

list

Data Editor (Edit) - [Untitled]

File Edit View Data Tools

shengfen[1]　　　安徽

	shengfen	market1~2008	market1~2009	market1~2010	market1~2011	market1~2012	market1~2013	market1~2014	market1~2(
1	安徽	6	6.102	6.18	6.53	6.362	6.608	7.458	7.1
2	北京	7.232	7.342	7.658	7.828	8.306	8.694	9.084	9.5
3	福建	6.67	6.768	6.626	6.84	7.276	7.438	8.066	8.4
4	甘肃	3.856	3.81	3.428	3.484	3.376	3.624	4.038	4.5
5	广东	7.514	7.62	7.73	7.912	8.366	8.688	9.354	9.5
6	广西	5.672	5.642	5.108	5.296	6.194	6.336	6.506	6.5
7	贵州	4.466	4.386	3.552	3.624	4.354	4.518	4.85	5.5
8	海南	4.306	4.228	4.592	4.712	5.442	5.672	5.934	6.6
9	河北	5.584	5.714	5.07	5.298	5.582	5.766	6.194	6.5
10	河南	5.988	6.094	6.19	6.34	6.478	6.668	6.998	7.2
11	黑龙江	4.916	4.95	4.84	5.016	6.006	6.202	6.216	6.5
12	湖北	5.488	5.658	5.592	5.83	6.316	6.708	7.278	7.2
13	湖南	5.358	5.34	5.492	5.736	5.73	5.872	6.794	7.2
14	吉林	5.812	5.872	5.494	5.644	6.15	6.226	6.416	6.5
15	江苏	7.8	8.172	8.584	9.178	9.95	9.878	9.634	10.2
16	江西	5.496	5.532	5.658	5.87	5.74	5.902	6.79	7.2
17	辽宁	6.418	6.61	6.356	6.444	6.648	6.704	7	7.2
18	内蒙古	4.786	4.82	4.564	4.674	5.344	5.334	5.102	5.5
19	宁夏	4.254	4.36	3.918	3.992	4.366	4.502	5.258	5.
20	青海	2.946	2.794	2.528	2.538	2.642	2.834	2.534	2.0
21	山东	6.986	7.044	6.874	7.016	7.41	7.546	7.93	8.2
22	山西	4.37	4.226	4.596	4.694	4.89	5.08	5.27	5.4
23	陕西	4.36	4.284	3.946	4.368	5.18	5.708	6.36	6.5

Variables

Filter variables here

Variable　Label

☑ shengfen　省份
☑ marketinde... 2008 marketindex
☑ marketinde... 2009 marketindex
☑ marketinde... 2010 marketindex
☑ marketinde... 2011 marketindex
☑ marketinde... 2012 marketindex
☑ marketinde... 2013 marketindex
☑ marketinde... 2014 marketindex
☑ marketinde... 2015 marketindex

Properties

☐ Variables
　Name　shengfen
　Label　省份
　Type　str6
　Format　%9s
　Value Label
☐ Notes
☐ Data
☐ Filename
☐ Notes
　Variables　12

Ready　　　Length: 6　Vars: 12　Order: Dataset　Obs: 31　Filter: Off　Mode: Edit　CAP NUM

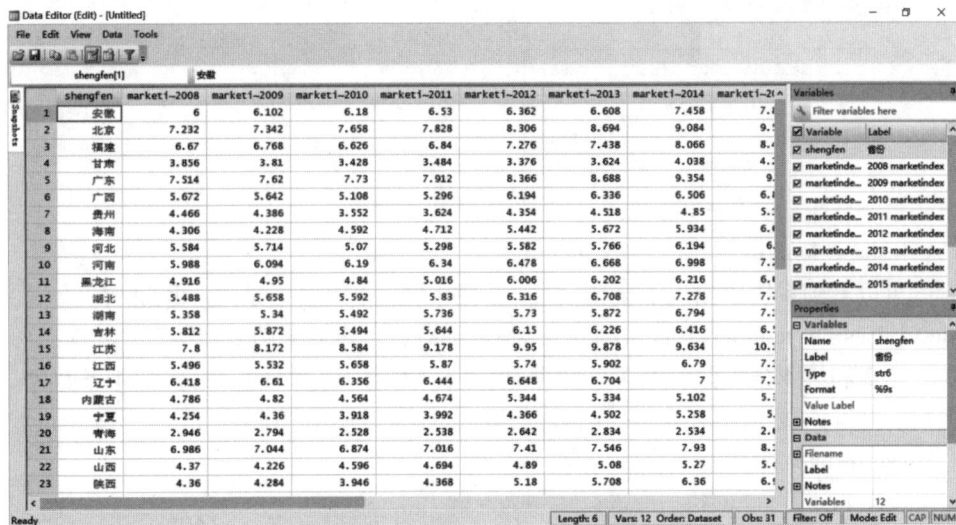

图 3 – 9　marketindex 的宽型数据

	id	sex	inc80	inc81	inc82	ue80	ue81	ue82
1.	1	0	5000	5500	6000	0	1	0
2.	2	1	2000	2200	3300	1	0	0
3.	3	0	3000	2000	1000	0	0	1

回顾一下 reshape 的标准格式是 "reshape long stub, i (i) j (j)"。可以看到，reshape1. dta 数据中对应 reshape 命令中的 i 是 id 变量，对应 reshape 命令中的 stu变量有两个，包括 inc 和 ue。sex 变量没有其他用处，可以忽略。录入以下命令：

reshape long inc ue, i(id) j(year)

list

	id	year	sex	inc	ue
1.	1	80	0	5000	0
2.	1	81	0	5500	1
3.	1	82	0	6000	0
4.	2	80	1	2000	1
5.	2	81	1	2200	0
6.	2	82	1	3300	0
7.	3	80	0	3000	0
8.	3	81	0	2000	0
9.	3	82	0	1000	1

可以再将上述长型数据改回宽型数据：

reshape wide inc ue, i(id) j(year)

四、示例三

use reshape2，clear

list

	id	sex	inc80	inc81	inc82
1.	1	0	5000	5500	6000
2.	2	1	2000	2200	3300
3.	3	0	3000	2000	1000
4.	2	0	2400	2500	2400

reshape long inc, i(id) j(year)

可以看到系统中出现了报错信息，其原因是 id 数据不是唯一识别的（variable id does not uniquely identify the observations），可以观察到，id = 2 的数据有两条，第 2 和第 4 条。假设第 4 条数据是多余的并且有错误的，删去第 4 条数据，使得 id 在同一数值上存在唯一的数据，那么就可以使用 reshape。

use reshape2, clear

drop in 4

reshape long inc, i (id) j (year)

第五节　数据案例演示

一、import 和 reshape 实际操作举例

在实际运用 Stata 命令时，可以需要对原始数据进行预处理，以达到能够使用的目的，这需要操作者对这些命令灵活掌握。

以示例文件夹中的一个名为"市场化指数"的 Excel 文件为例，讲解 import 和 reshape 的使用方法。该数据是樊纲等（2016）计算的省份 - 年度层面的数据。一般而言，在 Stata 中更多地需要长型数据。

第一步，打开 Excel 原始数据。Sheet1 是面对的原始数据，如图 3 - 10 所示。观察数据得知，这是一个宽型数据，需要变成长型，省份是 reshape 命令中的个体 i，年份是 reshape 命令中的个体 j。显然，省份应该是在第一列上，而年份应该在第一行上，才能实现 reshape 命令。

第二步，对原始数据进行转置。如图 3 - 11 所示，对原始数据进行了调整，sheet2 在 sheet1 的基础上对变量进行了转置处理，省份在第一列，年份在第一行。

第三步，定义变量名。在 reshape 之前，还需要将第一行的每一个变量都设置成"变量名"+"j"的格式，即 market1997、market1998……这样的格式。sheet3 在 sheet2 的基础上加上了一行（第 2 行）。第 2 行中，将变量名改成了 reshape 可以操作的标准英文格式（见图 3 - 12）。

第四步，import 命令将数据录入 Stata。

import excelD:\ 示例 \ 市场化指数 . xlsx, sheet（"sheet3"）cellrange（A2:

U33）firstrow clear

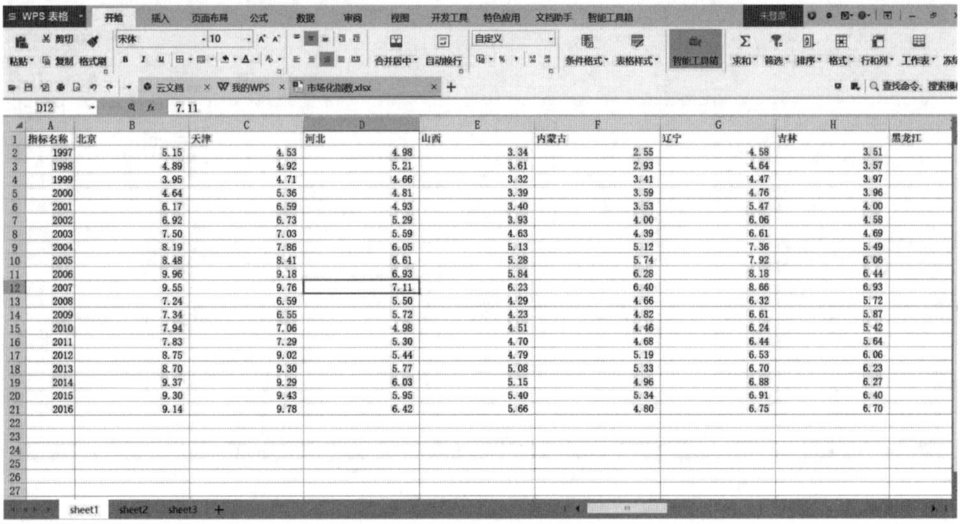

图 3-10 原始 Excel 数据

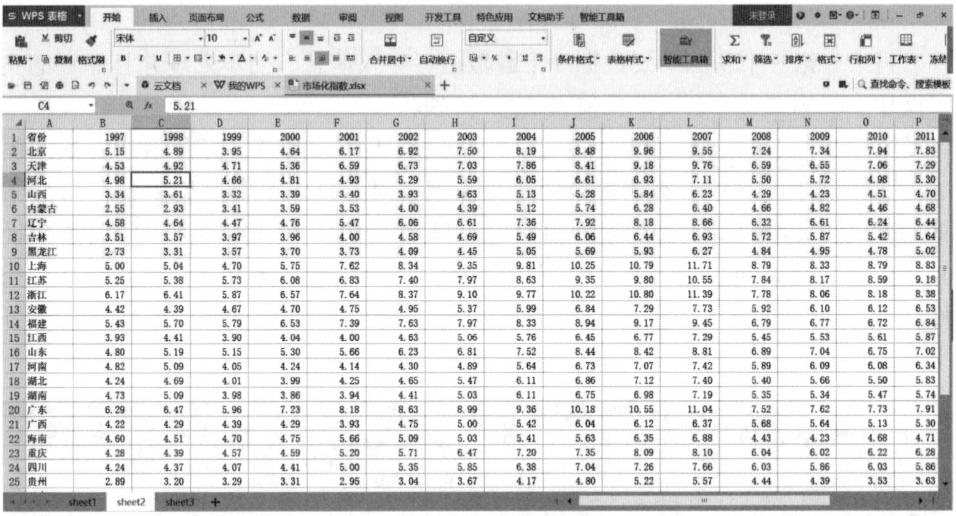

指标名称	北京	天津	河北	山西	内蒙古	辽宁	吉林
1997	5.15	4.53	4.98	3.34	2.55	4.58	3.51
1998	4.89	4.92	5.21	3.61	2.93	4.64	3.57
1999	3.95	4.71	4.66	3.32	3.41	4.47	3.97
2000	4.64	5.36	4.81	3.39	3.59	4.76	3.96
2001	6.17	6.59	4.93	3.40	3.53	5.47	4.00
2002	6.92	6.73	5.29	3.93	4.00	6.06	4.58
2003	7.50	7.03	5.59	4.63	4.39	6.61	4.69
2004	8.19	7.86	6.05	5.13	5.12	7.36	5.49
2005	8.48	8.41	6.61	5.28	5.74	7.92	6.06
2006	9.96	9.18	6.93	5.84	6.28	8.18	6.44
2007	9.55	9.76	7.11	6.23	6.40	8.66	6.93
2008	7.24	6.59	5.50	4.29	4.66	6.32	5.72
2009	7.34	6.55	5.72	4.23	4.82	6.61	5.87
2010	7.94	7.06	4.98	4.51	4.46	6.24	5.42
2011	7.83	7.29	5.30	4.70	4.68	6.44	5.64
2012	8.75	9.02	5.44	4.79	5.19	6.53	6.06
2013	8.70	9.30	5.77	5.08	5.33	6.70	6.23
2014	9.37	9.29	6.03	5.15	4.96	6.88	6.27
2015	9.30	9.43	5.95	5.40	5.34	6.91	6.40
2016	9.14	9.78	6.42	5.66	4.80	6.75	6.70

图 3-11 原始 Excel 数据进行转置处理

省份	1997	1998	1999	2000	2001	2002	2003	2004	2005	2006	2007	2008	2009	2010	2011
北京	5.15	4.89	3.95	4.64	6.17	6.92	7.50	8.19	8.48	9.96	9.55	7.24	7.34	7.94	7.83
天津	4.53	4.92	4.71	5.36	6.59	6.73	7.03	7.86	8.41	9.18	9.76	6.59	6.55	7.06	7.29
河北	4.98	5.21	4.66	4.81	4.93	5.29	5.59	6.05	6.61	6.93	7.11	5.50	5.72	4.98	5.30
山西	3.34	3.61	3.32	3.39	3.40	3.93	4.63	5.13	5.28	5.84	6.23	4.29	4.23	4.51	4.70
内蒙古	2.55	2.93	3.41	3.59	3.53	4.00	4.39	5.12	5.74	6.28	6.40	4.66	4.82	4.46	4.68
辽宁	4.58	4.64	4.47	4.76	5.47	6.06	6.61	7.36	7.92	8.18	8.66	6.32	6.61	6.24	6.44
吉林	3.51	3.57	3.97	3.96	4.00	4.58	4.69	5.49	6.06	6.44	6.93	5.72	5.87	5.42	5.64
黑龙江	2.73	3.31	3.57	3.70	3.73	4.09	4.45	5.05	5.69	5.93	6.27	4.84	4.95	4.78	5.02
上海	5.00	5.04	4.70	5.75	7.62	8.34	9.35	9.81	10.25	10.79	11.71	8.79	8.33	8.79	8.83
江苏	5.25	5.38	5.73	6.08	6.83	7.40	7.97	8.63	9.35	9.80	10.55	7.84	8.17	8.59	9.18
浙江	6.17	6.41	5.87	6.57	7.64	8.37	9.10	9.77	10.22	10.80	11.39	7.78	8.06	8.18	8.38
安徽	4.42	4.39	4.67	4.70	4.75	4.95	5.37	5.99	6.84	7.29	7.73	5.92	6.10	6.12	6.53
福建	5.43	5.70	5.79	6.53	7.39	7.63	7.97	8.33	8.94	9.17	9.45	6.79	6.77	6.72	6.84
江西	3.93	4.41	3.90	4.04	4.00	4.63	5.06	5.76	6.45	6.77	7.29	5.45	5.53	5.61	5.87
山东	4.80	5.19	5.15	5.30	5.66	6.23	6.81	7.52	8.42	8.81		6.89	7.04	6.75	7.02
河南	4.82	5.09	4.05	4.24	4.14	4.30	4.89	5.64	6.73	7.07	7.42	5.89	6.09	6.08	6.34
湖北	4.24	4.69	4.01	3.99	4.25	4.65	5.47	6.11	6.78	7.07	7.40	5.40	5.66	5.50	5.83
湖南	4.73	5.09	3.98	3.86	3.94	4.41	5.03	6.11	6.75	6.98	7.19	5.35	5.34	5.47	5.74
广东	6.29	6.47	5.96	7.23	8.18	8.63	8.99	9.36	10.18	10.55	11.04	7.52	7.62	7.73	7.91
广西	4.22	4.29	4.39	4.29	3.93	4.75	5.00	5.42	6.04	6.12	6.27	5.68	5.64	5.13	5.30
海南	4.60	4.51	4.70	4.75	5.66	5.09	5.03	5.41	5.63	6.35	6.88	4.43	4.23	4.68	4.71
重庆	4.28	4.39	4.37	4.59	5.20	5.71	6.47	7.20	7.35	8.09	8.10	6.04	6.02	6.22	6.28
四川	4.24	4.37	4.07	4.41	5.00	5.35	5.85	6.38	7.04	7.26	7.66	6.03	5.86	6.03	5.86
贵州	2.89	3.20	3.29	3.31	2.95	3.04	3.67	4.17	4.80	5.22	5.57	4.44	4.39	3.53	3.63

需要从第二行开始录入，直到数据的最后一个单位，所以变量单位涵盖了 A2 ~ U33 的方形区域。第一行没有实际用途。此外，firstrow 代表将 import 进来的第一行（即 Excel 表中的第二行）定义为变量名称。

第五步，录入之后，就可以使用 reshape 命令将数据变成长型。

reshape long market, i(province) j(year)

提示 3-4：在导入数据之前，很多情况下需要对原始数据进行预处理，使之变成 Stata 方便导入的格式。

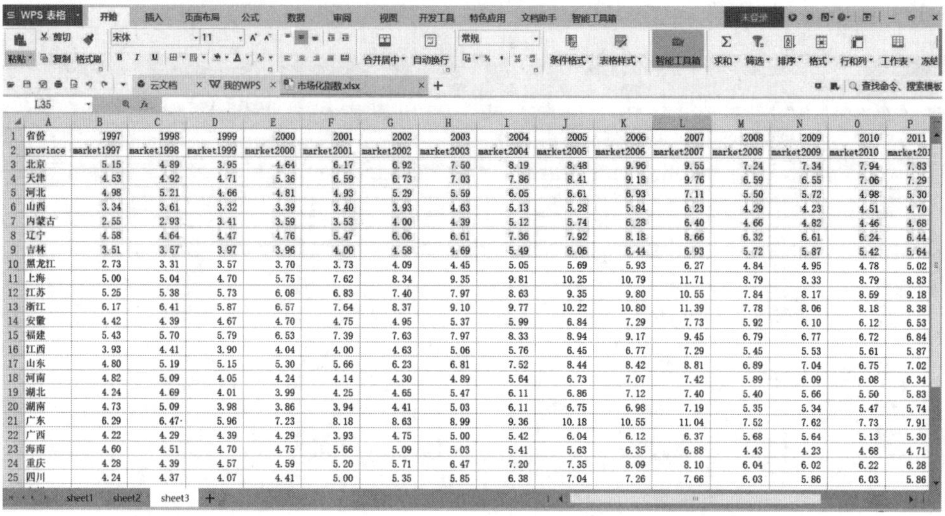

图 3 - 12   添加变量名称

二、从国泰安下载资产负债表信息并保存年报数据

再来介绍一个从国泰安数据库下载数据、导入信息、初步处理并且保存的实践操作。本例主要介绍资产负债表信息的提取。

第一步：下载数据。（1）搜寻资产负债表所在的路径，打开国泰安数据库首页 > 数据中心 > 单表查询 > 公司研究系列 > 财务报表 > 资产负债表。（2）数据期间选择 2008 - 01 - 01 至 2019 - 12 - 31（见图 3 - 13）。（3）变量选择证券代码、会计期间、报表类型、货币资金、资产总计（见图 3 - 14）。（4）条件选择 会计期间 = 合并报表（见图 3 - 15）。（5）点击最下方的下载数据即可下载。

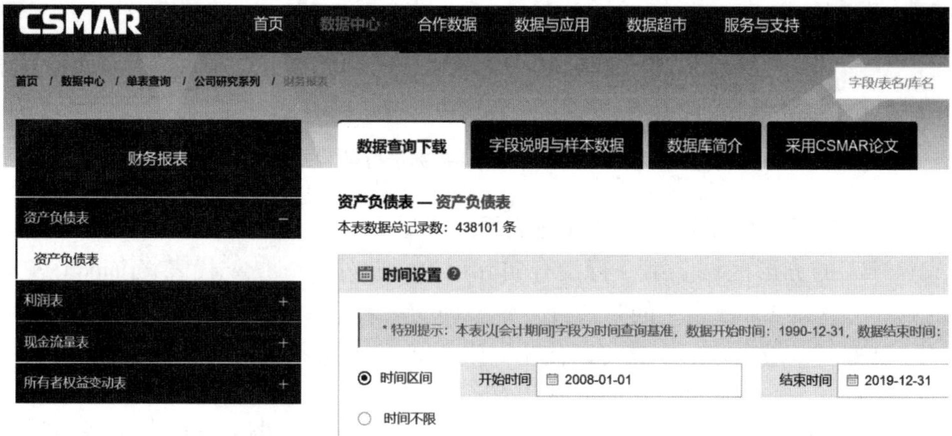

图 3 - 13   数据期间选择

图 3 – 14　字段选择

图 3 – 15　条件筛选

第二步：将 Excel 数据导入 Stata 中——import 命令。将下载后的文件解压，放到默认文件夹"D：\ 示例"中，更改其名称为 zichanfuzhai. xlsx。（这一步不需要单独做，本教材只是为了演示方便）。

常见导入数据的方法有两种，一是直接将数据部分粘贴；二是用 import 命令，这里演示第二种，如果读者觉得这种技术很麻烦，直接使用第一种即可。

在导入前，需要先观察 Excel 数据，才能知道如何导入。如图 3 – 16 所示，第一行是英文名称，第二行是变量的中文名称，第三行是变量的单位。目标是，将第一行变成 Stata 变量的名称，第二行和第三行变成 Stata 变量的标签。

在 Stata 数据中键入以下命令：

import excel D：\ 示例 \ zichanfuzhai. xlsx，sheet（" sheet1"）cellrange（A1：e147844）firstrow clear

list in 1/7

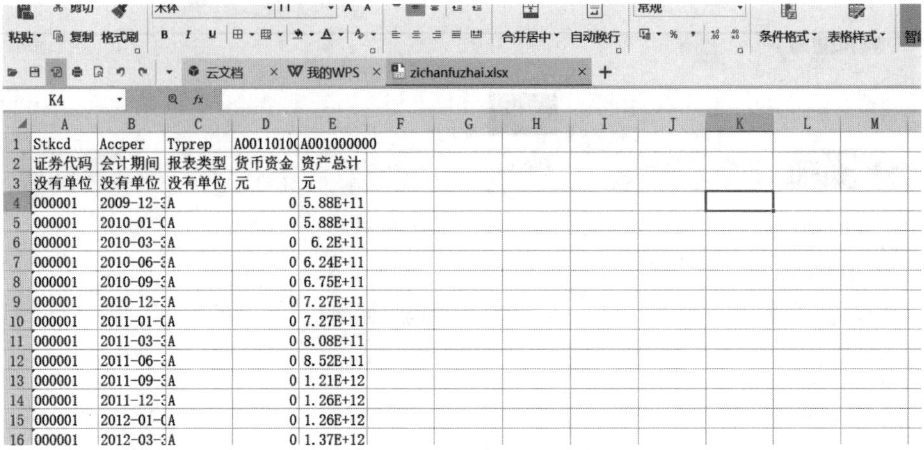

	A	B	C	D	E
1	Stkcd	Accper	Typrep	A0011010(	A001000000
2	证券代码	会计期间	报表类型	货币资金	资产总计
3	没有单位	没有单位	没有单位	元	元
4	000001	2009-12-3	A	0	5.88E+11
5	000001	2010-01-(	A	0	5.88E+11
6	000001	2010-03-3	A	0	6.2E+11
7	000001	2010-06-3	A	0	6.24E+11
8	000001	2010-09-3	A	0	6.75E+11
9	000001	2010-12-3	A	0	7.27E+11
10	000001	2011-01-(	A	0	7.27E+11
11	000001	2011-03-3	A	0	8.08E+11
12	000001	2011-06-3	A	0	8.52E+11
13	000001	2011-09-3	A	0	1.21E+12
14	000001	2011-12-3	A	0	1.26E+12
15	000001	2012-01-(	A	0	1.26E+12
16	000001	2012-03-3	A	0	1.37E+12

图 3－16　zichanfuzhai 数据

	Stkcd	Accper	Typrep	A00110~0	A001000000
1.	证券代码	会计期间	报表类型	货币资金	资产总计
2.	没有单位	没有单位	没有单位	元	元
3.	000001	2009-12-31	A	0	587811034000
4.	000001	2010-01-01	A	0	587811034000
5.	000001	2010-03-31	A	0	619927625000
6.	000001	2010-06-30	A	0	624398179000
7.	000001	2010-09-30	A	0	675063878000

第三步：批量录入变量标签、修改变量名——labone 与 rename 命令。可以看到，已经成功将 Stata 数据导入 Excel，第一行作为变量名称，但不幸的是，变量标签和单位被写入了 Stata 数据的第一行和第二行。而想实现的是，Stata 的第一行和第二行作为标签，此时需要安装使用外部命令 labone。

```
ssc install labone
labone, nrow (1 2)
describe
list in 1/5
```

```
Contains data
  obs:       147,843
 vars:             5
 size:    10,349,010
-----------------------------------------------------------------------
              storage   display    value
variable name   type    format     label      variable label
-----------------------------------------------------------------------
Stkcd           str12   %12s                  证券代码 没有单位
Accper          str12   %12s                  会计期间 没有单位
Typrep          str12   %12s                  报表类型 没有单位
A001101000      str17   %17s                  货币资金 元
A001000000      str17   %17s                  资产总计 元
-----------------------------------------------------------------------
Sorted by:
     Note: Dataset has changed since last saved.
```

	Stkcd	Accper	Typrep	A00110~0	A001000000
1.	证券代码	会计期间	报表类型	货币资金	资产总计
2.	没有单位	没有单位	没有单位	元	元
3.	000001	2009-12-31	A	0	587811034000
4.	000001	2010-01-01	A	0	587811034000
5.	000001	2010-03-31	A	0	619927625000
6.	000001	2010-06-30	A	0	624398179000
7.	000001	2010-09-30	A	0	675063878000

此时通过 describe 看数据集的特征，发现前两行变成了标签，但是，在数据中，变量标签和单位还是在前两行，只需要把前两条数据删除即可。

drop in 1/2

尽管国泰安数据给出了变量的英文名称，但是为了操作方便，一般建议读者根据自己的喜好和方便把变量名称进行修改，下面给出了批量修改变量名称的方法：

rename（Stkcd Accper A001101000 A001000000） （stock qijian huobi zichan）

第四步：删除季报数据——date、month、year、keep 命令。国泰安下载的财务数据，既包括季报，也包括年报，需要关注的是年报部分，因此，需要寻找到财报截止时间在 12 月的数据，而截止时间在 3、6、9 月的季报数据和半年报的数据予以删除。同时，还需要提取年份信息。因此，需要对变量 qijian（更改前的名字为 Accper，代表会计期间的截止日期）进行操作。qijian 是字符型变量，形式为 yyyy - mm - dd，需要将其转换为日期型数据，提取财报的年度和月度信息，保留会计期间在 12 月的数据。

gen t = date(qijian," YMD")

gen month = month(t)

gen year = year(t)

keep if month = = 12

第五步：将财务信息数据由字符型转换为数值型——destring 命令。有些财务信息应该是数值型的，后期需要运算和回归。使用 destring 命令可以批量实现字符型向数值型的转换，后缀 force 的运用是防止由于特定的字符导致转换失败的情况。

destring stock huobi zichan, replace force

第六步：保存数据——save 命令。在完成上述步骤之后，就初步实现了 Excel 数据的导入与预处理，此时保存数据。建议养成按照关键词排序并且保存的习惯，识别每一条数据的关键词是股票代码 stock 以及年度 year。

sort stock year

save zichanfuzhai, replace

课后习题

1. 使用 Stata 软件导入数据。
2. 使用 Stata 软件对数据进行排序。
3. 使用 Stata 软件对数据集进行合并。
4. 使用 Stata 软件改变数据的形状。

第四章　Stata 作图

　　一般而言，对数据进行回归处理之前，需要观察数据，使用图形是直观了解变量关系的手段之一。Stata 具有强大的作图功能，其有专门的作图模块。最常用的作图命令是 graph，该命令可以单独对数据作图。当然，在 Stata 中的其他模块（如 VAR 命令）中，也有专门针对这些模块的作图命令。本章主要介绍 Stata 的一般作图功能。

第一节　常见图形的绘制

　　graph twoway 命令主要能够绘制散点图、直线图与折线图等，其最大的特点是可以同时呈现两种图形（twoway graph）。其基本命令格式如下：

　　［graph］twoway plot［if］［in］［, twoway_options］

　　graph 命令本身可以省略。twoway 代表作图的方式是 twoway graph，一般不能省略。plot 代表具体作图的语法，不能省略。if 和 in 代表需要作图的数据范围，最后的 twoway_options 部分是 twoway 命令的可选项。

　　需要注意的是 plot 这一部分，它并非代表命令就是键入 plot 本身，而是代表了一些语法：

　　［（）plottype varlist . . . , options（）］［‖］

　　其中，［］中的内容代表可选项，（）中的内容代表优先运行的内容，‖ 代表间隔符号。plottype 代表图的类型，包括散点图（scatter）、折线图（line）等。后面会举例说明 plot 本身的用法。以下内容多来自 Stata 手册和 help 文件。

一、使用 twoway 命令画散点图、折线图与线性拟合图

　　此处以 Stata 系统自带的数据 uslifeexp2 为例，该数据报告了美国 1900～1940 年的人均预期寿命。

sysuse uslifeexp2，clear

describe

```
Contains data from F:\stata13\ado\base/u/uslifeexp2.dta
  obs:            41                        U.S. life expectancy, 1900-1940
  vars:            2                        2 Apr 2011 14:39
  size:          246                        (_dta has notes)

              storage   display   value
variable name  type     format    label    variable label

year           int      %9.0g              Year
le             float    %9.0g              life expectancy

Sorted by:  year
```

这一数据中共有 41 个观测值，包含了两个变量 year 和 le，其中，year 是整数数值变量（int），le 为浮点型数值变量（float）。

（一）散点图

在命令窗口键入以下命令，按回车键：

twoway scatter le year

这样就得到了图形窗口中的散点图，其中，纵轴是变量 le，横轴是变量 year。当运行该命令后，Stata 会单独弹出图形窗口，如图 4 - 1（a）所示。在图形窗口可以对图形进行打开、保存、编辑等操作。（b）是单独提取出来的图形，提取方法是点击图形窗口中的图形，右键复制即可。

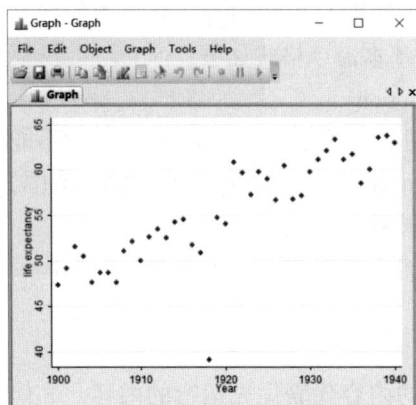
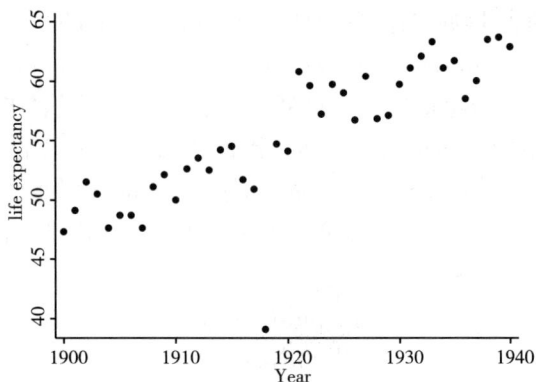

（a）　　　　　　　　　　（b）

图 4 - 1　散点图

（二）折线图

在命令窗口键入以下命令，按回车键：

twoway line le year

可以得到折线图 4 - 2，纵轴代表 le；横轴代表 year。

（三）散点折线图

在命令窗口键入以下命令，按回车键：

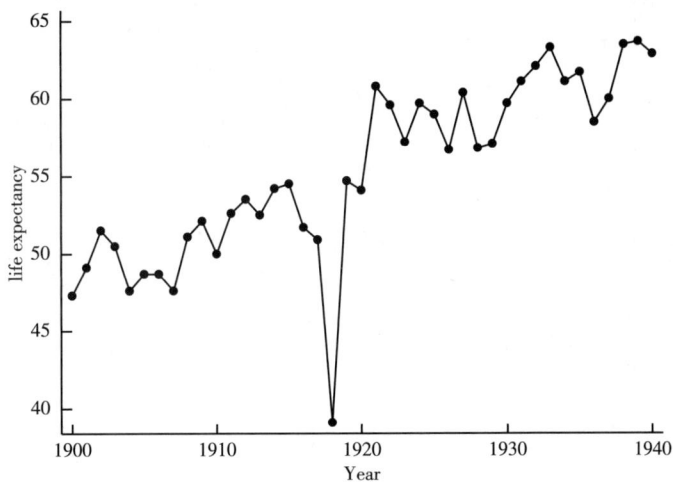

图 4 - 2　折线图

twoway connected le year

可以得到用折线连接散点的图形，如图 4 - 3 所示。纵轴代表 le；横轴代表 year。

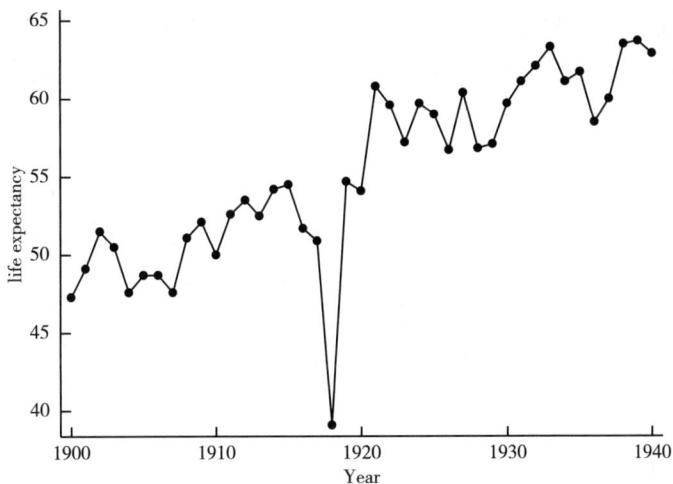

图 4 - 3　散点折线图

（四）线性拟合图

在命令窗口键入以下命令，按回车键：

twoway lfit le year

可以得到 le 变量与 year 变量之间线性拟合的直线图形，如图 4 - 4 所示。纵轴代表 le；横轴代表 year。

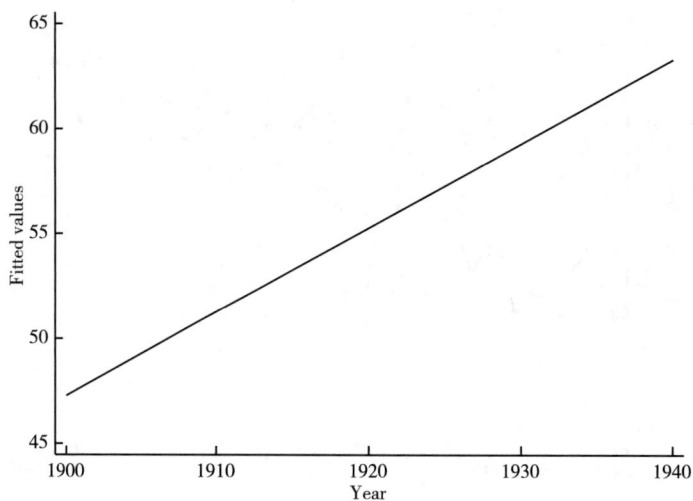

图 4 - 4　线性拟合图

（五）散点图 + 线性拟合图

在命令窗口键入以下命令，按回车键：

twoway（scatter le year）（lfit le year）

可以得到 le 变量和 year 变量之间的散点图和线性拟合图，如图 4 - 5 所示。在对两个变量进行回归时，经常会预先观察两变量之间的散点图和线性拟合关系。

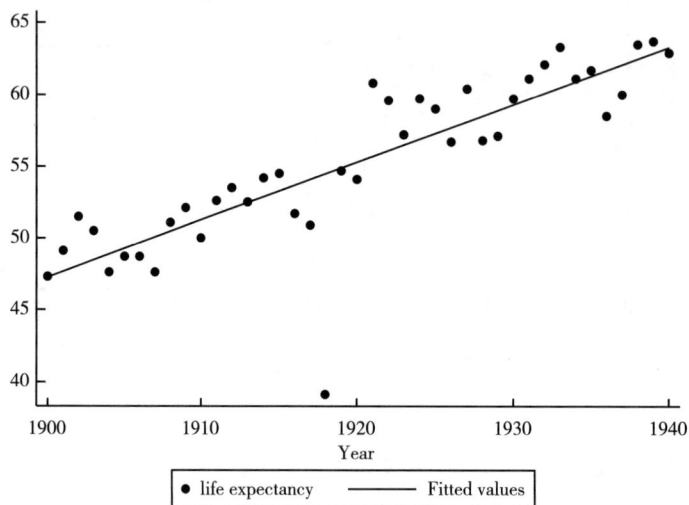

图 4 - 5　拟合图 + 散点图

提示 4 - 1：graph twoway 既可以呈现一种图形，也可以呈现两种图形，两种图形的语法是 twoway（plottype1 变量 1 变量 2）（plottype2 变量 1 变量 2）。

二、使用 twoway 命令画两条轴线

图 4 – 5 呈现的是将两个变量 y1 和 x 的关系分别画出散点图和拟合图。graph twoway 命令同样可以实现在同一个图中呈现 y1 和 x 的关系以及 y2 和 x 的关系。基本命令格式为：

graph twoway（plottype y1 x）（plottype y2 x）

其中，graph 可以省略。

（一）两条散点图

同样以 uslifeexp2 为例：

sysuse uslifeexp2，clear

gen le2 = le1 * 1. 2

label variable le2 "pseudo expectancy"

twoway（scatter le year）（scatter le2 year）

首先构造了一个虚假的预期寿命变量 le2，其标签为 "pseudo expectancy"。其次绘制出 le 和 year 的关系以及 le2 与 year 的关系，如图 4 – 6 所示，可以看到，对于变量 le 和 le2，图形中都用其标签（life expectancy 以及 pseudo expectancy）呈现。图形中同时呈现了 le 和 year 的关系以及 le2 和 year 的关系。在默认情形下，le 和 year 形成的散点与 le2 和 year 形成的散点仅仅用不同颜色区分，在黑白印刷的情况下容易造成困惑。

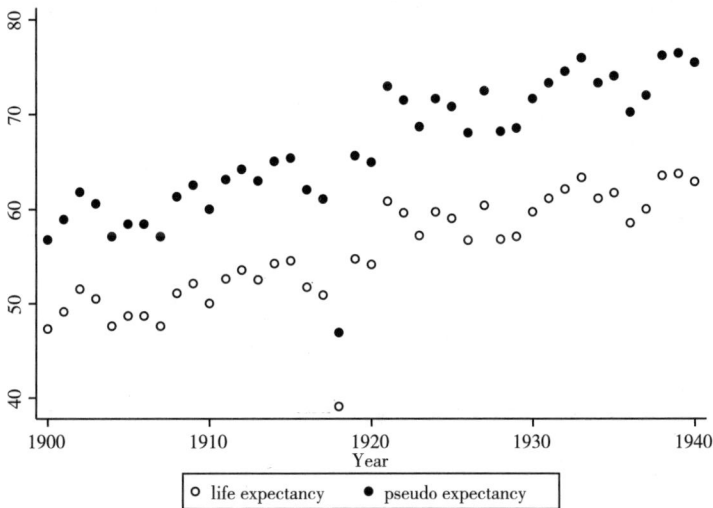

图 4 – 6　两条散点图

（二）散点的不同形状

为了区分 le 与 year、le2 与 year 两种关系的散点之间的区别，采用以下命令：

twoway（scatter le year, ms（O））（scatter le2 year, ms（Oh））

其中, ms 代表散点的性状; O 代表空心; Oh 代表实心。如图 4 - 7 所示。

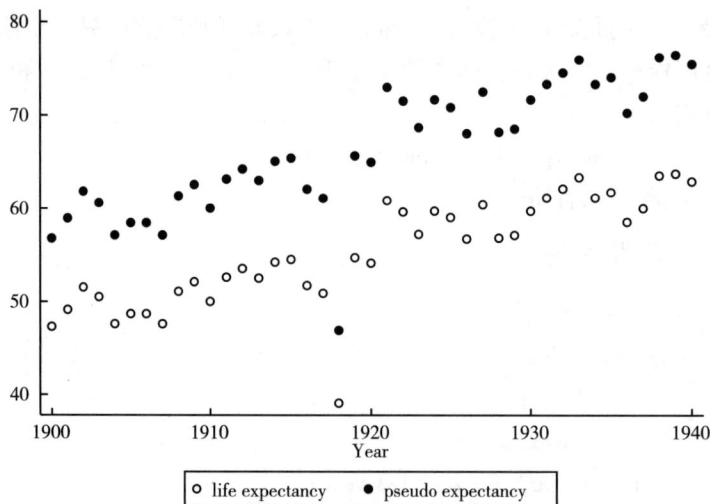

图 4 - 7　散点的不同形状

（三）散点图与折线图

另一种选择是使用不同类型的图来区别 le 与 year、le2 与 year 的关系。

twoway（scatter le year, ms（O））（line le2 year）

如图 4 - 8 所示, 可以看到 le 与 year 的关系用散点图表示, le2 与 year 的关系用折线图表示。

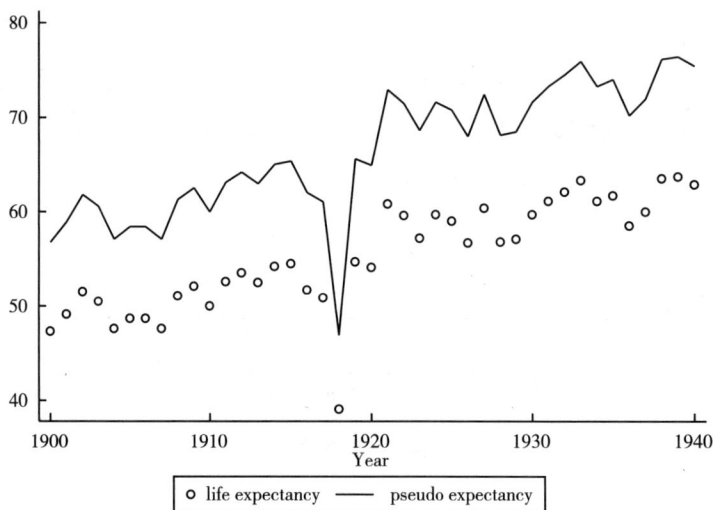

图 4 - 8　散点图与折线图

（四）两条轴线绘图的不同表达方式

图 4 - 6、图 4 - 7、图 4 - 8 中的两条轴线绘图有 5 个表达方式，此处使用的是第 2 种。

方式 1：graph + twoway + 括号

graph twoway（scatter le year）（scatter le2 year）

graph twoway（scatter le year, ms(O)）（scatter le2 year, ms(Oh)）

graph twoway（scatter le year, ms(O)）（line le2 year）

方式 2：twoway + 括号

twoway（scatter le year）（scatter le2 year）

twoway（scatter le year, ms(O)）（scatter le2 year, ms(Oh)）

twoway（scatter le year, ms(O)）（line le2 year）

方式 3：twoway + 分隔线 ‖

绘制两种关系的图形的命令既可以通过两个括号分隔两个不同的图形命令，也可以用分隔竖线 ‖ 来分隔。

twoway scatter le year ‖ scatter le2 year

twoway scatter le year, ms(O) ‖scatter le2 year, ms(Oh)

twoway scatter le year, ms(O) ‖line le2 year

方式 4：分隔线 ‖

使用分隔线的情况下，甚至可以把 twoway 省略掉。

scatter le year ‖ scatter le2 year

scatter le year, ms(O) ‖scatter le2 year, ms(Oh)

scatter le year, ms(O) ‖line le2 year

方式 5：省略分隔线

scatter le le2 year

scatter le le2 year, ms(O Oh)

scatter le le2 year, ms(O i) connect(. l)

读者可以根据自己的需求去选择这些表达方式，本教材推荐第 2 种和第 3 种方式。

三、带约束条件 **if** 或者 **in** 的图形绘制

此处以系统自带的 auto 数据为例进行讲述。

sysuse auto, clear

（一）每个图形自带其约束条件

twoway（scatter mpg weight if foreign, msymbol(O)）（scatter mpg weight if ! foreign, msymbol(Oh)）

输入此命令会得到 mpg 与 weight 在外资车品牌和国产车品牌的散点，如图 4 - 9 所示。前者的散点用空心点标示，后者的散点用实心点标示。"if foreign"代表

"if foreign = =1", "if！foreign" 代表 "if foreign = =0"。可以看到，两个图形各自有自身的约束条件。

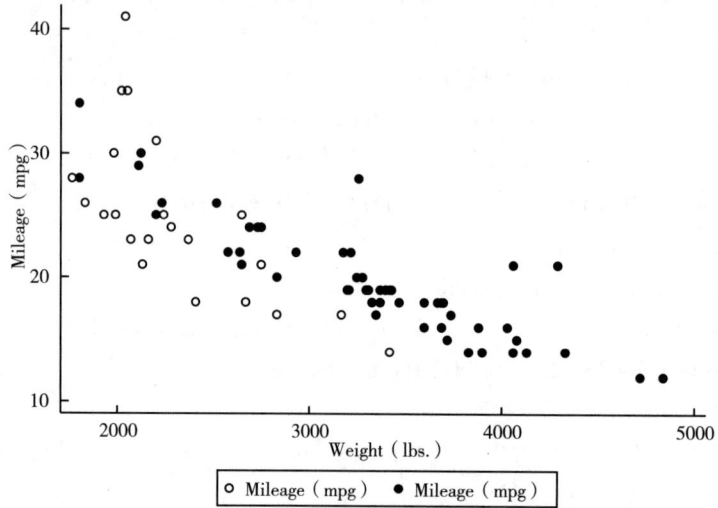

图 4-9 每个图形自带约束条件

（二）加入总体约束条件

在命令中可以加入对两个图形都适用的约束条件：

twoway（scatter mpg weight if foreign, msymbol(O)）（scatter mpg weight if！foreign, msymbol(Oh)）if mpg > 20

此时 mpg > 20 适用于两个图形，是总体约束条件，如图 4-10 所示。可以看到，图 4-10 只报告了 mpg 在 20 以上的外资车 mpg 与 weight 的散点图以及脱产车 mpg 与 weight 的散点图。

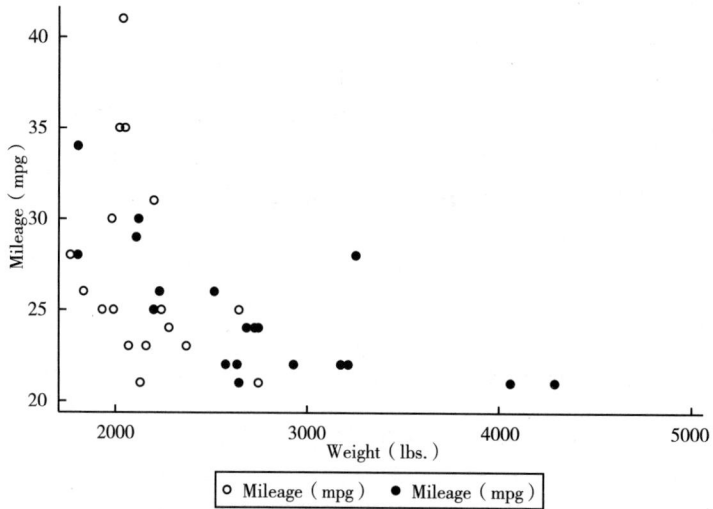

图 4-10 加入总体约束条件

（三）带约束条件图形的其他命令方式

与不带约束条件的两组图形的命令方式类似，带约束条件的两组图形也可以用以下两种方式绘制：

1. twoway + 分隔线 ‖

twoway scatter mpg weight if foreign, msymbol(O) ‖ scatter mpg weight if ! foreign, msymbol(Oh)

twoway scatter mpg weight if foreign, msymbol(O) ‖ scatter mpg weight if ! foreign, msymbol(Oh) ‖ if mpg > 20

2. 分隔线 ‖

scatter mpg weight if foreign, msymbol(O) ‖ scatter mpg weight if ! foreign, msymbol(Oh)

scatter mpg weight if foreign, msymbol(O) ‖ scatter mpg weight if ! foreign, msymbol(Oh) ‖if mpg > 20

四、加入可选项

在运行完图形之后，Stata 后附的可选项可以保存这些图形：

scatter mpg weight, msymbol(Oh) ‖ lfit mpg weight, saving(mygraph)

这样就可以将所绘制的图形保存在 mygraph 文件中。下次可以直接打开保存的图：

graph use mygraph

当然，加入可选项的命令只是将作图和存储命令合并为一个，它等价于以下两个命令：

scatter mpg weight, msymbol(Oh) ‖ lfit mpg weight

graph save mygraph, replace

第二节　打开、保存、显示图形

一、保存图形——**graph save**

sysuse auto, clear

graph twoway scatter mpg weight, msymbol(Oh) ‖ lfit mpg weight

graph save mygraph, replace

这样就实现了将所绘制的图形保存至当前路径下的 mygraph 文件中。graph twoway 命令后加入选项 saving(mygraph) 也可以实现这一目的，但是，如果原本文件中有相同名字的图形文件，那么保存将失败。而单独使用 graph save 能够加上可选项 replace，所以能将图形替换原有的 mygraph 文件加以保存。

提示 4 – 2：相对于直接在绘图命令 graph twoway 中设定选项 saving（）来保存图形，更加推荐单独使用 graph save 来保存图形。

二、打开已保存的图形——**graph use**

graph use mygraph

上述命令可以打开保存在当前路径下的 mygraph 文件。

三、打开内存中的图形——**graph display**

Stata 的运行是在内存中完成的，如果希望打开当前运行的内存中的图形，可以使用这一命令：

graph display

这一命令的适用场景是：如果刚刚已经绘制了图形，但不小心关闭了，想查询最近完成的图形，可以使用这一命令。另外，如果希望图形以不同的形式展示，也可以使用这一命令附加一些条件。具体用法可以查询 help 文件。

四、将两张图并列排放在一张图中——**graph combine**

单独构造两张图，并保存：

sysuse uslifeexp，clear

line le_male year，saving（male）

line le_female year，saving（female）

上述命令分别绘制了男性的预期寿命图和女性的预期寿命图，如图 4 – 11 和图 4 – 12 所示。

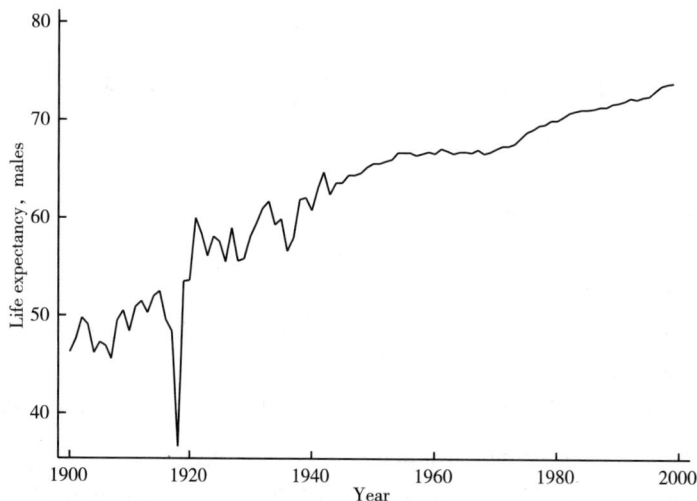

图 4 – 11　男性预期寿命图

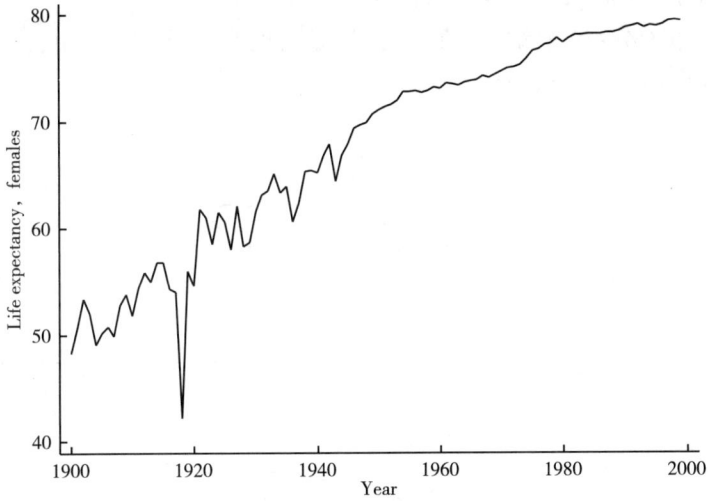

图 4 - 12　女性预期寿命图

希望将两个图并排放在一张图中，使用以下命令：

graph combine male. gph female. gph

如图 4 - 13 所示，这样两张图就并排放在了一起。

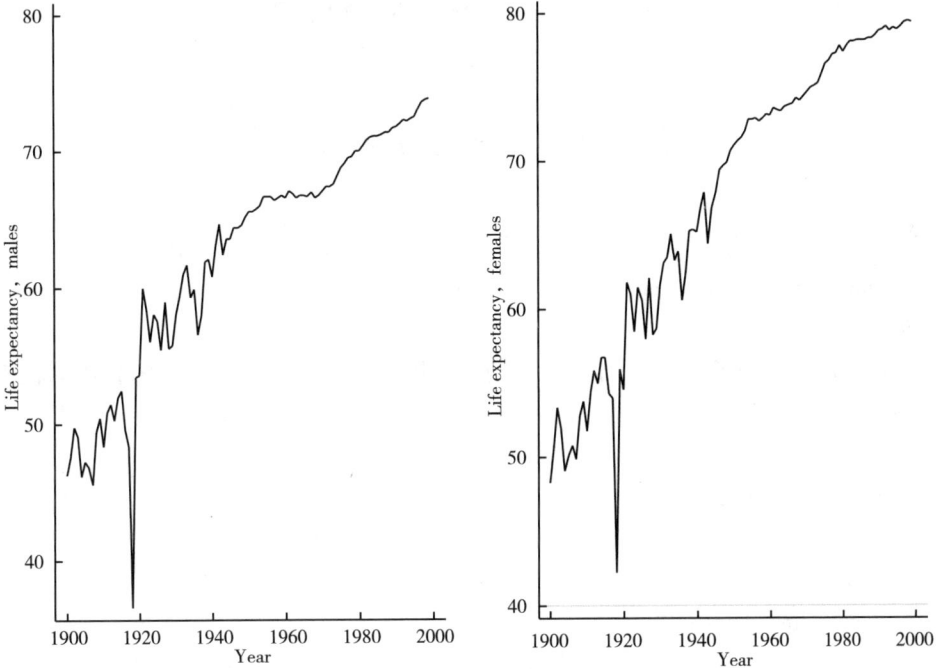

图 4 - 13　男性和女性预期寿命组合图

可以看到，默认的图形组合是组合成一行，并且字体也发生了变化。如果希望将两个图形组合成一列，并且字体不发生扭曲，可以键入以下命令。

gr combine male. gph female. gph, col(1) iscale(1)

得到了如图 4 - 14 的结果。iscale(1) 是将两张图放在一列中, col(1) 是保证字体不会出现压缩的选项。

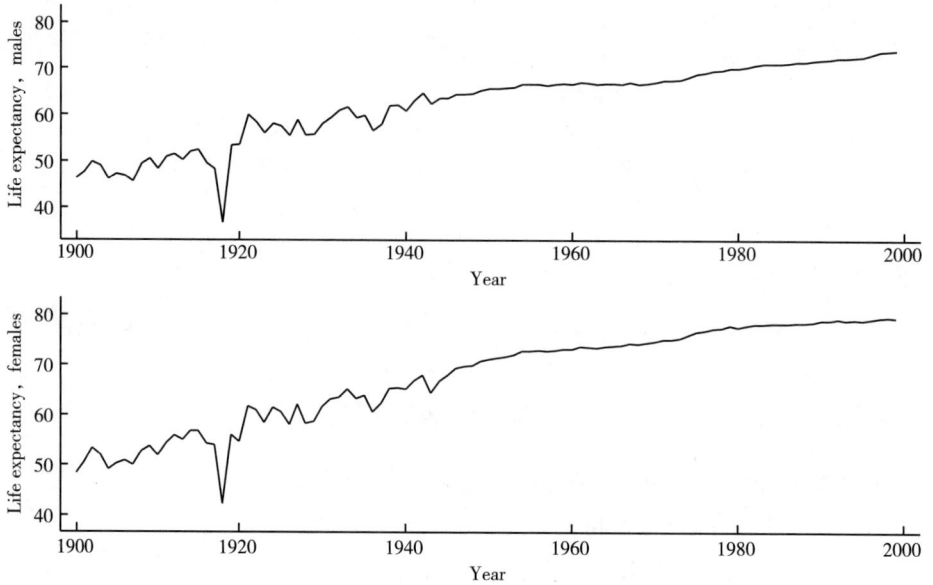

图 4 - 14　男性和女性预期寿命组合图

第三节　直方图与核密度图

Stata 可以使用 twoway histogram 绘制直方图。绘制这类图的命令格式如下:

twoway histogram varname [if] [in] [weight] [, [discrete_options | continuous_options] common_options]

以下将介绍几个绘制直方图命令的典型用法, 然后再介绍直方图相关的核密度图。

一、基本用法

sysuse lifeexp, clear

twoway histogram le

所绘制的图形如图 4 - 15 所示, 该图展示了出生时人均寿命的直方图。需要注意的是, 尽管 le 变量是离散的, 但是, 如果在命令中并未约定, 那么 Stata 将默认该变量为连续型变量, 并绘制出直方图。

如果约定了该变量为离散变量, 即加入可选项 discrete, 那么 Stata 将绘制出人均寿命作为离散变量的直方图, 如图 4 - 16 所示。

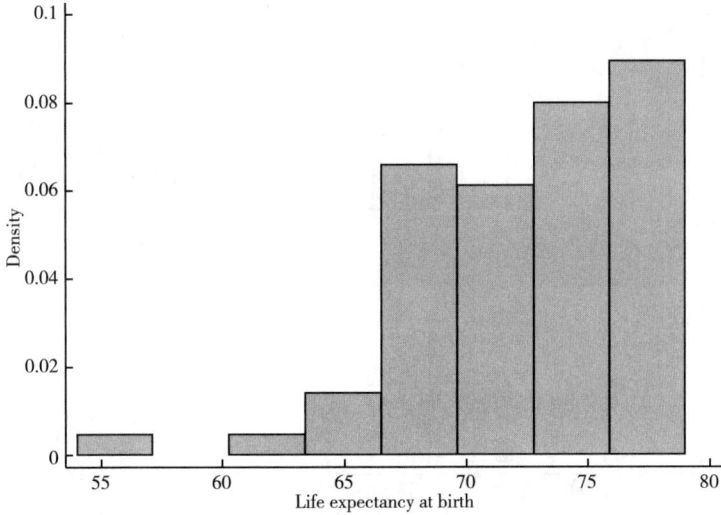

图 4 − 15　预期寿命的直方图——连续型

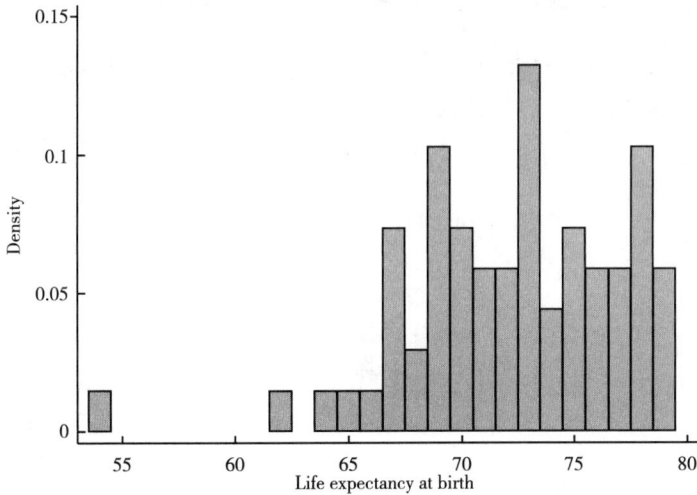

图 4 − 16　预期寿命的直方图——离散型

twoway histogram le，discrete

二、by 的使用

可以使用 by( ) 选项实现对不同组别核心变量图形的绘制。

sysuse lifeexp，clear

twoway histogram le，discrete by(region，total)

据此可以绘制出人均预期寿命变量 le 在分地区层面和总体层面的核密度图，如图 4 − 17 所示。by(region，total) 代表不仅需要分地区绘制，还需要绘制总体的情况。

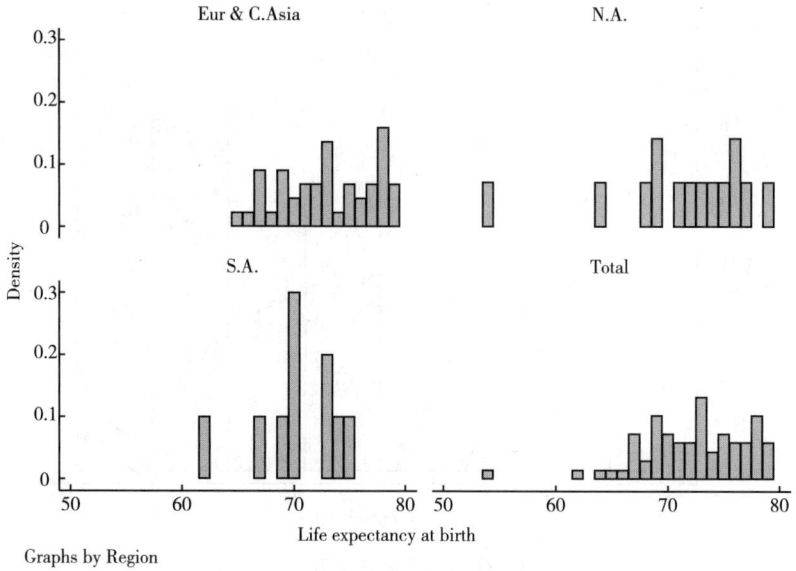

图4-17　分地区层面和总体层面的直方图

同样可以绘制频率直方图，只要在上述命令基础上加上 frequency 这个选项：

twoway histogram le, discrete freq by(region, total)

结果如图 4-18 所示。

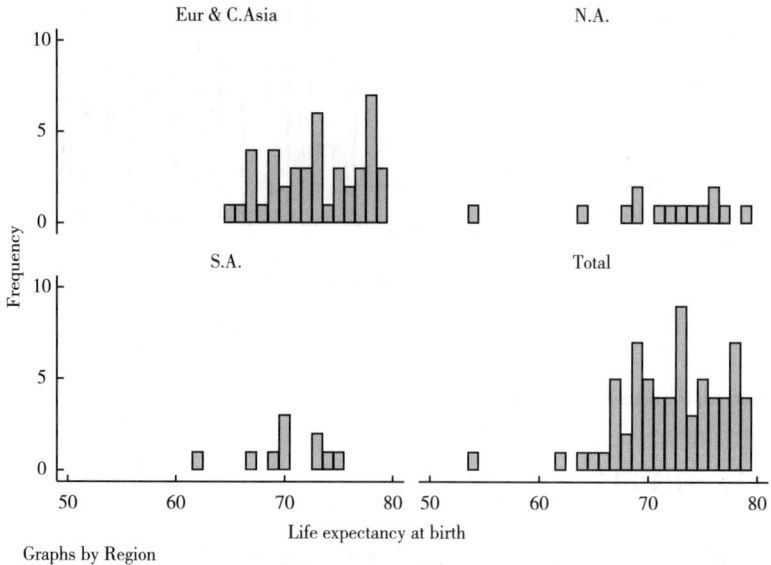

图4-18　分地区层面和总体层面的直方图

三、核密度图

核密度图曲线可以看作概率密度图，是对直方图的一种抽象，曲线下方的面

积为 1。其命令格式为:

kdensity varname [if] [in] [weight] [, options]

该命令是针对单变量核密度图的估计。

sysuse auto, clear

kdensity length

估计了 auto 数据集中 length 变量的核密度图,如图 4 - 19 所示。也可以设定带宽(bandwidth),如图 4 - 20 所示。

kdensity length, bw(20)

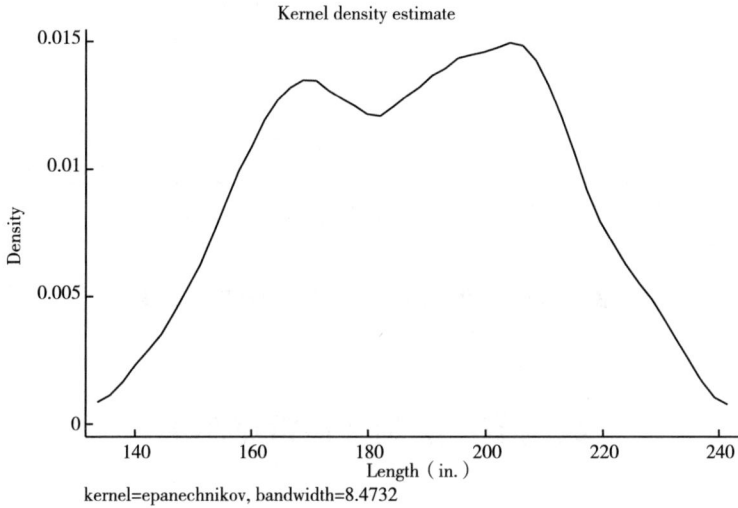

图 4 - 19　**length** 的核密度估计图

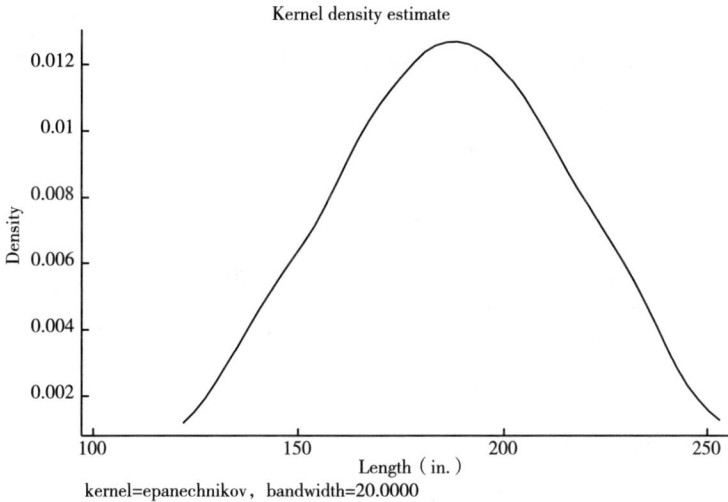

图 4 - 20　**length** 的核密度估计图——设定带宽

kdensity weight, kernel(parzen) gen(x2 parzen)

使用 Parzen 核函数估计 weight 变量的核密度曲线,并且将这些结果存储在变量 x2 中。估计的核密度曲线如图 4 – 21 所示。并且，数据中多了两个变量 x2 和 parzen。

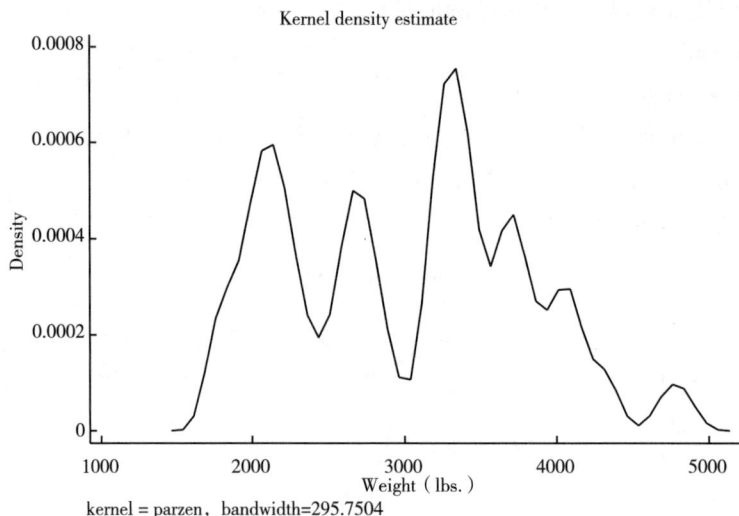

Kernel density estimate

图 4 – 21　使用 Parzen 核函数估计核密度曲线

第四节　绘制其他常见图形

一、柱状图

本部分以 Stata 系统自带的 citytemp 文件为例讲述柱状图的绘制方法，该数据报告了美国城市层面的温度情况，变量包括城市所在的人口普查大区（region）、城市所在的人口普查分区（division）、该城市炎热温度的天数（heatdd）、该城市凉爽温度天数（cooldd）、该城市 1 月的平均温度（tempjan）、该城市 7 月平均温度（tempjuly）。其中，同一个人口普查大区包含了若干个人口普查分区，而每个人口普查分区又包含了若干个城市。该数据并没有报告城市这一变量。以下将使用该数据对大区和分区的温度情况进行统计。

（一）使用 1 个分组变量

sysuse citytemp, clear

graph hbar (mean) tempjan, over(region)

结果如图 4 – 22 所示，绘制出了四个大区中每个大区包含的所有城市一月份平均气温的均值。其中，hbar(mean) 代表对变量 tempjan 求平均，而 over( ) 代表按照括号中的变量分组。

graph hbar (mean) tempjan tempjuly, over(region)

结果如图 4 - 23 所示，绘制出四个大区中每个大区包含的所有城市 1 月平均气温的均值和 7 月平均气温的均值。柱状图可以针对两个变量绘制。

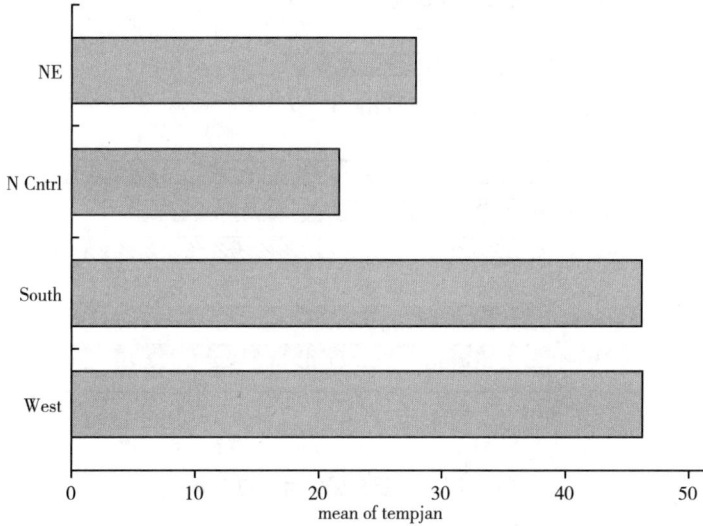

图 4 - 22 按照大区分组的柱状图 1

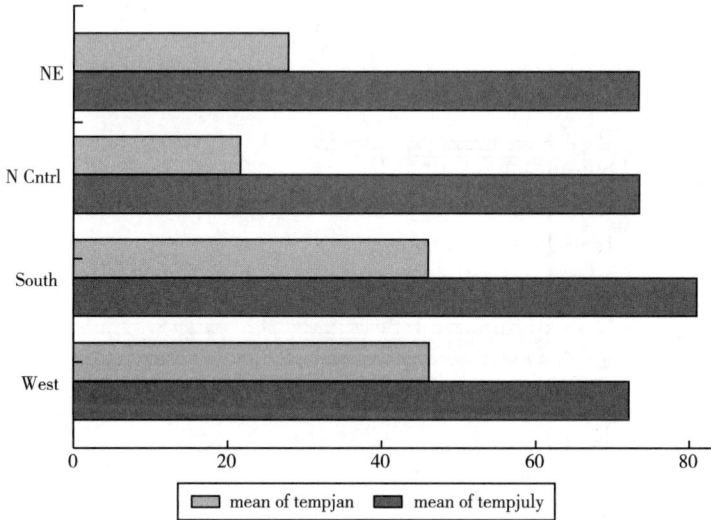

图 4 - 23 按照大区分组的柱状图 2

（二）使用 2 个分组变量

也可以进一步绘制按照人口普查分区分组的柱状图：

graph hbar（mean）tempjan, over（division）over（region）nofill

如图 4 - 24 所示。将样本进一步按照四个大区和所在的分区进行分组，绘制出每个分区所有城市 1 月平均气温的均值。其中，nofill 选项是必要的。图 4 - 25 汇报了不加 nofill 选项的结果。

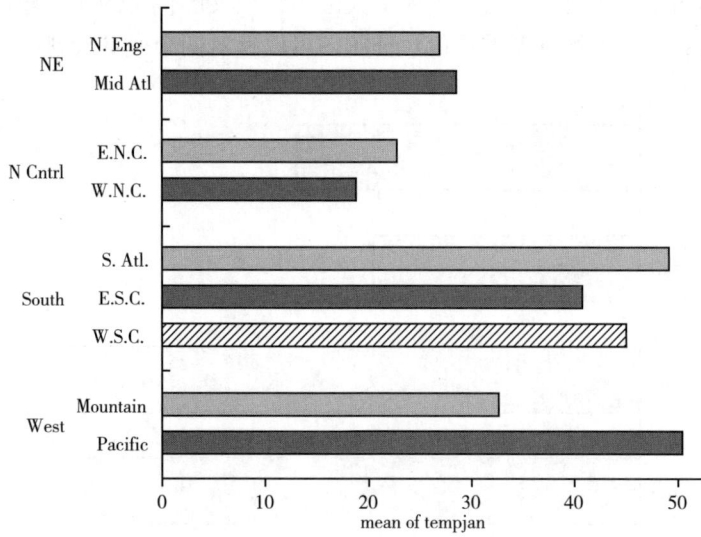

图 4 - 24 按照分区统计的柱状图

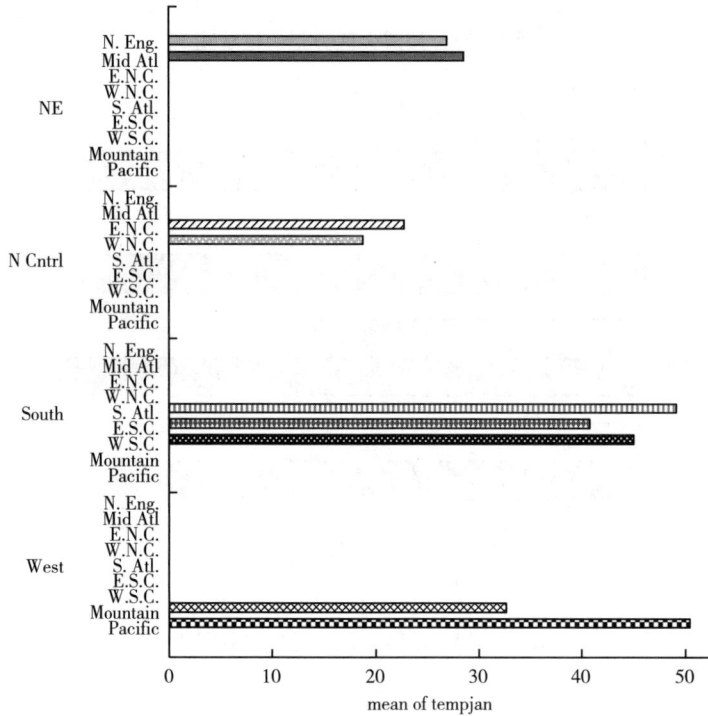

图 4 - 25 不加 nofill 的柱状图

(三) 使用三个分组变量

sysuse nlsw88 , clear

graph bar (mean) wage, over(smsa) over(married) over(collgrad)

图 4-26 报告了按照是否居住在大都市（smsa）、是否结婚（married）、是否高等院校毕业（collgrad）进行分组之后个人工资的平均水平柱状图。

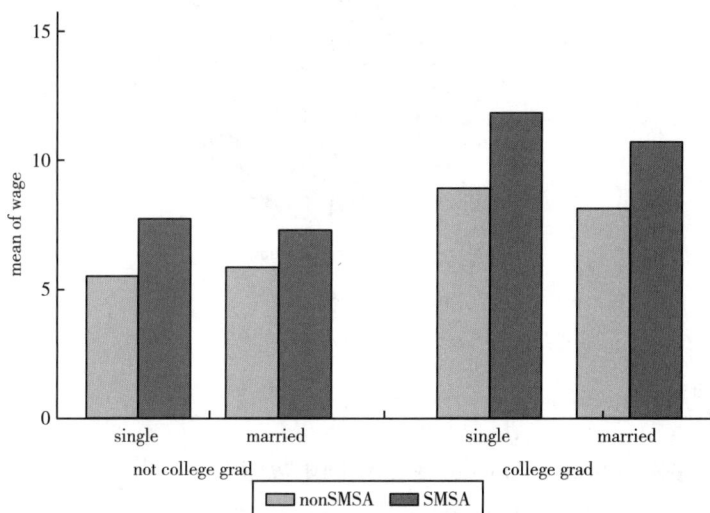

图 4-26　按照三个虚拟变量分组的柱状图

读者可以查看 help 文件查询上述命令的进一步拓展的用法，包括定义纵轴名称、横轴名称、子标题和表注等。

二、饼状图

Stata 也可以绘制饼状图。在命令窗口键入以下命令：

```
clear
input sales marketing research development
12 14 2 8
end
label var sales "Sales"
label var market "Marketing"
label var research "Research"
label var develop   "Development"
```

这样就生成了一个包含销售成本、营销成本、研究成本、开发成本的数据，然后生成成本分布的饼状图。

graph pie sales marketing research development, plabel(_all name, size（ * 1. 5）color(white))

如图 4-27 所示，plabel 选项括号中的_all name 代表将所有变量的标签放入饼状图内部对应的图形部分；size（ ）代表饼状图中的文字大小；color（white）代表饼状图内部文字的颜色，默认颜色为黑色。

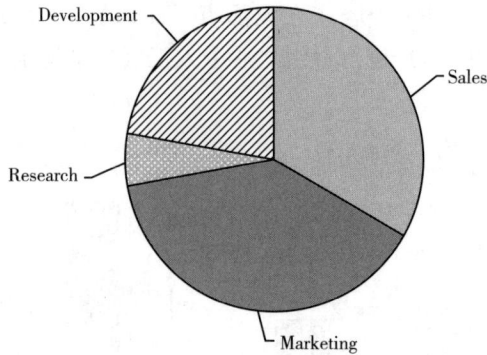

图 4 − 27　饼状图

三、函数图

Stata 能够使用 twoway function 命令绘制函数图像。

在命令窗口输入以下命令：

twoway function y = exp(x)，rang(0 1)

就可以得到指数函数 $y = e^x$ 在区间 ［0，1］ 上的函数图像，如图 4 − 28 所示。

也可以生成更加复杂的函数

twoway function y = exp(− x/6) ∗ sin(x)，range(0 12.57)

可以得到指数函数 $y = e^{(-x/6)} * \sin (x)$ 在区间 ［0，12.57］ 上的函数图像，如图 4 − 29 所示。

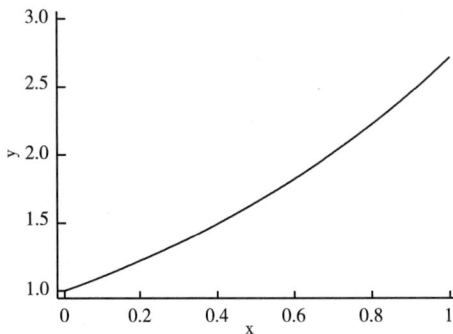

图 4 − 28　函数图像 1

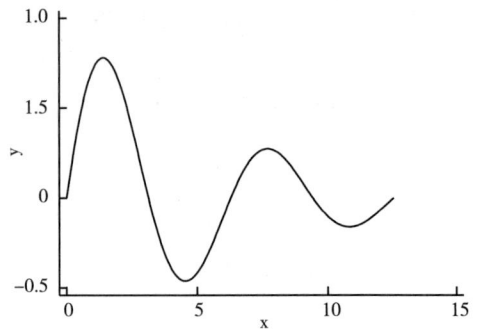

图 4 − 29　函数图像 2

课后习题

1. 使用 twoway 命令画散点图、折线图与线性拟合图。
2. 使用 graph 命令打开、保存与显示图形。
3. 使用 Stata 软件绘制直方图与核密度图。

第五章 统计分析

第一节 描述性统计

在实证分析尤其是微观实证的分析中，经常需要先对数据涉及的变量进行描述性统计。其主要目的有三个：一是了解数据的均值、波动性等信息，这些信息对于了解数据特征以及继续做回归分析是有用的，例如，需要了解主要解释变量的波动性，波动性较大有助于从计量的角度识别出其对被解释变量的影响；二是对比类似研究的统计信息，以佐证文章数据处理的合理性，如果有权威杂志的文章和所做的文章样本和数据期间相同或者类似，但统计结果相差太远，则要查明其中的原因；三是观察极端值，如果最大值和最小值超越了合理的范围，例如，公司年龄为负、固定资产只有 0.01 元，那么需要剔除不合理的值并且处理较为合理但极端的数值。

一、描述性统计的命令 summarize

描述性统计的基本命令是 summarize，一般会简写为 sum，其基本命令格式如下：

summarize［varlist］［if］［in］［weight］［，options］

（一）对所有变量进行描述性统计

以 auto 数据集为例，输入以下命令：

sysuse auto，clear

summarize

得到以结果，可以看到，sum 命令本身具有四个特点：第一，如果只输入 sum，不指定变量名称，那么 Stata 将显示所有变量的初步统计结果。第二，sum 命令只能统计出变量的样本量（obs）、均值（Mean）、标准差（Std. Dev.）、最小值（Min）、最大值（Max）这些信息。第三，sum 命令只针对数值型变量和日期型变量。由于 Stata 系统将日期记录为数字，例如 1960 年 1 月 1 日是第一天，每往前一天减去一天，每往后一天加上一天，所以 Stata 针对日期型变量统计的是与日期相对应的数字。作为字符型变量的 make 没有统计结果显示。第四，对于具有缺失值的变量，Stata 只分析没有缺失值的部分，缺失值的部分则自动忽略。例如，所有数值型变量都有 74 个观测值，只有 rep78 有 69 个，这是因为 rep78 变量存在 5 个缺失。

Variable	Obs	Mean	Std. Dev.	Min	Max
make	0				
price	74	6165.257	2949.496	3291	15906
mpg	74	21.2973	5.785503	12	41
rep78	69	3.405797	.9899323	1	5
headroom	74	2.993243	.8459948	1.5	5
trunk	74	13.75676	4.277404	5	23
weight	74	3019.459	777.1936	1760	4840
length	74	187.9324	22.26634	142	233
turn	74	39.64865	4.399354	31	51
displacement	74	197.2973	91.83722	79	425
gear_ratio	74	3.014865	.4562871	2.19	3.89
foreign	74	.2972973	.4601885	0	1

提示 5 – 1：Stata 会自动忽略带有缺失值的观测值，只对没有缺失值的观测值进行统计或者回归，所以初学者在统计、回归前，如果发现某些变量存在着缺失值，可以直接忽略。

可以通过 edit 或者 list 命令，观察一下 rep78 变量缺失值的数据信息。输入以下命令的任意一条：

edit rep78 price make if rep78 == .

list rep78 price make if rep78 == .

	rep78	price	make
3.	.	3,799	AMC Spirit
7.	.	4,453	Buick Opel
45.	.	6,486	Plym. Sapporo
51.	.	4,424	Pont. Phoenix
64.	.	12,990	Peugeot 604

其中，if 条件语句含义是 rep78 等于缺失值 "."。可以看到，rep78 存在 5 个缺失值，分别是第 3、7、45、51、64 条数据。

提示 5 – 2：在 Stata 中，数值型变量的缺失值自动识别为 "."，而数值 "." 可以视为正无穷大（当然是在 Stata 可以识别的最大数字范围内，Stata 能够识别的最大数字为 $8.9984656743 \times 10^{307}$），这条经验在以后附加条件的回归中会经常用到。

为了验证数值型变量的 "." 是无穷大，可以键入以下信息。首先，对比两个数字的大小关系；其次，对比 "." 与大数字之间的关系。

display 6 > 5

结果显示的是上述逻辑关系是否正确，正确为 1，错误为 0。可以看到结果为 1，即上述大小关系是正确的。

display 9 < 10

结果是 0，即上述逻辑关系是错误的。

display . > 10^100

结果是 1，这意味着数值型变量的缺失值"."大于 10 的 100 次方，而后者是一个非常大的数。

（二）对部分变量进行描述性统计

Stata 可以对部分变量进行描述性统计：

summarize mpg weight

Variable	Obs	Mean	Std. Dev.	Min	Max
mpg	74	21.2973	5.785503	12	41
weight	74	3019.459	777.1936	1760	4840

上述命令可以对 mpg 和 weight 进行描述性统计。

sum i. rep78

Variable	Obs	Mean	Std. Dev.	Min	Max
rep78					
2	69	.115942	.3225009	0	1
3	69	.4347826	.4993602	0	1
4	69	.2608696	.4423259	0	1
5	69	.1594203	.3687494	0	1

其中，i. rep78 代表生成 rep78 为基础的虚拟变量，加上 sum 之后表示进行统计。rep78 共有 5 个值，1、2、3、4、5，Stata 会自动跳过第一个数值、生成后四个数值为基础的虚拟变量（0 – 1 变量）。因此，第 1 行统计的是 rep78 是否等于 2 的结果，如果 rep78 等于 2，取值为 1，否则为 0。第 2 行统计的是 rep78 是否等于 3 的结果，如果 rep78 等于 3，取值为 1，否则为 0。依次类推。

提示 5 – 3：i. variable 在之后的分析中经常用到。只要变量 variable 本身是数值型变量即可。如果不是，需要先转化为数值型变量。

二、带条件的描述性统计

（一）附加限制条件的统计

在 sum 命令中，可以附加一些条件：

summarize mpg weight if price > = 6000&foreign

Variable	Obs	Mean	Std. Dev.	Min	Max
mpg	9	20.88889	3.95109	14	25
weight	9	2601.111	496.826	1990	3420

这样就得到了价格高于 6000 元的外资车的 mpg 和 weight 的情况。其中 & 代表逻辑关系"并且"，if foreign 等价于"if foreign ＝＝1"。上述命令等价于"summarize mpg weight if price ＞ ＝6000&foreign ＝＝1"。

summarize mpg weight if price ＞ ＝6000&！foreign

Variable	Obs	Mean	Std. Dev.	Min	Max
mpg	14	16.21429	3.925823	12	26
weight	14	4005	543.0788	2520	4840

上述命令统计了价格高于 6000 的国产车的 mpg 和 weight 的情况。"if ！foreign"等价于"if foreign！ ＝1"。由于 foreign 只有 0 和 1 两个数值，上述条件等价于"foreign ＝＝0"。

（二）分组统计

可以通过使用"bysort 分组变量："或者"by 分组变量，sort："的命令，分组对相关变量进行统计：

bysort foreign：summarize mpg weight

by foreign，sort：summarize mpg weight

-> foreign = Domestic

Variable	Obs	Mean	Std. Dev.	Min	Max
mpg	52	19.82692	4.743297	12	34
weight	52	3317.115	695.3637	1800	4840

-> foreign = Foreign

Variable	Obs	Mean	Std. Dev.	Min	Max
mpg	22	24.77273	6.611187	14	41
weight	22	2315.909	433.0035	1760	3420

输入上述命令可以按照 foreign 变量分组，分别对 mpg 和 weight 进行统计。

三、更加详细的统计特征

sum 本身只能提供变量的样本量、均值、标准差、最小值和最大值的特征，如果需要更多的统计特征，则需要其他的命令。

（一）summarize ＋ detail 的使用

summarize mpg weight，detail

sum mpg weight，d

输入上述命令的任意一条，可以对 mpg 和 weight 进行详细统计。上述命令可以输出变量的最大的 5 个值、最小的 5 个值、1 分位数、5 分位数、10 分位数、25 分位数、50 分位数、75 分位数、90 分位数、95 分位数、99 分位数。此外，该命令还输出了变量的样本量、加权之前的样本量、均值、标准差、方差、偏度、峰度。

```
                          Mileage (mpg)

        Percentiles      Smallest
 1%          12             12
 5%          14             12
10%          14             14      Obs                74
25%          18             14      Sum of Wgt.        74

50%          20                     Mean           21.2973
                          Largest   Std. Dev.     5.785503
75%          25             34
90%          29             35      Variance      33.47205
95%          34             35      Skewness      .9487176
99%          41             41      Kurtosis      3.975005


                          Weight (lbs.)

        Percentiles      Smallest
 1%         1760           1760
 5%         1830           1800
10%         2020           1800      Obs               74
25%         2240           1830      Sum of Wgt.       74

50%         3190                     Mean          3019.459
                          Largest    Std. Dev.     777.1936
75%         3600           4290
90%         4060           4330      Variance      604029.8
95%         4290           4720      Skewness      .1481164
99%         4840           4840      Kurtosis      2.118403
```

（二）tabstat 命令

与 summarize 命令不同，tabstat 命令能够提供变量统计结果的紧凑表格，其基本命令格式如下：

tabstat varlist［if］［in］［weight］［, options］

其中，options 包括 by（varname）、statistics（statname［…］）。前者是进行分组统计的分组变量，后者是变量的统计特征。satatname 主要包括 count（剔除缺失值的样本量）、mean（均值）、median（中值）、max（最大值）、min（最小值）、sd（标准差）、variance（方差）、p1（1 分位数）、p5（5 分位数）、p10（10 分位数）、p25（25 分位数）、p75（75 分位数）、p95（95 分位数）、p99（99 分位数）、skewness（偏度）、kurtosis（峰度）。

sysuse auto, clear

tabstat price weight mpg rep78

stats	price	weight	mpg	rep78
mean	6165.257	3019.459	21.2973	3.405797

上述命令统计出了 price、weight、mpg、rep78 的均值，可以看到，如果不指

定需要统计的变量特征，Stata 直接报告变量的均值。

tabstat price weight mpg rep78，by（foreign）

foreign	price	weight	mpg	rep78
Domestic	6072.423	3317.115	19.82692	3.020833
Foreign	6384.682	2315.909	24.77273	4.285714
Total	6165.257	3019.459	21.2973	3.405797

上述命令按照 foreign 变量分组的 price、weight、mpg、rep78 的均值，也统计了全部样本的上述变量的均值。

tabstat price weight mpg rep78，by（foreign）nototal

foreign	price	weight	mpg	rep78
Domestic	6072.423	3317.115	19.82692	3.020833
Foreign	6384.682	2315.909	24.77273	4.285714

加入 nototal 选项后，不再报告全部样本的统计特征，只报告每个组的统计特征。

tabstat price weight mpg rep78，by（foreign）stat（co mean sd min max p5）nototal long

foreign	stats	price	weight	mpg	rep78
Domestic	N	52	52	52	48
	mean	6072.423	3317.115	19.82692	3.020833
	sd	3097.104	695.3637	4.743297	.837666
	min	3291	1800	12	1
	max	15906	4840	34	5
	p5	3667	2110	14	2
Foreign	N	22	22	22	21
	mean	6384.682	2315.909	24.77273	4.285714
	sd	2621.915	433.0035	6.611187	.7171372
	min	3748	1760	14	3
	max	12990	3420	41	5
	p5	3798	1830	17	3

上述命令统计了按照 foreign 变量分组的后 price、weight、mpg、rep78 的样本量、均值、标准差、最小值、最大值以及 5 分位数。加入 long 选项后，统计特征的名称（N、mean、sd、min、max、p5）都会显示在表格中，否则会显示在表格上方。

四、描述性统计结果输出到 word

（一）直接粘贴到 Excel——推荐

可以选中结果窗口中的运行结果，首先，点击鼠标右键，选择 copy table，如图 5-1 所示；其次可以粘贴到 Excel 表格中；再其次对统计结果按照需求进行编辑；最后再从 Excel 粘贴到 Word 即可。在这种方法下，推荐先使用 tabstat 输出紧凑的统计结果。

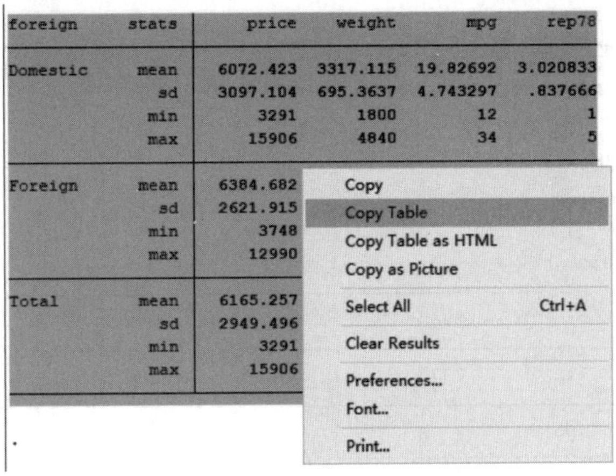

foreign	stats	price	weight	mpg	rep78
Domestic	mean	6072.423	3317.115	19.82692	3.020833
	sd	3097.104	695.3637	4.743297	.837666
	min	3291	1800	12	1
	max	15906	4840	34	5
Foreign	mean	6384.682			
	sd	2621.915			
	min	3748			
	max	12990			
Total	mean	6165.257			
	sd	2949.496			
	min	3291			
	max	15906			

Copy
Copy Table
Copy Table as HTML
Copy as Picture

Select All   Ctrl+A

Clear Results

Preferences...
Font...

Print...

图 5 – 1　粘贴统计结果

提示 5 – 4：如果要输出统计结果，强烈推荐先用 tabstat 命令，再将结果粘贴至 Excel 这种方式。

（二）使用外部命令——logout

除了直接粘贴到 Excel 之外，还可以使用外部命令将统计结果输出到 Word。先下载这些外部命令：

ssc install logout

然后，可以使用上述命令输出结果。logout 可以输出基本的统计结果：

logout，save（tongji1）word excel replace：sum price mpg rep78 headroom

上述命令可以将 price 等变量的基本统计结果保存在当前路径下的 tongji1. rtf 的 Word 文件中以及 tongji1. xml 的 Excel 文件中。

logout 也可以输出分组的统计结果：

logout，save（tongji2）word excel replace：tabstat price weight mpg rep78，by（foreign）stat（mean sd min max）long

上述命令可以将 price 等变量按照 foreign 分组的均值、标准差、最小值、最大值等统计特征保存在当前路径下的 tongji2. rtf 的 word 文件中以及 tongji2. xml 的 Excel 文件中。然而，输出的分组统计结果存在着错版的情况。因此，本教材还是推荐首先使用 tabstat 命令；其次粘贴到 Excel 的方法。

第二节　统计变量的差异——t 检验

一、单变量与双变量的均值检验——ttest

ttest 命令可以提供单变量的统计，也可以提供双变量的差异性检验：

（一）单变量单样本 t 检验

sysuse auto

ttest mpg = =20

录入该命令可以得到 mpg 的均值是否等于 20 的检验结果。

One-sample t test

Variable	Obs	Mean	Std. Err.	Std. Dev.	[95% Conf. Interval]
mpg	74	21.2973	.6725511	5.785503	19.9569 22.63769

```
    mean = mean(mpg)                                         t =    1.9289
Ho: mean = 20                            degrees of freedom =         73

   Ha: mean < 20              Ha: mean != 20                Ha: mean > 20
Pr(T < t) = 0.9712      Pr(|T| > |t|) = 0.0576          Pr(T > t) = 0.0288
```

检验结果第一部分报告了检验的类型 "one-sample t test"，即单变量 t 检验。第二部分报告了待检验变量的统计特征，包括样本量、均值、标准误、标准差、置信区间。第三部分是检验的原假设和 t 值。t 检验的 t 值为 1.9289，原假设 Ho 为均值 =20（Ho：mean =20），t 检验的自由度为 73。第四部分是单侧检验和双侧检验的结果。单侧检验中，如果备择假设为均值小于 20（mean <20），那么 p 值为 0.9712，大于 0.1，可以认为接受原假设 mpg =20。但是，如果备择假设为均值大于 20（mean >20），那么 p 值为 0.028，小于 0.05，可以认为在 5% 水平上拒绝原假设，即 mpg 不应该等于 20，更应该大于 20。一般而言，单侧检验中，只有两侧的结果都接受原假设，那么原假设才能被接受，否则 mpg =20 的原假设应该被拒绝。另外，p 值可以被看作接受原假设的概率，如果大于 0.1，表明原假设可以接受，否则拒绝原假设。

中间部分报告了双侧检验的结果。备择假设为均值不等于 20（mean! =20），p 值为 0.0576，在 10% 水平上拒绝原假设。

提示 5 – 5：一般的文章中，只需要关注双侧检验（最中间的那个检验）的结果即可。另外，p 值是一个统计概念，可以简单理解为接受原假设的概率，或者说在多大概率上接受原假设，如果它小于 0.1，那么说明原假设应该被拒绝。

（二）单变量双样本 t 检验

sysuse auto，clear

ttest price，by（foreign）

通过上述命令，可以将样本按照 foreign 分为国产车和外资车，然后对两类样本的价格 price 是否存在差异进行 t 检验。

```
Two-sample t test with equal variances

  Group  │    Obs        Mean    Std. Err.    Std. Dev.    [95% Conf. Interval]
─────────┼──────────────────────────────────────────────────────────────────────
Domestic │     52    6072.423    429.4911     3097.104     5210.184    6934.662
 Foreign │     22    6384.682    558.9942     2621.915      5222.19    7547.174
─────────┼──────────────────────────────────────────────────────────────────────
combined │     74    6165.257    342.8719     2949.496     5481.914      6848.6
─────────┼──────────────────────────────────────────────────────────────────────
    diff │            -312.2587   754.4488                 -1816.225    1191.708
─────────┴──────────────────────────────────────────────────────────────────────
        diff = mean(Domestic) - mean(Foreign)                  t =   -0.4139
    Ho: diff = 0                              degrees of freedom =         72

    Ha: diff < 0                 Ha: diff != 0                   Ha: diff > 0
Pr(T < t) = 0.3401        Pr(|T| > |t|) = 0.6802          Pr(T > t) = 0.6599
```

检验结果报告了检验的名称，即带有同方差的双样本 t 检验。统计部分与单变量单样本 t 检验不同，这里报告了两个分样本 domestic 和 foreign 的统计情况、总体样本 combined 的统计情况、两类样本均值的差别 diff。可以看到，国产车、外资车和全部样本的平均价格为 6072.423 元、6384.682 元、6165.257 元，国产车和外资车的均值相差 – 312.2587 元。

统计部分和结果显示，t 值为 – 0.4139，双侧检验的均值为 0.6802，表明无法拒绝原假设，即可以认为国产车和外资车的价格不存在差异。

（三）成对 t 检验

Stata 可以检验两个变量之间是否存在差别：

sysuse auto，clear

g price2 = price * 0.9 + 500

ttest price = price2

```
Paired t test

Variable │    Obs        Mean    Std. Err.    Std. Dev.    [95% Conf. Interval]
─────────┼──────────────────────────────────────────────────────────────────────
   price │     74    6165.257    342.8719     2949.496     5481.914      6848.6
  price2 │     74    6048.731    308.5847     2654.546     5433.723     6663.74
─────────┼──────────────────────────────────────────────────────────────────────
    diff │     74    116.5257    34.28719     294.9496      48.1914    184.8599
─────────┴──────────────────────────────────────────────────────────────────────
     mean(diff) = mean(price - price2)                          t =    3.3985
Ho: mean(diff) = 0                           degrees of freedom =         73

Ha: mean(diff) < 0            Ha: mean(diff) != 0            Ha: mean(diff) > 0
Pr(T < t) = 0.9994        Pr(|T| > |t|) = 0.0011          Pr(T > t) = 0.0006
```

生成了一个虚假的 price2 变量，然后对于它与 price 的差别。

可以看到，成对变量的 t 检验与单变量双样本 t 检验汇报的表类似。其原假设为两个变量差异的均值等于 0，可以看到，双侧检验中 t 值为 0.0011，小于 0.01，在 1% 水平上拒绝原假设，表明两个变量之间并不存在差异。

二、中值差异性检验——median 和 ranksum 命令

针对两组数据的中值是否存在差异，Stata 提供了两个命令，包括 median 和 ranksum，前者是对中值进行 Pearson 卡方检验，后者是对中值进行 Wilcoxon 秩和检验。

```
sysuse auto, clear
median price, by (foreign)
```

```
Median test

  Greater
 than the            Car type
   median     Domestic     Foreign          Total

       no           29           8             37
      yes           23          14             37

    Total           52          22             74

              Pearson chi2(1) =    2.3287   Pr = 0.127

Continuity corrected:
              Pearson chi2(1) =    1.6171   Pr = 0.203
```

上述命令报告了外资车品牌的价格中值和国产车品牌的价格中值是否相等。原假设是 foreign = 1 和 foreign = 0 两组样本的价格变量的中值是相等的。可以看到卡方检验中卡方统计量为 2.3287，p 值为 0.127，大于 0.1，所以无法拒绝原假设。校正之后的 p 值为 0.203，接受两组样本价格的中值相同这一原假设。

```
ranksum price, by (foreign)
```

```
Two-sample Wilcoxon rank-sum (Mann-Whitney) test

     foreign |      obs    rank sum    expected

    Domestic |       52        1862        1950
     Foreign |       22         913         825

    combined |       74        2775        2775

unadjusted variance      7150.00
adjustment for ties         0.00
                     ——————————
adjusted variance        7150.00

Ho: price(foreign==Domestic) = price(foreign==Foreign)
             z =   -1.041
    Prob > |z| =   0.2980
```

类似地，使用 ranksum 命令后，秩和检验的 z 统计量为 − 1.041，p 值为 0.2980，大于 0.1，无法拒绝原假设，表明两组车的价格中值并不存在差异。

三、批量 t 检验

中南财经大学的李春涛和张璇老师编写了外部命令 ttable2，中山大学连玉君老师对该命令进行了进一步改进，基本语法和使用方法和 ttest 相似，好处在于可以批量对多个变量进行组间均值差异检验，并且输出结果更加紧凑并且符合要求。

基本语法如下：

ttable2 varlist ［if］［in］, by（groupvar）format（% fmt）

下面以 help 文件中的例子进行说明：

sysuse auto，clear

ssc install ttable2

ttable2 price wei len mpg, by（foreign）

Variables	G1(Domestic)	Mean1	G2(Foreign)	Mean2	MeanDiff
price	52	6072.423	22	6384.682	-312.259
weight	52	3317.115	22	2315.909	1001.206***
length	52	196.135	22	168.545	27.589***
mpg	52	19.827	22	24.773	-4.946***

可以看到输出的结果是按照 foreign 变量分组后，分别对 price、weight、length 和 mpg 进行的单变量双样本的 t 检验。各组的均值、差异和显著性都进行了报告，其中，*、**、*** 分别代表在 10%、5%、1% 水平上显著，均值差别 meandiff 不带星号的代表不存在显著差异。上述命令可以一步到位，实现对多个变量分别进行 t 检验、整理表格等工作。

如果希望 t 检验中保留两位小数，可以加入 f（%6.2f）选项：

ttable2 price wei len mpg, by（foreign）f（%6.2f）

Variables	G1(Domestic)	Mean1	G2(Foreign)	Mean2	MeanDiff
price	52	6072.42	22	6384.68	-312.26
weight	52	3317.12	22	2315.91	1001.21***
length	52	196.13	22	168.55	27.59***
mpg	52	19.83	22	24.77	-4.95***

需要注意的是，t 检验最多只针对两组变量检验差异性。如果分组变量显示样本多于两个类别，那么需要指定需要检验哪两个组的差别。

例如，希望按照 rep78 分组，先统计一下 rep78 的频率分布情况。

tab rep78

Repair Record 1978	Freq.	Percent	Cum.
1	2	2.90	2.90
2	8	11.59	14.49
3	30	43.48	57.97
4	18	26.09	84.06
5	11	15.94	100.00
Total	69	100.00	

tab 是 tabulate oneway 的缩写，代表绘制单变量的频率分布表，包括变量数值、频数、频率和累积频率。可以看到，1978 年维修记录 rep78 共有 5 个数值，即 1、2、3、4、5，其中，维修次数为 3 和 4 次的样本最多。

希望对维修记录为 3 和 4 的样本其 price、weight、length、mpg 的差别进行检验。

ttable2 price wei len mpg if rep78 = =3｜rep78 = =4，by（rep78）

Variables	G1(3)	Mean1	G2(4)	Mean2	MeanDiff
price	30	6429.233	18	6071.500	357.733
weight	30	3299.000	18	2870.000	429.000*
length	30	194.000	18	184.833	9.167
mpg	30	19.433	18	21.667	-2.233*

第三节　相关系数表

在进行回归分析前，经常需要观察变量之间的相关系数，其目的是：第一，初步了解被解释变量与主要解释变量之间是否存在关系；第二，考察解释变量之间的相互关系，以初步确定是否可能存在多重共线性问题。

一、相关系数矩阵——correlate 命令

使用 correlate 命令可以输出变量的 Pearson 相关系数矩阵。

sysuse auto，clear

corr price weight rep78 foreign

```
. corr price weight rep78 foreign
(obs=69)
```

	price	weight	rep78	foreign
price	1.0000			
weight	0.5478	1.0000		
rep78	0.0066	-0.4003	1.0000	
foreign	-0.0174	-0.6460	0.5922	1.0000

这样就得到了 price、weight、rep78、foreign 变量的相关系数表。可以看到，weight 和 price 之间的相关系数为 0.5478。需要注意的是，尽管全样本有 74 个观测值，但 rep78 只有 69 个观测值，所以在输入上述命令后，correlate 自动忽略了 5 个存在缺失值的观测数据，直接对 69 个观测值计算上述变量的相关系数。

通过添加 covariance 选项，Stata 可以输出变量的方差—协方差矩阵：

corr price weight rep78 foreign，covariance

```
             price    weight      rep78   foreign

    price    8.5e+06
   weight    1.3e+06    628613
    rep78    18.8939  -314.218   .979966
  foreign   -23.4399  -237.391   .271739   .214834
```

二、相关系数矩阵——pwcorr 命令

(一) 基本用法

使用 pwcorr 命令也可以输出 Pearson 相关系数矩阵：

pwcorr price weight rep78 foreign

```
             price    weight      rep78   foreign

    price    1.0000
   weight    0.5386    1.0000
    rep78    0.0066   -0.4003    1.0000
  foreign    0.0487   -0.5928    0.5922    1.0000
```

可以看到，使用 pwcorr 之后，变量之间的相关系数与使用 corr 命令存在一定的差别。两个结果中，涉及 rep78 的结果，包括 rep78 与 price 的相关系数 0.0066、rep78 与 weight 的相关系数 - 0.4003、rep78 与 foreign 的相关系数 0.5922，都是相同的。但是其他的结果并不相同。这其中的主要原因是，correlate 命令只对不存在任何缺失值的 69 个观测值计算相关系数，而 pwcorr 则是根据需要计算相关系数的两个变量的观测值计算相关系数。

使用 obs 选项查看 pwcorr 中计算每组相关系数的样本量。

pwcorr price weight rep78 foreign, obs

```
             price    weight      rep78   foreign

    price    1.0000
                 74

   weight    0.5386    1.0000
                 74        74

    rep78    0.0066   -0.4003    1.0000
                 69        69        69

  foreign    0.0487   -0.5928    0.5922    1.0000
                 74        74        69        74
```

可以看到，在不涉及 rep78 的相关系数计算中，观测值数目为 74，这和 correlate 命令中对所有的成对变量的相关系数计算只使用 69 个变量存在区别。如果需要实现 correlate 命令和 pwcorr 的命令的相同结果，需要对 pwcorr 命令附加以下条件：

pwcorr price weight rep78 foreign if rep78 < .

	price	weight	rep78	foreign
price	1.0000			
weight	0.5478	1.0000		
rep78	0.0066	-0.4003	1.0000	
foreign	-0.0174	-0.6460	0.5922	1.0000

（二）加入显著性水平

除了关注相关系数之外，更关注系数之间相关性的显著性，pwcorr 可以输出变量之间相关系数的 p 值：

pwcorr price weight rep78 foreign，sig

	price	weight	rep78	foreign
price	1.0000			
weight	0.5386	1.0000		
	0.0000			
rep78	0.0066	-0.4003	1.0000	
	0.9574	0.0007		
foreign	0.0487	-0.5928	0.5922	1.0000
	0.6802	0.0000	0.0000	

除了报告两两变量之间的相关系数之外，上述结果还报告了相关系数检验的 p 值。只要 p 值小于 0.1，就可以说明两个变量之间存在相关性。例如，rep78 和 price 的相关系数为 0.0066，p 值为 0.9574，说明两者之间不存在相关性。rep78 和 weight 的相关系数 为 -0.4003，p 值为 0.0007，说明两者之间存在显著的负相关关系。

除此之外，pwcorr 可以用星号作角注标注变量之间相关系数的显著性水平：

pwcorr price weight rep78 foreign，sig star（0.05）

	price	weight	rep78	foreign
price	1.0000			
weight	0.5386*	1.0000		
	0.0000			
rep78	0.0066	-0.4003*	1.0000	
	0.9574	0.0007		
foreign	0.0487	-0.5928*	0.5922*	1.0000
	0.6802	0.0000	0.0000	

可以看到，对于 p 值小于 0.05 的相关系数而言，其右上角标注了星号。

三、输出相关系数的结果

前面部分曾经安装了一个外部命令，可以输出相关系数表：

logout，save（tongji3）word replace：pwcorr price weight rep78 foreign，star
（0.05）

　　然而，在标注显著性水平上，pwcorr 只能对单一的显著性水平进行标注。但
是，在论文中，需要对变量在 10%、5%、1% 水平上分别标注 ＊、＊＊、＊＊＊。
连玉君老师提供了一个外部命令 pwcorr_a，可以实现上述目的。该命令需要将命
令包安装至对应的 Stata13 \ ado \ base \ p 目录下，然后输入上述命令：

　　pwcorr_a price weight rep78 foreign，star1（0.01）star5（0.05）star10（0.1）

　　感兴趣的读者可以查询连玉君老师团队创办的"Stata 连享会"或者人大经
济论坛中的相关资源。

第四节　主成分分析

　　主成分分析（principal component analysis，PCA）是一种统计方法，通过正
交变换将一组可能存在相关性的变量转换为一组线性不相关的变量，转换后的这
组变量叫作主成分。

　　在原始的数据中，描述一个观测值特征的变量可能有多个维度。原有的多个
变量可能存在的问题是：第一，变量太多，难以直观地通过这些变量解读观测值
的信息；第二，变量之间存在着相关性，这会产生多重共线性问题。主成分分析
的重要目的之一是降维，将原本描述观测值信息的具有相关性的多个特征（如
20 个特征）通过主成分分析方法，降低为更容易描述的数量较少的特征（如 5
个特征）。并且，新生成的主成分变量之间不存在相关关系。

一、主成分分析的命令 pca

webuse bg2，clear

describe

```
Contains data from http://www.stata-press.com/data/r13/bg2.dta
  obs:           568                          Physician-cost data
  vars:            7                          11 Feb 2013 21:54
  size:        14,768                         (_dta has notes)

              storage   display    value
variable name   type    format     label    variable label

clinid          int     %9.0g               Physician identifier
bg2cost1        float   %9.0g               Best health care is expensive
bg2cost2        float   %9.0g               Cost is a major consideration
bg2cost3        float   %9.0g               Determine cost of tests first
bg2cost4        float   %9.0g               Monitor likely complications only
bg2cost5        float   %9.0g               Use all means regardless of cost
bg2cost6        float   %9.0g               Prefer unnecessary tests to missing tests

Sorted by:  clinid
    Note:  dataset has changed since last saved
```

此处使用内科医师成本的调查数据。然后希望将 bg2cost1 到 bg2cost6 的 6 个变量进行主成分分析。

pca bg2cost1 – bg2cost6

这样就得到了两个表格，第一个表格是生成的 6 个主成分的特征值（Eigenvalue 那一列）、方差贡献度（Proportion 那一列）与累计方差贡献度（Cumulative 那一列），主成分变量按照方差贡献度由大到小顺序排列。方差贡献度反映了该主成分变量包含的原始的 6 个变量的信息。第二个表格是主成分构成或者特征值向量，它反映了新生成的主成分变量与原有变量之间的关系。例如，第二个表格的第一列代表 bg2cost1 – bg2cost6 如何构造了第一个主成分 Comp1，即：

$$\text{Comp1} = 0.2741 * \text{bg2cost1} + (-0.3713) * \text{bg2cost2} + (-0.4077) * \text{bg2cost3} + (-0.3766) * \text{bg2cost4} + 0.4776 * \text{bg2cost5} + 0.5009 * \text{bg2cost6}$$

类似地，第二列的数字代表如何构造第二主成分 Comp2：

$$\text{Comp2} = 0.5302 * \text{bg2cost1} + (-0.4428) * \text{bg2cost2} + 0.4834 * \text{bg2cost3} + 0.2748 * \text{bg2cost4} + 0.3345 * \text{bg2cost5} + 0.3192 * \text{bg2cost6}$$

```
Principal components/correlation              Number of obs   =      568
                                              Number of comp. =        6
                                              Trace           =        6
        Rotation: (unrotated = principal)     Rho             =   1.0000
```

Component	Eigenvalue	Difference	Proportion	Cumulative
Comp1	1.70622	.303339	0.2844	0.2844
Comp2	1.40288	.494225	0.2338	0.5182
Comp3	.908652	.185673	0.1514	0.6696
Comp4	.722979	.0560588	0.1205	0.7901
Comp5	.66692	.074563	0.1112	0.9013
Comp6	.592357	.	0.0987	1.0000

```
Principal components (eigenvectors)
```

Variable	Comp1	Comp2	Comp3	Comp4	Comp5	Comp6	Unexplained
bg2cost1	0.2741	0.5302	-0.2712	-0.7468	-0.0104	-0.1111	0
bg2cost2	-0.3713	0.4428	-0.4974	0.2800	0.2996	0.5005	0
bg2cost3	-0.4077	0.4834	0.0656	0.2466	-0.5649	-0.4646	0
bg2cost4	-0.3766	0.2748	0.7266	-0.2213	0.4504	0.0538	0
bg2cost5	0.4776	0.3345	0.3829	0.1950	-0.3942	0.5657	0
bg2cost6	0.5009	0.3192	0.0144	0.4647	0.4824	-0.4453	0

提取主成分变量还可以使用 predict 命令，这与通过特征向量与原始变量相乘得到的结果基本一致。

predict comp1 comp2, score

之前提到，主成分分析得到的主成分变量是正交的或者不相关的，这里可以检验一下：

corr comp1 comp2

	comp1	comp2
comp1	1.0000	
comp2	0.0000	1.0000

可以看到，生成的主成分变量的相关系数为0。

提示5-6：在 pca 命令后，使用 predict 命令可以得到需要的主成分。

那么，在新构造的主成分变量 Comp1 到 Comp6 中，该选择哪些主成分变量呢？一般而言，需要选择特征值大于1，且累计方差贡献度超过70%（不同领域会有不同的要求）的主成分变量。可以看到，Comp1 和 Comp2 的特征值大于1，分别为1.70622和1.40288，然而两个变量的累积方差贡献度只有51.82%，说明后四个主成分包含的信息也很重要。仅仅使用这两个主成分不太合适。

二、如何确定是否适合主成分检验

在进行主成分分析时，还需要了解相关的变量是否适合主成分分析，这就涉及两个检验。

第一种检验方法是 KMO 抽样参数检验，方法是使用 pca 命令后使用 estat kmo。一般而言，KMO 值越大，代表原始变量之间的相关性越高，越适合使用主成分分析。KMO 值大于0.9代表非常适合，0.8~0.9代表很适合，0.7~0.8代表适合，0.6~0.7代表勉强适合，0.5~0.6代表不太适合，0.5以下代表不适合。

estat kmo

Variable	kmo
bg2cost1	0.6077
bg2cost2	0.5648
bg2cost3	0.5720
bg2cost4	0.6341
bg2cost5	0.5867
bg2cost6	0.6122
Overall	0.5929

可以看到，KMO 抽样参数检验的结果为0.5929，接近0.6，说明勉强接受进行主成分分析。

第二种检验方法是巴特利球度检验，可以录入主成分检验的等价命令，该命令包含了球度检验的结果：

factor bg2cost1 - bg2cost6，pcf

```
Factor analysis/correlation                    Number of obs    =      568
    Method: principal-component factors        Retained factors =        2
    Rotation: (unrotated)                      Number of params =       11
```

Factor	Eigenvalue	Difference	Proportion	Cumulative
Factor1	1.70622	0.30334	0.2844	0.2844
Factor2	1.40288	0.49422	0.2338	0.5182
Factor3	0.90865	0.18567	0.1514	0.6696
Factor4	0.72298	0.05606	0.1205	0.7901
Factor5	0.66692	0.07456	0.1112	0.9013
Factor6	0.59236	.	0.0987	1.0000

```
LR test: independent vs. saturated:  chi2(15) =  269.07 Prob>chi2 = 0.0000
```

Factor loadings (pattern matrix) and unique variances

Variable	Factor1	Factor2	Uniqueness
bg2cost1	0.3581	0.6279	0.4775
bg2cost2	-0.4850	0.5244	0.4898
bg2cost3	-0.5326	0.5725	0.3886
bg2cost4	-0.4919	0.3254	0.6521
bg2cost5	0.6238	0.3962	0.4539
bg2cost6	0.6543	0.3780	0.4290

其中的 LR 检验的结果等价于球度检验的结果，只有 p 值小于 0.05 才能接受使用因子分析。可以看到，p 值为 0.0000，所以接受使用主成分分析的方法。

三、主成分变量的经济学含义

在阅读文献时，经常看到当一篇文章将那些特征值大于 1 的主成分变量构造出来之后，直接赋予了它们经济学含义。但是，关于主成分变量为什么会有这些含义，文献中可能并没有交代得特别清楚。

实际上，主成分分析只是将多个变量通过特征变量的方程构造出主成分变量，其本身仅仅是一种统计方法。经济学含义更多地来自作者根据主成分得分方程与经济学原理人为赋予的含义。例如，本节中的例子，第一主成分和第二主成分与原始变量之间的关系来自下列方程，就可以根据方程中这些主成分与原始变量之间的正负关系，结合经济学原理人为赋予它们经济学含义：

$$Comp1 = 0.2741 * bg2cost1 + (-0.3713) * bg2cost2 + (-0.4077) * bg2cost3 + (-0.3766) * bg2cost4 + 0.4776 * bg2cost5 + 0.5009 * bg2cost6$$

$$Comp2 = 0.5302 * bg2cost1 + (-0.4428) * bg2cost2 + 0.4834 * bg2cost3 + 0.2748 * bg2cost4 + 0.3345 * bg2cost5 + 0.3192 * bg2cost6$$

提示 5 - 7：主成分分析得到的主成分变量的经济学含义不是客观存在的，而是需要作者根据主成分变量与原始变量之间的关系以及经济学的基本原理人为赋予其经济学含义。

四、其他因子分析方法

Stata 还提供了主因子分析、迭代主因子分析以及最大似然因子的估计方法。
具体命令如下：

factor bg2cost1 – bg2cost6，pf

factor bg2cost1 – bg2cost6，ipf

factor bg2cost1 – bg2cost6，ml

课后习题

1. 使用 Stata 软件对数据进行统计分析。
2. 使用 Stata 软件给出变量间的相关系数。
3. 使用 Stata 软件进行主成分分析。

第六章 一元线性回归与多元线性回归

第一节 回归前的准备

一、数据预处理

在进行回归之前，需要先对数据进行预处理，尽管这些内容在之前的章节中做了介绍，但有必要再将它们串联起来。具体会用示例在课后案例中展示，这里先介绍数据预处理的大体流程。

第一步，下载数据。常用的大型经济金融类数据库有国泰安数据库、Wind数据库、CCER 经济金融数据库等。有时也需要经常用到调查数据，例如中国家庭金融调查数据等。很多时候，数据并非公开渠道可获得的，需要手工收集，形成自己的独占性数据库能够获得研究上的比较优势。下载数据这一步需要研究者熟悉数据库的特点和下载文件的格式，例如，本教材的第二章课后案例就介绍了从国泰安数据库下载数据后的流程。

第二步，导入数据。当下载完数据后，就可以使用相应的命令将数据导入Stata 中，例如，Excel 中的数据可以直接复制粘贴，也可以使用 import 命令导入Stata。对于文本文档（txt 后缀）的数据而言，可以先转换为 ANSI 格式，然后使用 insheet 命令导入。

第三步，更改变量类型、修改变量名称和标签。有些数值型变量导入后，会变成字符型变量，此时需要 "destring varlist，replace force" 的命令将字符型变量变成数值型变量。部分数据原本是日期型的，导入后变成了字符型，此时需要date 命令进行转换。转换完变量类型后，可以修改变量的名称和标签以符合研究者的使用习惯，rename 命令可以批量修改变量名，而 label variable 命令可以修改变量的标签。

第四步，其他方面的处理。除了上述处理之外，研究者需要根据自身的需求处理数据。例如，使用 reshape 命令改变数据的形状，保留必要的数据（使用年报数据，删去季报和半年报的数据）。

第五步，合并数据。有时候需要的数据可能来自多个表格，将它们分别导入Stata 之后，需要使用 merge 命令合并那些具有不同变量、相同观测样本的数据，使用 append 命令合并那些具有相同变量但不同观测样本的数据。

第六步，定义需要的变量。下载和处理的原始变量可能还不是最终需要的，例如，在回归中需要资产负债率数据等比率数据以及总资产水平的自然对数，只需要通过 generate 命令生成新的变量即可。

第七步，处理极端值。在回归分析中，可能会出现一些错误值或者正确但极端的数值。某些数据库中，一些缺失值会被标识为 - 95，这些观测值需要被删除。有些数据是正确的，但是可能过于极端，例如，销售收入增长率超过了 10 倍，这些数据会导致回归分析出现偏误。此时，需要 winsorize 命令对于极端值进行处理。

二、作图

以一元线性回归方程为例：

sysuse auto，clear

reg price mpg

假设想要检验汽车的公里数（mpg）对汽车价格（price）的影响。观察两者的散点图和拟合图，如图 6 - 1 所示。

twoway（scatter price mpg，ms（O））（lfit price mpg）

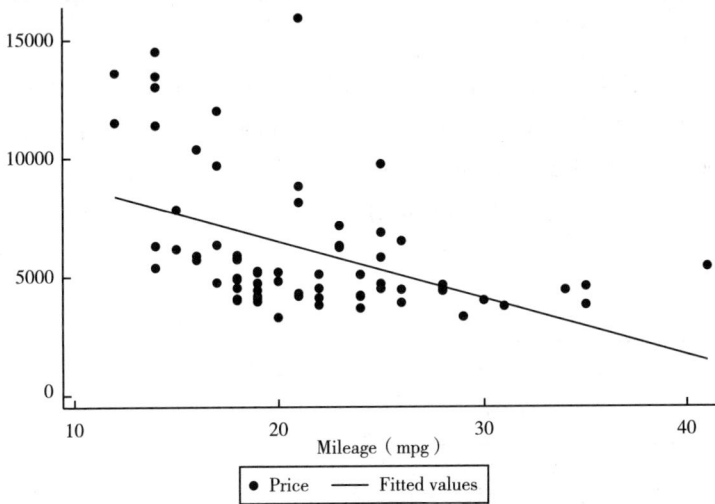

图 6 - 1 散点图与拟合图

通过初步观察可以发现，公里数与价格之间存在着负向关系。公里数越大，汽车的价格越低。

三、统计

开始回归前，需要先报告主要变量的描述性统计结果，输入以下命令：

sum price mpg

Variable	Obs	Mean	Std. Dev.	Min	Max
price	74	6165.257	2949.496	3291	15906
mpg	74	21.2973	5.785503	12	41

可以将上述结果粘贴到 Word 中，也可以使用以下命令将统计结果直接输入到名为 tongji5 − 1 的 Word 文件中：

logout, save（tongji5 − 1）word replace：sum price mpg

有时候，可能还需要中值、25 分位数、75 分位数，可以输入以下命令：

tabstat price mpg, stats（co mean min max p25 p50 p75）

stats	price	mpg
N	74	74
mean	6165.257	21.2973
min	3291	12
max	15906	41
p25	4195	18
p50	5006.5	20
p75	6342	25

也可以通过 logout 命令直接将上述结果录入到名为 tongji5 − 2 的 Word 文件中：

logout, save（tongji5 − 2）word replace：tabstat price mpg, stats（co mean min max p25 p50 p75）

在实际论文的写作中，可能还需要根据变量分组然后对变量的结果进行统计。例如，希望统计国产车和外资车的 price 和 mpg 变量的均值和中值：

tabstat price mpg, stats（co mean median）by（foreign）long

其中，by（foreign）代表按照 foreign 分组；long 代表在表中报告统计量（N、mean、p50）的名称。

foreign	stats	price	mpg
Domestic	N	52	52
	mean	6072.423	19.82692
	p50	4782.5	19
Foreign	N	22	22
	mean	6384.682	24.77273
	p50	5759	24.5
Total	N	74	74
	mean	6165.257	21.2973
	p50	5006.5	20

四、t 检验

在论文的统计分析部分，可能会用到 t 检验，t 检验是针对两组的数值情况进行对比。在本例中，想初步了解 mpg 较高的组和 mpg 较低的组其价格是否存在显著差别。这需要先定义一个 mpg 中值（或者均值以及其他分位数，具体看论文的需要）为划分点的虚拟变量 mpghigh，如果 mpg 大于等于中值，mpghigh = 1，否则为 0。

gen mpghigh = 1 if mpg > = 20&mpg < .

replace mpghigh = 0 if mpg < 20

第一句命令中，"< ."意思是 mpg 的取值不能是缺失值，因为 Stata 对于数值型变量的缺失值自动设置为"."，而"."的意思是正无穷大。第一句命令的意思是，如果 mpg 不是缺失值而且大于等于 20，那么 mpghigh 等于 1。

生成虚拟变量后，就可以进行 t 检验：

ttest price，by（mpghigh）

```
Two-sample t test with equal variances
```

Group	Obs	Mean	Std. Err.	Std. Dev.	[95% Conf. Interval]	
0	35	7152.057	558.609	3304.775	6016.827	8287.287
1	39	5279.667	366.499	2288.785	4537.728	6021.605
combined	74	6165.257	342.8719	2949.496	5481.914	6848.6
diff		1872.39	655.3477		565.9786	3178.802

```
diff = mean(0) - mean(1)                                    t =   2.8571
Ho: diff = 0                                 degrees of freedom =       72

   Ha: diff < 0                 Ha: diff != 0                 Ha: diff > 0
Pr(T < t) = 0.9972       Pr(|T| > |t|) = 0.0056       Pr(T > t) = 0.0028
```

可以看到，mpghigh = 1 的组（mpg 较高的组）汽车价格的均值只有 5279，小于 mpghigh = 0 的组（mpg 较低的组）汽车价格的均值 7152。从双侧检验的结果来看，p 值为 0.0056，小于 0.01，小概率事件发生，说明这种差异是显著的。上述结果说明，mpg 越大，价格越小，这种关系在统计意义上是显著的。至于输出 t 检验结果的方法，第五章中已经做了介绍，ttable2 命令是一种简洁的方法。

五、相关系数表

在做完了描述性统计之后、正式回归之前，有些时候还需要查看相关系数表：

pwcorr price mpg，sig

上述命令还报告了相关系数的 p 值，可以看到，price 和 mpg 的相关系数是负的（-0.4686），并且 p 值为 0.000，说明这种负相关关系是显著的。输出相关系数表格的命令是 logout，读者可以查询第五章。

	price	mpg
price	1.0000	
mpg	-0.4686	1.0000
	0.0000	

第二节　一元线性回归

一元线性回归是只有一个解释变量的回归方程，而多元线性回归则是有多个解释变量的回归方程。一元线性回归的基本方程为：

$$Y = \alpha + \beta X + \varepsilon$$

其中，Y 和 X 是 N 维向量，

$$Y = \begin{pmatrix} Y_1 \\ Y_2 \\ Y_3 \\ \vdots \\ Y_N \end{pmatrix}, \quad X = \begin{pmatrix} X_1 \\ X_2 \\ X_3 \\ \vdots \\ X_N \end{pmatrix}$$

其中，(Y_1, X_1) 代表第一个样本；(Y_2, X_2) 代表第二个样本；(Y_N, X_N) 代表第 N 个样本。在 Y 向量、X 向量满足一系列条件的情况下，可以使用普通最小二乘法（ols）计算 α、β。

一、一元线性回归的 Stata 命令

依然以 auto 数据集为例，使用 price 对 mpg 回归：

sysuse auto，clear

reg price mpg

Source	SS	df	MS		Number of obs	=	74
					F(1, 72)	=	20.26
Model	139449474	1	139449474		Prob > F	=	0.0000
Residual	495615923	72	6883554.48		R-squared	=	0.2196
					Adj R-squared	=	0.2087
Total	635065396	73	8699525.97		Root MSE	=	2623.7

price	Coef.	Std. Err.	t	P>|t|	[95% Conf. Interval]	
mpg	-238.8943	53.07669	-4.50	0.000	-344.7008	-133.0879
_cons	11253.06	1170.813	9.61	0.000	8919.088	13587.03

这样就得到了一元线性回归的回归结果。

（一）初步信息

这个表格中，最重要的信息包括 F 检验的 p 值、样本可决系数 R-squared，以及下面具体方程中的系数（Coef.）和对系数进行 t 检验的 p 值（P > |t|）。

首先，看 F 检验，F 统计量 F (1, 72) = 20. 26，对应的 p 值（Prob > F）

为 0. 0000，说明小概率事件发生，原假设不成立，所以上述方程是可接受的。F
检验的原假设是所有解释变量的系数都是 0，拒绝原假设才说明方程的设定有意
义。看 F 检验是第一步，如果 F 检验都没有通过，说明整个回归方程本身就失去
了意义。

其次，看样本可决系数 R2，其数值为 0. 2196，说明模型解释了被解释变量
21. 96% 的变动。样本可决系数的大小在不同领域的研究中关注度并不相同，有
些领域的研究直接忽略样本可决系数的解读。

最后，看变量的系数和 t 检验对应的 p 值。可以看到，mpg 的系数为 - 238，
t 值为 - 4. 50，对应的 p 值等于 0. 000，小于 0. 1，表明 mpg 对 price 的上述负向
影响在统计意义上是显著的。注意，t 检验的原假设是，该变量的系数等于 0，
如果 t 检验的结果无法拒绝原假设（p 值大于 0. 1），那么该变量对被解释变量没
有显著影响（可以理解为对被解释变量的影响为 0）。类似地，常数项的系数为
正，并且 t 检验的 p 值为 0. 0000，说明常数项的系数是显著的。

根据上述回归结果，price 与 mpg 之间的线性方程如下：

price = 11253 + (- 238) * mpg

由于 mpg 系数 t 检验的 p 值小于 0. 01，表明 mpg 对 price 具有显著的负向影
响，即里程数 mpg 越高，汽车价格 price 越低。

提示 6 - 1：得到回归结果后，首先看 F 检验；其次看系数以及系数的 t 检
验，只有 t 检验中的 p 值小于 0. 1，才能说明对应的解释变量对被解释变量具有
显著影响。

（二）回归结果中的其他信息

在上述表格的左上方报告了平方和的相关信息，第一列 SS 报告了回归平方
和（139449474）、残差平方和（495615923）以及总体平方和（635065396）。第
二列 df 报告了自由度（degree of freedom）的信息，模型自由度、残差自由度和
总体自由度分别是 1、72、73，而第三列 MS 代表均方，等于平方和除以对应的
自由度。

回归结果的右上方报告了方程的 F 检验、样本可决系数以及均方误差的单位根
MSE。其中，MSE 等于均方误差（6883554. 48）的单位根。样本可决系数 R2 = 回
归平方和/总体平方和。F 检验的第一自由度等于解释变量的数量（1），第二自
由度等于样本量 - 解释变量的数量 - 1（72 = 74 - 1 - 1）。F 检验的 p 值来自 F 统
计量 20. 26 与 F（1，72）真实分布的关系。F 检验报告的 p 值（Prob > F）是单
侧检验，即 F（1，72）分布中高于 F 统计量 20. 26 的概率。

在最下方的具体回归结果中，Coef. 代表回归系数，Std. Err 代表标准误，t
统计量 = 回归系数/标准误，p 值来自 t 统计量的实际值和 t 统计量分布表之间的
关系，此处的 t 检验是双侧检验，［95% Conf. Interval］代表回归系数 95% 的置
信区间。

二、无常数项的回归模型

有时候，可能需要不带常数项的回归，此时，需要加入可选项 " ，noconstant"，也可以缩写为 " ，noc"。

reg price mpg, noconstant

reg price mpg, noc

Source	SS	df	MS		
				Number of obs =	74
				F(1, 73) =	149.44
Model	2.3163e+09	1	2.3163e+09	Prob > F =	0.0000
Residual	1.1315e+09	73	15500024.6	R-squared =	0.6718
				Adj R-squared =	0.6673
Total	3.4478e+09	74	46592355.7	Root MSE =	3937

price	Coef.	Std. Err.	t	P>|t|	[95% Conf. Interval]	
mpg	253.6302	20.74754	12.22	0.000	212.2804	294.98

可以看到，mpg 的系数变成了正的（253），并且 p 值为 0.000，在 1% 水平上显著，表明常数项为 0 的情况下，mpg 对 price 有显著正的影响。

三、附加条件的回归

regress 命令也可以附加 if 或者 in 条件，例如，希望对于前 40 条观测值进行回归。

reg price mpg in 1/40

Source	SS	df	MS		
				Number of obs =	40
				F(1, 38) =	16.04
Model	132674044	1	132674044	Prob > F =	0.0003
Residual	314220762	38	8268967.41	R-squared =	0.2969
				Adj R-squared =	0.2784
Total	446894806	39	11458841.2	Root MSE =	2875.6

price	Coef.	Std. Err.	t	P>|t|	[95% Conf. Interval]	
mpg	-419.5388	104.7381	-4.01	0.000	-631.57	-207.5075
_cons	14345.21	2059.176	6.97	0.000	10176.62	18513.79

再如，希望对外资车的样本进行回归。

reg price mpg if foreign = =1

reg price mpg if foreign

Source	SS	df	MS		
				Number of obs =	22
				F(1, 20) =	13.25
Model	57534941.7	1	57534941.7	Prob > F =	0.0016
Residual	86828271.1	20	4341413.55	R-squared =	0.3985
				Adj R-squared =	0.3685
Total	144363213	21	6874438.7	Root MSE =	2083.6

price	Coef.	Std. Err.	t	P>|t|	[95% Conf. Interval]	
mpg	-250.3668	68.77435	-3.64	0.002	-393.8276	-106.906
_cons	12586.95	1760.689	7.15	0.000	8914.217	16259.68

如果希望对国产车和外资车分别进行回归。

by foreign，sort：reg price mpg

```
-> foreign = Domestic
```

Source	SS	df	MS		
Model	124392956	1	124392956		
Residual	364801844	50	7296036.89		
Total	489194801	51	9592054.92		

Number of obs = 52
F(1, 50) = 17.05
Prob > F = 0.0001
R-squared = 0.2543
Adj R-squared = 0.2394
Root MSE = 2701.1

price	Coef.	Std. Err.	t	P>|t|	[95% Conf. Interval]
mpg	-329.2551	79.74034	-4.13	0.000	-489.4183 -169.0919
_cons	12600.54	1624.773	7.76	0.000	9337.085 15863.99

```
-> foreign = Foreign
```

Source	SS	df	MS		
Model	57534941.7	1	57534941.7		
Residual	86828271.1	20	4341413.55		
Total	144363213	21	6874438.7		

Number of obs = 22
F(1, 20) = 13.25
Prob > F = 0.0016
R-squared = 0.3985
Adj R-squared = 0.3685
Root MSE = 2083.6

price	Coef.	Std. Err.	t	P>|t|	[95% Conf. Interval]
mpg	-250.3668	68.77435	-3.64	0.002	-393.8276 -106.906
_cons	12586.95	1760.689	7.15	0.000	8914.217 16259.68

四、预测残差与拟合值

（一）predict 命令

在进行回归后，可以使用 predict 命令输出残差与拟合值，在 predict 命令附加选项"，xb"代表估计拟合值，附加选项"，residual"代表估计残差，不附加其他选项默认为估计拟合值。

reg price mpg

predict y1，xb

predict y2

predict r1，res

其中，y1 和 y2 是回归的拟合值，r1 是残差。

可以统计验证一下：

sum y1 y2 r1

Variable	Obs	Mean	Std. Dev.	Min	Max
y1	74	6165.257	1382.124	1458.392	8386.328
y2	74	6165.257	1382.124	1458.392	8386.328
r1	74	-6.29e-06	2605.621	-3184.174	9669.721

可以看到 y1 和 y2 完全相同。另外，残差 r1 的均值近似为 0（理论上应该严格为 0，但 Stata 在计算系数等结果时，会保留有限位的小数，使结果近似为 0）。

（二）if e（sample）的使用

有时候，可能只对部分样本进行回归，但 predict 命令会延伸到其他未被回归的样本，例如：

quietly regress price mpg if foreign == 1

predict r2，res

sum r2

quietly 代表不在结果窗口展示回归结果。可以看到，尽管只针对外资车的 22 个样本进行回归，但是计算残差时，Stata 自动使用外资车的回归系数计算了全部 74 个样本的残差，其样本量为 74 个。并且，此时残差的均值不再近似为 0。

Variable	Obs	Mean	Std. Dev.	Min	Max
r2	74	-1089.557	2606.466	-4288.614	8576.753

那么，有什么办法只计算那些参与回归的样本的残差或者拟合值？加入"if e（sample）"这一条件。

quietly regress price mpg if foreign == 1

predict r3 if e（sample），res

sum r3

可以看到，predict 命令只预测了参与回归的 22 个外资车样本的残差值，残差均值水平接近为 0。

Variable	Obs	Mean	Std. Dev.	Min	Max
r3	22	-.0000118	2033.391	-3033.248	3908.185

提示 6 - 2：预测残差或者拟合值时，加入附加条件"if e（sample）"，可以只预测出参与回归的样本的残差或者拟合值，否则，Stata 将预测出所有观测值的残差与拟合值。

五、输出回归结果——esttab 命令

尽管 Stata 中报告了一系列信息，但是，通常论文中更加关注变量系数、t 值、变量的显著性检验结果、样本量以及可决系数。如何将上述信息规范地输入到 Word 中是一个重要问题，最直接的方法是将结果粘贴至 Word，然后手动整理，但是这种方法会花费大量的精力。Stata 提供了 outreg2 以及 esttab 命令，本教材推荐 esttab 命令。

假如需要存储 price 对 mpg 的回归结果针对总样本、国产车样本和非国产车样本的回归结果。

（一）outreg2 命令

首先，安装 outreg2 命令：

net install outreg2

其次，将回归结果存储：

reg price mpg

outreg2 using tongji6 – 3. doc，replace tstat bdec（3）tdec（2）ctitle（allsample）

reg price mpg if foreign == 1

outreg2 using tongji6 – 3. doc，append tstat bdec（3）tdec（2）ctitle（foreign）

reg price mpg if foreign == 0

outreg2 using tongji6 – 3. doc，append tstat bdec（3）tdec（2）ctitle（domestic）

输出的名为"tongji6 – 3"的 word 表如下。可以看到，最上面两行分别报告了回归表的名称，即 allsample、foreign、domestic。中间两行报告了变量估计的系数和 t 值，括号中的为 t 值。最后两行报告了样本量和调整 R2。其中，括号中的是 t 统计量，***、**、*分别对应着 p 值小于 0.01、小于 0.05 但大于 0.01、小于 0.1 但大于 0.05，或者中文中通常表述为，***、**、*分别代表在 1%、5%、10% 水平上显著。星号越多，代表系数越显著，只有带星号的系数才有意义。没有带星号的系数从统计意义上与 0 没有差别。

可以看到，每完成一个回归后，紧接着一个 outreg2 命令。"outreg2 using tongji6 – 3. doc"代表将回归结果存储到 tongji6 – 3 的 doc 文件中。第一个 outreg 命令的逗号之后的 replace 代表，如果之前有 tongji6 – 3 这个文件，那么将其替换掉，换成这里存储的结果。第二个和第三个 outreg 命令的逗号之后的 append 代表，将第二和第三个回归放在紧挨第一个回归的表后面。tstat 代表汇报系数的 t 统计量，因为 outreg2 默认汇报的是系数的标准误，而发表的论文中一般汇报 t 统计量。bdec（3）、tdec（2）分别代表系数保留三位小数，而 t 统计量保留两位小数，这也是大部分学术期刊的要求。ctitle 代表每一列回归的名称。

提示 6 – 3：表 6 – 1 满足了规范回归分析表所要求的大部分形式：第一，系数检验汇报的是 t 值，而非标准误或者 p 值，并且 t 值包含在括号中；第二，*、**、***代表的显著性水平；第三，t 值和系数保留的小数位数；第四，除了系数外，汇报样本量和 R2。对于上述结果，只需要根据不同杂志的要求，再略作修改即可。

表 6 – 1   outreg2 输出回归结果

变量	（1）allsample	（2）foreign	（3）domestic
mpg	– 238.894 *** （– 4.50）	– 250.367 *** （– 3.64）	– 329.255 *** （– 4.13）

续表

变量	(1) allsample	(2) foreign	(3) domestic
Constant	11253.061 *** (9.61)	12586.951 *** (7.15)	12600.538 *** (7.76)
Observations	74	22	52
R-squared	0.220	0.399	0.254

注：t-statistics in parentheses；***p<0.01，**p<0.05，*p<0.1。

（二）esttab 命令

首先，安装 esttab 命令：

ssc install estout

为什么上述命令安装的是 estout 而不是 esttab？这是因为，esttab 是 estout 的一个命令而已，如果直接安装 esttab，会找不到对应的资源。

reg price mpg

estimates store m1

reg price mpg if foreign==1

estimates store m2

reg price mpg if foreign==0

estimates store m3

esttab m1 m2 m3 using tongji6 - 4. rtf，r2(4) b(3) star (* 0. 10 ** 0. 05 *** 0. 01) nogaps replace

输出的结果如表 6 - 2 所示，与 outreg2 的结果类似。

表 6 - 2　　　　　　　　　　　　**esttab** 的输出结果

变量	(1) price	(2) price	(3) price
mpg	-238.894 *** (-4.50)	-250.367 *** (-3.64)	-329.255 *** (-4.13)
_cons	11253.061 *** (9.61)	12586.951 *** (7.15)	12600.538 *** (7.76)
N	74	22	52
R^2	0.2196	0.3985	0.2543

注：t statistics in parentheses；*p<0.10，**p<0.05，***p<0.01。

上述命令中，"estimates store m1"是将回归结果存储到 m1 中。最后一步命令中，"esttab m1 m2 m3 using tongji6 - 4. rtf"代表将存储到 m1、m2、m3 的结果存储到 tongji6 - 4 的 word 文件中，"r2（4）b（3）"代表 r2 保留 4 位小数，系数

保留3位小数。"star（ * 0.10 ** 0.05 *** 0.01）"代表" * 、**、*** 对应着10%、5%、1%水平上显著"。nogaps 代表不同解释变量的结果之间不存在空行。replace 代表删去以前存在的同名 rtf 文件。

另外，可以看到，保留三个回归结果只需要用一次 esttab 命令即可，但需要使用 outreg2 命令3次。

esttab m1 m2 m3 using tongji6 - 4. rtf，r2（4）b（3）star（ * 0.10 ** 0.05 *** 0.01）replace

如果不加 nogap（见表6-3），那么不同解释变量的结果之间空一行，这和学术杂志的要求不符，所以 esttab 命令一般需要加上 nogap 选项。另外，如果 esttab 后面加上 replace 选项，需要将以前同名的 rtf 文件先关闭。

提示6-4：推荐使用 esttab 命令保留回归结果。

表6-3   不加 **nogap** 的结果

变量	(1) price	(2) price	(3) price
mpg	-238.894 *** (-4.50)	-250.367 *** (-3.64)	-329.255 *** (-4.13)
_cons	11253.061 *** (9.61)	12586.951 *** (7.15)	12600.538 *** (7.76)
N	74	22	52
R^2	0.2196	0.3985	0.2543

注：t statistics in parentheses；$*p<0.10$，$**p<0.05$，$***p<0.01$。

第三节　多元线性回归

多元线性回归的基本方程是：

$$Y = \alpha + \beta_1 X_1 + \beta_2 X_2 + \cdots + \beta_K X_K + \varepsilon$$

其中，Y 和 X_1、$X_2\cdots X_K$ 是 N 维向量，

$$Y = \begin{pmatrix} Y_1 \\ Y_2 \\ Y_3 \\ \vdots \\ Y_N \end{pmatrix},\ X_1 = \begin{pmatrix} X_{11} \\ X_{21} \\ X_{31} \\ \vdots \\ X_{N1} \end{pmatrix},\ X_2 = \begin{pmatrix} X_{12} \\ X_{22} \\ X_{32} \\ \vdots \\ X_{N2} \end{pmatrix},\ \cdots,\ X_K = \begin{pmatrix} X_{1K} \\ X_{2K} \\ X_{3K} \\ \vdots \\ X_{NK} \end{pmatrix}$$

其中，（Y_1，X_{11}，X_{12}，$\cdots$，X_{1K}）代表第一个样本，（Y_2，X_{21}，X_{22}，$\cdots$，X_{2K}）代表第二个样本，（Y_N，X_{N1}，X_{N2}，$\cdots$，X_{NK}）代表第 N 个样本。N 代表观

测值数目。在 Y 向量、X 向量满足一系列条件的情况下，可以使用普通最小二乘法（ols）计算 α，β_1，β_2，…，β_K。

多元线性回归能够将更多的解释变量纳入方程中，但无法穷尽所有影响被解释变量的因素，此时，对于某个方程解释变量的选择而言，需要遵循两个原则，一是根据所在领域的经典研究选择控制变量；二是抓住主要矛盾，对于一些经典研究没有引入但对被解释变量存在极其微小影响的变量可以不放入方程中。

一、多元线性回归的 Stata 命令

（一）例 1——多元线性回归结果的解读

依然以 auto 数据集为例，使用 price 对 mpg 回归：

sysuse auto，clear

reg price mpg headroom weight length

Source	SS	df	MS		
Model	236190226	4	59047556.6	Number of obs =	74
Residual	398875170	69	5780799.56	F(4, 69) =	10.21
				Prob > F =	0.0000
				R-squared =	0.3719
				Adj R-squared =	0.3355
Total	635065396	73	8699525.97	Root MSE =	2404.3

price	Coef.	Std. Err.	t	P>|t|	[95% Conf. Interval]
mpg	-87.95838	83.5927	-1.05	0.296	-254.7213 78.80449
headroom	-490.9667	388.4892	-1.26	0.211	-1265.981 284.048
weight	4.335045	1.162745	3.73	0.000	2.015432 6.654657
length	-94.49651	40.39563	-2.34	0.022	-175.0836 -13.90944
_cons	14177.58	5872.766	2.41	0.018	2461.735 25893.43

得到的回归结果如上方所示。左上方报告了回归平方和、残差平方和、总体平方和等信息。右上方报告了样本量、F 检验、样本可决系数、均方根误差等信息。下方报告了系数、标准误、t 检验等信息。

从结果来看，样本量为 74，样本可决系数 R2 位 0.3719，表明该线性模型解释了被解释变量 37.19% 的变动。F 检验的 p 值为 0.000（小于 0.01），在 1% 水平上显著，表明上述方程设定是有意义的。从系数的结果来看，mpg 和 headroom 的系数的 p 值为 0.296 和 0.211，高于 0.1，表明里程数 mpg 和空间 headroom 对价格没有显著的影响。weight 的系数为正（4.33），p 值为 0.000（小于 0.01），说明系数在 1% 水平上显著，即重量 weight 对汽车价格具有显著的正向影响，weight 每增加一个单位，价格会增加 4.33 元。length 的系数为负（-94.46），p 值为 0.022（小于 0.05），说明系数在 5% 水平上显著，即长度 length 对汽车价格具有显著的负向影响，长度每增加一个单位，价格下降 -94.46 元。

（二）例 2——解释变量存在缺失值

在上述模型基础上增加解释变量 rep78：

reg price mpg headroom weight length rep78

Source	SS	df	MS			
Model	263964169	5	52792833.7		Number of obs =	69
Residual	312832790	63	4965599.85		F(5, 63) =	10.63
					Prob > F =	0.0000
					R-squared =	0.4576
					Adj R-squared =	0.4146
Total	576796959	68	8482308.22		Root MSE =	2228.4

price	Coef.	Std. Err.	t	P>|t|	[95% Conf. Interval]	
mpg	-104.2897	80.68123	-1.29	0.201	-265.5182	56.93888
headroom	-499.2828	372.994	-1.34	0.186	-1244.652	246.0863
weight	4.886918	1.114084	4.39	0.000	2.660599	7.113237
length	-102.0774	39.52853	-2.58	0.012	-181.0688	-23.08592
rep78	925.4547	302.8538	3.06	0.003	320.2496	1530.66
_cons	11115.15	5771.339	1.93	0.059	-417.9503	22648.25

可以看到，样本可决系数为0.4576。另外，weight、length、rep78的系数显著。从rep78的结果来看，其系数为正（925.45），并且在1%水平上显著（p值等于0.003，小于0.01），说明维修次数rep78对价格price具有显著的正向影响。维修次数每增加1次，价格将上升925.45元。

还有一个需要注意的是，样本量缩减为69。这是因为，rep78有5个缺失值，只有69个未缺失值。可以看出，对于存在缺失值的样本，Stata会自动忽略，并且只对没有缺失值的观测样本进行回归。

提示6-5：对于有缺失值的样本而言，Stata在回归时会自动忽略。

二、附加条件的回归

（一）不带常数项的回归

reg price mpg headroom weight length , noc

Source	SS	df	MS			
Model	3.0153e+09	4	753817174		Number of obs =	74
Residual	432565626	70	6179508.94		F(4, 70) =	121.99
					Prob > F =	0.0000
					R-squared =	0.8745
					Adj R-squared =	0.8674
Total	3.4478e+09	74	46592355.7		Root MSE =	2485.9

price	Coef.	Std. Err.	t	P>|t|	[95% Conf. Interval]	
mpg	49.46221	63.29225	0.78	0.437	-76.77021	175.6946
headroom	-537.0707	401.1775	-1.34	0.185	-1337.194	263.0525
weight	3.227741	1.104685	2.92	0.005	1.024517	5.430965
length	-16.27562	24.94187	-0.65	0.516	-66.0206	33.46936

（二）使用if或者in附件条件

对前35条观测值进行回归：

reg price mpg headroom weight length in 1/35

Source	SS	df	MS		Number of obs =	35
Model	285507043	4	71376760.7		F(4, 30) =	14.79
Residual	144758068	30	4825268.92		Prob > F =	0.0000
					R-squared =	0.6636
					Adj R-squared =	0.6187
Total	430265110	34	12654856.2		Root MSE =	2196.6

price	Coef.	Std. Err.	t	P>|t|	[95% Conf. Interval]	
mpg	229.0373	177.729	1.29	0.207	-133.9337	592.0084
headroom	-375.3231	624.3885	-0.60	0.552	-1650.494	899.8483
weight	8.983813	1.697859	5.29	0.000	5.516322	12.4513
length	-151.6872	52.32694	-2.90	0.007	-258.553	-44.82132
_cons	2790.655	8867.6	0.31	0.755	-15319.4	20900.71

对价格大于 4000 且 mpg 大于 17 的样本进行回归：

reg price mpg headroom weight length if price > 4000&mpg > 17

Source	SS	df	MS		Number of obs =	45
Model	30203125.5	4	7550781.38		F(4, 40) =	1.99
Residual	151485477	40	3787136.93		Prob > F =	0.1140
					R-squared =	0.1662
					Adj R-squared =	0.0829
Total	181688603	44	4129286.43		Root MSE =	1946.1

price	Coef.	Std. Err.	t	P>|t|	[95% Conf. Interval]	
mpg	55.25737	85.32787	0.65	0.521	-117.1967	227.7114
headroom	-353.7862	362.5263	-0.98	0.335	-1086.479	378.9068
weight	2.972551	1.299212	2.29	0.028	0.3467465	5.598356
length	-61.42016	48.69859	-1.26	0.215	-159.8437	37.00337
_cons	8120.509	6971.115	1.16	0.251	-5968.64	22209.66

三、约束回归——cnsreg

在 Stata 中，可以对系数大小进行约束后进行回归，命令为 cnsreg。
首先，需要定义约束条件：
constraint 1 length = weight
上述条件定义了第一个约束条件，即 length 的系数等于 weight 的系数。
其次，使用 cnsreg 进行回归：
cnsreg price mpg headroom weight length，constraints（1）

. cnsreg price mpg headroom weight length, constraints(1)

Constrained linear regression		Number of obs =	74
		F(3, 70) =	10.98
		Prob > F =	0.0000
		Root MSE =	2483.8436

(1) - weight + length = 0

price	Coef.	Std. Err.	t	P>|t|	[95% Conf. Interval]	
mpg	-57.84195	85.36944	-0.68	0.500	-228.1059	112.422
headroom	-675.5852	393.3154	-1.72	0.090	-1460.028	108.8576
weight	1.990519	0.6441013	3.09	0.003	0.7058997	3.275139
length	1.990519	0.6441013	3.09	0.003	0.7058997	3.275139
_cons	3034.949	3686.224	0.82	0.413	-4316.992	10386.89

可以看到 weight 和 length 的系数相同，均为 1.9905。

约束回归可以附加其他条件，第二个条件设定为 mpg 的系数与 headroom 的系数相反，第三个条件设定为常数项系数为 0：

constraint 2 mpg = – headroom

constraint 3 _cons = 0

cnsreg price mpg headroom weight length，c（1 – 3）

```
Constrained linear regression              Number of obs   =         74
                                           F(   2,     72) =     238.51
                                           Prob > F        =     0.0000
                                           Root MSE        =  2505.9797

( 1)  - weight + length = 0
( 2)  mpg + headroom = 0
( 3)  _cons = 0

      price |     Coef.    Std. Err.      t     P>|t|    [95% Conf. Interval]
------------+---------------------------------------------------------------
        mpg | -6.697415    29.33405    -0.23    0.820   -65.17377    51.77895
   headroom |  6.697415    29.33405     0.23    0.820   -51.77895    65.17377
     weight |  1.959206   0.1714173    11.43    0.000    1.617492    2.300921
     length |  1.959206   0.1714173    11.43    0.000    1.617492    2.300921
      _cons |         0   (omitted)
```

可以看到，mpg 与 headroom 的系数是相反的，而 weight 和 length 的系数是相同的，常数项等于 0。

四、逐步回归

回归结果可以看到，并非所有解释变量的系数都是显著的，而那些显著的解释变量对解释结果更有意义。如何在模型中筛选出那些显著的解释变量？Stata 提供了逐步回归的命令 stepwise，其最常用的用法为：

stepwise，pe（signum）：regress y x1 x2 x3

stepwise，pr（signum）：regress y x1 x2 x3

第一行命令代表对解释变量逐步加入；pe 代表逐步加入；signum 代表筛选的 p 值门槛，Stata 会逐步加入所有解释变量，直到保留所有的 p 值小于门槛值的解释变量即可。

第二行命令代表对解释变量逐步剔除；pr 代表逐步剔除；signum 代表筛选的 p 值门槛，Stata 会逐步剔除不符合要求的解释变量，直到保留所有的 p 值小于门槛值的解释变量即可。

stepwise，pe（.2）：regress price headroom turn mpg weight length

```
                       begin with empty model
p = 0.0000 <  0.2000   adding   weight
p = 0.0023 <  0.2000   adding   turn
p = 0.0872 <  0.2000   adding   headroom
p = 0.1871 <  0.2000   adding   length
```

Source	SS	df	MS		
Model	265602290	4	66400572.5	Number of obs =	74
Residual	369463106	69	5354537.77	$F(4, 69) = 12.40$	
				Prob > F =	0.0000
				R-squared =	0.4182
				Adj R-squared =	0.3845
Total	635065396	73	8699525.97	Root MSE =	2314

price	Coef.	Std. Err.	t	P>|t|	[95% Conf. Interval]	
weight	5.373102	1.108695	4.85	0.000	3.161315	7.584889
turn	-326.7551	126.3474	-2.59	0.012	-578.8113	-74.69888
headroom	-532.4844	374.2925	-1.42	0.159	-1279.178	214.2087
length	-53.975	40.50392	-1.33	0.187	-134.7781	26.82811
_cons	14634.3	4515.063	3.24	0.002	5626.995	23641.6

可以看到，上述结果是逐步加入的方法，首先只有一个带常数项的模型；其次逐步加入 weight、turn、headroom 和 length，保留那些 p 值小于 0.2 的解释变量，加入的顺序是根据解释变量的显著性水平而定，先加入 p 值最小（显著性水平最高）的解释变量。

stepwise，pr（.2）：regress price headroom turn mpg weight length

```
                       begin with full model
p = 0.2351 >= 0.2000   removing mpg
```

Source	SS	df	MS		
Model	265602290	4	66400572.5	Number of obs =	74
Residual	369463106	69	5354537.77	$F(4, 69) = 12.40$	
				Prob > F =	0.0000
				R-squared =	0.4182
				Adj R-squared =	0.3845
Total	635065396	73	8699525.97	Root MSE =	2314

price	Coef.	Std. Err.	t	P>|t|	[95% Conf. Interval]	
headroom	-532.4844	374.2925	-1.42	0.159	-1279.178	214.2087
turn	-326.7551	126.3474	-2.59	0.012	-578.8113	-74.69888
length	-53.975	40.50392	-1.33	0.187	-134.7781	26.82811
weight	5.373102	1.108695	4.85	0.000	3.161315	7.584889
_cons	14634.3	4515.063	3.24	0.002	5626.995	23641.6

可以看到，上述结果是逐步剔除的方法，首先是一个完整的模型；其次逐步剔除，剔除那些 p 值大于 0.2 的解释变量，剔除的顺序是根据解释变量的显著性水平而定，先剔除 p 值最大（显著性水平最低）的解释变量。

提示 6 - 6：逐步回归的方法在实践中很少用到，尽管有些变量不显著，但还是需要在回归模型中加以控制。

五、预测拟合值与残差

在多元线性回归中，一样可以使用 predict 命令预测拟合值与残差，预测拟合值的命令二选一：

    reg price mpg headroom weight length

    predict y1 if e (sample), xb

    predict y2 if e (sample)

    预测残差的命令如下：

    reg price mpg headroom weight length

    predict r1 if e (sample), res

选项"if e (sample)"的含义是，仅预测参与回归的样本的残差或者拟合值。

第四节 系数的差异性检验

在进行回归之后，经常会遇到这样的问题，同一样本同一回归方程进行回归后，不同解释变量的系数是否存在显著差异？例如，在同一方程中，当预测出劳动和资本对经济增长的影响后，通常希望在统计意义上对比两者对经济增长的贡献程度是否存在显著差别。还有一类问题是，对于不同样本但相同的方程而言，相同解释变量的系数是否存在显著差异？例如，当分别检验了发达国家样本以及发展中国家样本劳动对经济增长的影响后，通常希望在统计意义上对比劳动对经济增长的贡献在发达国家更大还是在发展中国家更大。

一、同一回归方程同一样本系数的差异性检验

（一）差异性检验

首先进行以下回归：

reg price mpg headroom weight length rep78 turn

Source	SS	df	MS			
				Number of obs =		69
				F(6, 62) =		9.40
Model	274725081	6	45787513.4	Prob > F	=	0.0000
Residual	302071878	62	4872127.07	R-squared	=	0.4763
				Adj R-squared =		0.4256
Total	576796959	68	8482308.22	Root MSE	=	2207.3

price	Coef.	Std. Err.	t	P>|t|	[95% Conf. Interval]	
mpg	-107.2752	79.94349	-1.34	0.185	-267.0799	52.52958
headroom	-505.1654	369.4879	-1.37	0.176	-1243.761	233.4304
weight	5.222938	1.126472	4.64	0.000	2.971152	7.474723
length	-83.0604	41.19261	-2.02	0.048	-165.4032	-.7175474
rep78	757.9412	320.4664	2.37	0.021	117.338	1398.544
turn	-197.3202	132.7719	-1.49	0.142	-462.7275	68.08713
_cons	15020.12	6291.695	2.39	0.020	2443.202	27597.04

可以看到，weight 的系数为 5.22，在 1% 水平上显著，而 rep78 的系数为 757.94，在 5% 水平上显著。两个系数均显著，并且从系数大小上来说，rep78 变动一单位对价格的影响远高于 weight 变动一单位带来的影响。那么，这种系数上的差别是否存在统计意义上的显著性？

test weight = rep78

上述 test 命令就是检验回归方程中 weight 和 rep78 的系数是否存在显著差异。千万不要把 test 写成了 ttest，否则就变成了检验 weight 的数值和 rep78 的数值是否存在差异。结果窗口如下：

```
( 1)  - weight + rep78 = 0

      F(  1,    62) =     5.52
           Prob > F =    0.0220
```

可以看到，原假设为 weight 系数的负值加上 rep78 的系数等于 0，或者说 weight 的系数等于 rep78 的系数。然后对此进行了 F 检验，F 统计量为 5.52，p 值为 0.022 < 0.05，说明这种差异在 5% 水平上显著，这说明，在统计意义上，weight 对 price 的影响显著不同于 rep78 对 price 的影响。

其次一个简单的拓展，通过观察，发现 rep78 的系数大约是 weight 的系数的 250 倍，所以进行以下检验：

test 250 * weight = rep78

```
( 1)  250*weight - rep78 = 0

      F(  1,    62) =     1.78
           Prob > F =    0.1875
```

可以看到，p 值为 0.1875 > 0.1，接受原假设，说明 rep78 对 price 的影响大致相当于 weight 对 price 250 倍的影响。

需要注意的是，后一个例子仅仅是一个示范的例子，在实践中并不会这样使用。实际上，当 weight 的倍数在 50~280 时，上述统计检验总是接受原假设。读者可以自行尝试。

（二） 其他形式的检验

除此之外，Stata 还可以对回归之后，系数是否等于某些数值、不同解释变量系数的和是否等于某些数值等进行检验。

reg price mpg headroom weight length rep78 turn

test weight + rep78 = 10

```
( 1)  weight + rep78 = 10

      F(  1,    62) =     5.52
           Prob > F =    0.0220
```

想检验 weight 的系数和 rep78 的系数之和是否等于 10。其原假设为两者的系数为 10，F 检验的统计量为 5.52，p 值为 0.0220 < 0.05，拒绝原假设，表明 weight 的系数和 rep78 系数的和与 10 存在显著差异。

此外，还希望检验系数的联合显著性，例如，想检验是否 headroom 对 price 没有显著影响且 length 对 price 没有显著影响。

test（headroom = 0）（length = 0）

```
( 1)    headroom = 0
( 2)    length = 0

        F(  2,    62) =    3.83
            Prob > F =    0.0270
```

联合显著性检验的 F 值为 3.83，其 p 值为 0.0270 < 0.5，说明 headroom 对 price 没有影响且 length 对 price 没有影响这一原假设不成立。

二、分组回归中解释变量的差异性检验

（一）分组的差异性检验——suest

其基本步骤如下：第一，分别对两组方程进行回归，并且将回归结果存储；第二，使用 suest 对两组方程进行似不相关回归；第三，使用 test 命令检验两组方程中对应的系数是否存在显著差异。

具体例子如下：

sysuse auto, clear

reg price mpg headroom weight length if foreign = = 1

estimates store m1

Source	SS	df	MS		Number of obs =	22
					F(4, 17) =	15.75
Model	113679171	4	28419792.8		Prob > F =	0.0000
Residual	30684041.4	17	1804943.61		R-squared =	0.7875
					Adj R-squared =	0.7374
Total	144363213	21	6874438.7		Root MSE =	1343.5

price	Coef.	Std. Err.	t	P>|t|	[95% Conf. Interval]	
mpg	-20.72225	61.41554	-0.34	0.740	-150.2977	108.8532
headroom	192.5166	638.8103	0.30	0.767	-1155.255	1540.288
weight	4.605154	1.814603	2.54	0.021	.7766755	8.433632
length	18.05705	54.28855	0.33	0.743	-96.48178	132.5959
_cons	-7313.69	7045.675	-1.04	0.314	-22178.77	7551.385

reg price mpg headroom weight length if foreign = = 0

estimates store m2

Source	SS	df	MS		Number of obs	=	52
					F(4, 47)	=	14.91
Model	273613191	4	68403297.6		Prob > F	=	0.0000
Residual	215581610	47	4586842.77		R-squared	=	0.5593
					Adj R-squared	=	0.5218
Total	489194801	51	9592054.92		Root MSE	=	2141.7

price	Coef.	Std. Err.	t	P>|t|	[95% Conf. Interval]	
mpg	126.101	137.6175	0.92	0.364	-150.7497	402.9518
headroom	-268.5654	390.4725	-0.69	0.495	-1054.095	516.9641
weight	6.624901	1.250357	5.30	0.000	4.109506	9.140295
length	-102.4317	41.17853	-2.49	0.016	-185.2722	-19.59119
_cons	2534.085	7817.258	0.32	0.747	-13192.21	18260.38

suest m1 m2

Simultaneous results for m1, m2

Number of obs   =   74

	Coef.	Robust Std. Err.	z	P>|z|	[95% Conf. Interval]	
m1_mean						
mpg	-20.72225	46.1199	-0.45	0.653	-111.1156	69.6711
headroom	192.5166	573.4297	0.34	0.737	-931.385	1316.418
weight	4.605154	1.498542	3.07	0.002	1.668065	7.542243
length	18.05705	43.83714	0.41	0.680	-67.86218	103.9763
_cons	-7313.69	6472.096	-1.13	0.258	-19998.77	5371.384
m1_lnvar						
_cons	14.40604	.2017951	71.39	0.000	14.01053	14.80155
m2_mean						
mpg	126.101	206.0481	0.61	0.541	-277.7458	529.9479
headroom	-268.5654	288.705	-0.93	0.352	-834.4168	297.2861
weight	6.624901	2.087171	3.17	0.002	2.534121	10.71568
length	-102.4317	60.52338	-1.69	0.091	-221.0553	16.19193
_cons	2534.085	10173.32	0.25	0.803	-17405.25	22473.42
m2_lnvar						
_cons	15.3387	.2286008	67.10	0.000	14.89065	15.78675

test [m1_mean] mpg = [m2_mean] mpg

(1) [m1_mean]mpg - [m2_mean]mpg = 0

      chi2(1) =   0.48
    Prob > chi2 =   0.4868

可以看到，原假设为两个方程中 mpg 的系数不存在显著差别，卡方检验的 p 值为 0.4868，说明无法拒绝原假设，即国产车样本和外资车样本中 mpg 对 price 的影响没有显著差别。

test [m1_mean] weight = [m2_mean] weight

```
( 1)   [m1_mean]weight - [m2_mean]weight = 0

         chi2( 1) =      0.62
       Prob > chi2 =    0.4318
```

可以看到，原假设为两个方程中 weight 的系数不存在显著差别，卡方检验的 p 值为 0.4318，说明无法拒绝原假设，即国产车样本和外资车样本中 weight 对 price 的影响没有显著差别。

读者可以使用 suest 帮助文件中的例子进一步练习：

webuse income

regress inc edu exp if male

estimates store Male

regress inc edu exp if ! male

estimates store Female

suest Male Female

test［Male_mean = Female_mean］

（二）交乘项的方法

如果想看国产车和外资车中 mpg 对 price 的影响存在差异，除了按照是否外资车样本进行分组后分别回归并进行差异性检验外，还可以引入 mpg 与 foreign 的交乘项，并且看交乘项系数的方向与显著性。

g mpgforeign = mpg * foreign

reg price mpg foreign mpgforeign headroom weight length

Source	SS	df	MS		Number of obs =	74
					F(6, 67) =	16.51
Model	378803271	6	63133878.5		Prob > F =	0.0000
Residual	256262125	67	3824807.83		R-squared =	0.5965
					Adj R-squared =	0.5603
Total	635065396	73	8699525.97		Root MSE =	1955.7

price	Coef.	Std. Err.	t	P>|t|	[95% Conf. Interval]	
mpg	189.3578	110.9181	1.71	0.092	-32.0357	410.7512
foreign	9841.946	2747.717	3.58	0.001	4357.481	15326.41
mpgforeign	-255.1112	108.3671	-2.35	0.022	-471.4128	-38.80958
headroom	-293.6961	325.9693	-0.90	0.371	-944.3335	356.9413
weight	6.451883	1.028603	6.27	0.000	4.398783	8.504983
length	-78.09567	32.97811	-2.37	0.021	-143.9202	-12.27109
_cons	-2840.063	6078.832	-0.47	0.642	-14973.46	9293.336

需要注意的是，加入交乘项时，foreign 变量本身也需要加入方程中。可以看到，交乘项 mpgforeign 的系数显著为负，说明国产车和外资车样本中 mpg 对 price 的影响存在显著差别。这里涉及交乘项的解读。交乘项的系数可以看作二阶偏导数，即：

$$\frac{\partial price^2}{\partial mpg * \partial foreign} = \frac{d\left(\frac{dprice}{dmpg}\right)}{dforeign} = \frac{d\left(\frac{dprice}{dforeign}\right)}{dmpg} = -255.11$$

偏导数有两种写法，第一个等号后面是以 mpg 作为主解释变量，foreign 作为调节变量，第二个等号后面是以 foreign 为主解释变量，mpg 作为调节变量。很显然，这一例子主要关注 mpg 对 price 的影响是否受到 foreign 的调节效应，所以应该是第一种等号之后的写法。

在解读交乘项的结果前，需要先看不加入交乘项时，主解释变量 mpg 的系数，之前的结果发现其系数为负，表明 mpg 对价格具有负向影响，而交乘项的系数显著为负，说明对于外资车而言，mpg 对价格的负向影响更大，或者说 mpg 对价格的负向影响对 foreign = 1 的样本而言更大。

提示 6 - 7： 做交乘项时，需要同时加入调节变量、主解释变量以及两者的交乘项，需要区分主解释变量和调节变量，交乘项系数的解读需要结合不加入交乘项之前主解释变量的影响进行解读。

还有一个需要关注的是，用交乘项的方法可以发现，mpg 对价格的影响对国产车和外资车有显著差别，但是，用分组检验的方法可以发现，mpg 对价格的影响对国产车和外资车没有差别。两种方法的结果并不一致，原因在于：第一，分组检验方法中，因为分组检验的缘故，考虑了所有解释变量对被解释变量的差异性影响，而在交乘项方法中，只考虑了调节变量本身对被解释变量的差异性影响；第二，样本量来说，分组检验中每组检验只使用了部分样本，所以一定程度上会损失一些信息。

提示 6 - 8： 交乘项方法和分组检验系数差异的方法在学术期刊中都是可接受的，但一般交乘项的方法使用更多一些，并且交乘项方法中调节变量不需要是 0 - 1 变量。

三、相同解释变量对不同被解释变量影响的差异性检验

有时还会检验相同解释变量对不同被解释变量的影响。以 help 文件中的某一个案例为例：

sysuse auto，clear

sureg（price foreign mpg displ）（weight foreign length）

上述命令是对方程"reg price foreign mpg displ"和"reg weight foreign length"进行似不相关回归（Seemingly unrelated regression）。

```
Seemingly unrelated regression
```

Equation	Obs	Parms	RMSE	"R-sq"	chi2	P
price	74	3	2165.321	0.4537	49.64	0.0000
weight	74	2	245.2916	0.8990	661.84	0.0000

	Coef.	Std. Err.	z	P>|z|	[95% Conf. Interval]	
price						
foreign	3058.25	685.7357	4.46	0.000	1714.233	4402.267
mpg	-104.9591	58.47209	-1.80	0.073	-219.5623	9.644042
displacement	18.18098	4.286372	4.24	0.000	9.779842	26.58211
_cons	3904.336	1966.521	1.99	0.047	50.0263	7758.645
weight						
foreign	-147.3481	75.44314	-1.95	0.051	-295.2139	.517755
length	30.94905	1.539895	20.10	0.000	27.93091	33.96718
_cons	-2753.064	303.9336	-9.06	0.000	-3348.763	-2157.365

test [price] foreign = [weight] foreign

(1)　[price]foreign - [weight]foreign = 0

　　　　chi2(1) = 　23.07
　　Prob > chi2 = 　 0.0000

卡方检验的结果拒绝原假设，即是否外资车对价格的影响与是否外资车对 weight 的影响存在着显著的差别。

第五节　分组回归与回归系数的批量保存

有时候可能需要对很多组样本进行回归，并且保存每一组方程的回归系数、样本可决系数、样本量、t 值等。

一、直观的方法——分组回归后复制粘贴

当然，如果需要回归的组别不多，那么可以采用分组回归后进行复制粘贴的方法，例如，想看以下方程（reg price mpg headroom weight length）中对不同 rep78 组的差别。

首先，使用 tabulate 命令看看 rep78 有几类数值：

tab rep78

Repair Record 1978	Freq.	Percent	Cum.
1	2	2.90	2.90
2	8	11.59	14.49
3	30	43.48	57.97
4	18	26.09	84.06
5	11	15.94	100.00
Total	69	100.00	

可以看到，rep78 一共有五个数值，分别是 1、2、3、4、5。

其次，可以进行以下的分组回归：

by rep78, sort: reg price mpg headroom weight length
最后, 手动提取相关的参数即可。

二、分组回归提取系数的标准命令——statsby

如果面对的是成百上千个组分别进行回归, 手工提取其回归系数等信息会耗费大量的时间, Stata 提供了一个非常好用的命令 statsby, 用来分组回归并自动提取回归系数、样本可决系数、样本量、标准误等信息。

(一) 提取回归系数

sysuse auto, clear
statsby _b, by (rep78): reg price mpg headroom weight length

```
      command:  regress price mpg headroom weight length
           by:  rep78

Statsby groups
———+——— 1 ——+—— 2 ——+—— 3 ——+—— 4 ——+—— 5
.....
```

可以看到, 回归分组共有五个点, 即进行了五组回归。statsby 代表命令本身, _b 在 Stata 的特定函数中被认为是回归中解释变量的系数, by (rep78) 代表以 rep78 进行分组。

使用 edit 命令打开数据编辑器窗口:

edit

如表 6-4 所示。可以看到, auto 数据集不复存在, 只剩下了估计的 5 个组的回归系数。第一列 rep78 代表分组变量 rep78 各组的数值, 后 5 列代表对应变量的系数估计结果。从行上看, 每一行都代表某一个组各变量系数的估计结果。

表 6-4 分组回归的解释变量系数

rep78	_b_mpg	_b_headroom	_b_weight	_b_length	_b_cons
1	0	0	0.9986486	0	1468.689
2	-1258.047	-2403.16	2.416981	-99.59206	49888.66
3	-143.1077	-341.6224	5.128911	-89.50298	10735.4
4	359.3517	-1567.041	-1.042459	144.919	-20850.86
5	136.9487	585.9668	3.552539	163.3356	-35374.29

(二) 提取样本可决系数

如果想提取每组回归的可决系数, 并且将其变量定义为 x1, 那么可以使用以下命令:

sysuse auto, clear

statsby x1 = e（r2），by（rep78）：reg price mpg headroom weight length

```
command:  regress price mpg headroom weight length
     x1:  e(r2)
     by:  rep78
```

```
Statsby groups
├─── 1 ───┼─── 2 ───┼─── 3 ───┼─── 4 ───┼─── 5
.....
```

其中，e（r2）代表每次回归时，样本可决系数存储在 e（r2）这个标量中。

然后，打开数据编辑器：

edit

如表 6 - 5 所示，里面列示了以 rep78 划分的各组以及各组对应的样本可决系数。

表 6 - 5 分组回归的样本可决系数

rep78	x1
1	1
2	0.8333834
3	0.598846
4	0.411917
5	0.8744041

（三）提取样本可决系数、样本量、各变量的系数与标准误

如果想提取各解释变量的系数、标准误、模型总体的样本可决系数与样本量，可以使用以下命令：

sysuse auto，clear

statsby x1 = e（r2）x2 = e（N）_b _se，by（rep78）：reg price mpg headroom weight length

其中，x2 = e（N）代表将各组回归中实际进行回归的样本量存储在变量 x2 中。

然后，打开数据编辑器：

edit

如表 6 - 6 所示，里面列示了以 rep78 划分的各组以及各组对应的样本可决系数。_b 开头代表各变量的回归系数，_se 开头代表各变量的标准误，_eq2_x1 代表可决系数，_eq2_x2 代表各回归中的样本量。

表 6 - 6 提取的可决系数等信息

rep78	_b_mpg	_b_headroom	_b_weight	_b_length	_b_cons	_se_mpg	_se_headroom	_se_weight	_se_length	_se_cons	_eq2_x1	_eq2_x2
1	0	0	0.9986486	0	1468.689	0	0	0	0	0	1	2
2	- 1258.047	- 2403.16	2.416981	- 99.59206	49888.66	1502.415	1832.317	16.03868	267.0186	45657.44	0.8333834	8

续表

rep78	_b_mpg	_b_headroom	_b_weight	_b_length	_b_cons	_se_mpg	_se_headroom	_se_weight	_se_length	_se_cons	_eq2_x1	_eq2_x2
3	−143. 1077	−341. 6224	5. 128911	−89. 50298	10735. 4	199. 5717	605. 2104	1. 396624	54. 73332	11066. 35	0. 598846	30
4	359. 3517	−1567. 041	−1. 042459	144. 919	−20850. 86	199. 4261	699. 2407	2. 684536	90. 28757	12558. 02	0. 411917	18
5	136. 9487	585. 9668	3. 552539	163. 3356	−35374. 29	96. 78558	946. 5105	3. 011578	116. 8193	16335. 43	0. 8744041	11

（四）提取回归中的 t 统计量

很多时候，也需要单独提取某些变量在各组回归中的 t 统计量。statsby 不能直接给出 t 统计量的结果。然而，可以根据 t 统计量与回归系数与标准误之间的关系进行计算，t 统计量 = 回归系数/标准误。大家可以再回头看输出的回归结果，自行计算它们的关系。也就是说，只要提取到了回归系数和系数的标准误，t 统计量自然能获得。

例如，想获得 mpg 变量在每组回归中的 t 统计量。

```
sysuse auto, clear
statsby _b _se, by (rep78): reg price mpg headroom weight length
gen t_mpg = _b_mpg/_se_mpg
keep rep78 _b_mpg _se_mpg t_mpg
edit
```

表 6 - 7 报告了分组回归后各组回归中 mpg 的系数、标准误和 t 值。

表 6 - 7　　　　　　　分组回归后 mpg 变量的系数、标准误与 t 值

rep78	_b_mpg	_se_mpg	t_mpg
1	0	0	
2	− 1258. 047	1502. 415	− 0. 8373501
3	− 143. 1077	199. 5717	− 0. 717074
4	359. 3517	199. 4261	1. 80193
5	136. 9487	96. 78558	1. 41497

三、程序法

可以使用以下程序保存分组回归中 mpg 的系数和 t 值：

```
sysuse auto, clear
local r = 5
mat B = J (`r', 3, .)
forvalues j = 1/`r' {
preserve
```

```
qui reg price mpg headroom weight length if rep78 = = `j'
mat s = [`j', _b [mpg], _b [mpg] ∕_se [mpg]]
mat B [`j', 1]  = s
restore
}
mat list B
drop  *
set obs `r'
svmat B, names（b）
```

在程序窗口录入以下命令，然后运行，就可以得到如表 6 - 8 的结果，其中 b1 代表分组；b2 代表 mpg 的系数；b3 代表 mpg 的 t 值。上述程序的具体含义和应用问题将在 "Stata 程序初步" 一章专门介绍。

表 6 - 8   分组后 mpg 的系数与 t 值

b1	b2	b3
1	0	
2	− 1258. 047	− 0. 8373501
3	− 143. 1077	− 0. 717074
4	359. 3517	1. 80193
5	136. 9487	1. 41497

四、分组回归提取系数等信息在学术研究中的应用举例

在实证公司金融领域与实证资本市场领域，分组回归提取信息拥有广泛的应用，举一些简单的例子。

第一，在计算过度投资或者过度薪酬时，通常需要分年度—行业估计正常的投资水平或者薪酬水平，然后计算过度投资或过度薪酬水平。在资本市场领域，Fama-Macbeth 回归需要先对每一个期间估计系数。

第二，在计算股价信息性或者股价同步性时，需要先对每个年度每只股票的日度样本进行回归，提取其 R2，这样才能计算每个年度—股票层面的股价同步性。

第三，在共同基金择时—选股能力的估计中，通常需要构造虚假的基金样本以排除运气因素的影响，此时往往需要估计每个回归中择时变量系数的 t 统计量。

第六节 e 族命令与 r 族命令简介

上一节介绍了分组回归后保存相关的信息，包括回归系数、标准误、样本可

决系数、样本量等。那么，这些信息在执行回归之后被放置在哪里？如何调用？

这就涉及 Stata 的命令族问题。常见的 Stata 命令包括两类——r 族命令与 e 族命令。r 族命令包括常见的统计命令，例如 summarize、tabulate、test、ttest、ranksum、median 等。e 族命令多见于回归类的命令，例如 regress、logit、probit 等。Stata 运行上述命令后，往往会把相关的参数保存在特定的标量、暂元以及矩阵中。上一节中涉及的回归系数、标准误、样本可决系数、样本量等信息的输出命令就可以看作从这些保存的标量、暂元以及矩阵调用的这些信息。

一、r 族命令与调用存储信息

对于不同的命令族而言，调用存储信息的命令存在差异，对于 r 族命令而言，调用信息的命令是 return，可以使用 return list 在命令窗口返回所有的存储信息。

以 summarize 命令为例，当运行完该命令后，样本量、均值、标准差、方差、最小值、最大值、总和等统计信息会被储存起来，此时可以用 return list 查看这些信息存储的形式。

sysuse auto，clear

sum price

return list

输出结果如下，可以看到，Stata 将 sum 命令的信息存储在了一系列标量（scalars）中。

```
scalars:
                r(N) =  74
            r(sum_w) =  74
             r(mean) =  6165.256756756757
              r(Var) =  8699525.974268789
               r(sd) =  2949.495884768919
              r(min) =  3291
              r(max) =  15906
              r(sum) =  456229
```

这些标量在以后的课程中还会用到，例如样本量 r（N）、均值 r（mean）、方差 r（Var）、标准差 r（sd）、最小值 r（min）、最大值 r（max）。

可以将输出后的某个参数（如均值），存储在特定名称的标量中：

scalar x1 = r（mean）

scalar list x1

```
. scalar list x1
      x1 =  6165.2568
```

可以看到，上述统计结果的均值已经被存储在名为 x1 的标量中。

二、e 组命令与调用存储信息

e 族命令调用存储信息的命令为 ereturn。

以 regress 为例，运行以下回归，然后查看其存储的参数。

reg price mpg

ereturn list

```
scalars:
                e(N) =  74
              e(df_m) =  1
              e(df_r) =  72
                e(F) =  20.25835256291881
                e(r2) =  .2195828561874971
              e(rmse) =  2623.652888667587
              e(mss) =  139449473.5462299
              e(rss) =  495615922.5753916
              e(r2_a) =  .2087437291901012
              e(ll) =  -686.5395809065244
              e(ll_0) =  -695.7128688987767
              e(rank) =  2

macros:
          e(cmdline) : "regress price mpg"
            e(title) : "Linear regression"
         e(marginsok) : "XB default"
              e(vce) : "ols"
            e(depvar) : "price"
              e(cmd) : "regress"
         e(properties) : "b V"
            e(predict) : "regres_p"
            e(model) : "ols"
         e(estat_cmd) : "regress_estat"
matrices:
              e(b) :  1 x 2
              e(V) :  2 x 2

functions:
              e(sample)
```

在运行 regress 命令之后，相关信息会被存储在一系列标量（scalars）、暂元（Macros）、矩阵（matrices）和函数（functions）中。其中标量和矩阵中的信息是最常用的，标量中的关键信息包括样本量 e(N)、可决系数 e(r2)、调整的可决系数 e(r2_a)，矩阵中的信息包括系数矩阵 e(b)、方差—协方差矩阵 e(V)。

暂元更多的是存储了一些字符信息，包括回归方程的命令、标题、标准误的形式等。函数信息，即 e（sample），之前在 predict 命令中提到过，代表的是进行回归的样本。

对于矩阵信息而言，可以直接使用矩阵命令查看这些信息：

matrix list e（b）

```
e(b)[1,2]
           mpg      _cons
y1  -238.89435   11253.061
```

结果显示，e（b）是1行2列的矩阵，汇报了 mpg 和常数项的系数。

matrix list e（V）

```
symmetric e(V)[2,2]
                 mpg          _cons
  mpg     2817.1347
_cons    -59997.356     1370802.5
```

这里报告了方差—协方差矩阵的对角线部分以及下半部分。

一般地，可以通过 help 命令查询每一个命令存储结果的相关信息。例如，通过"help regress"找到"stored results"部分，可以查询 regress 命令结果存储的信息。

三、存储信息的用处

在运行 r 族命令和 e 族命令后，很多情况下，需要保存存储信息中的某些部分，例如上一节中，需要存储回归系数、标准误、可决系数等信息，都是先调用这些原始存储的信息，调用完毕后再以需要的方式加以存储。

Stata 的 statsby 命令等也是类似的原理，包括在上一节介绍的 Stata 循环程序。

课后习题

1. 使用 Stata 软件进行一元线性回归。
2. 使用 Stata 软件进行多元线性回归。

第七章　异方差、自相关与多重共线性

本章将介绍异方差、自相关和多重共线性问题。现有实证研究中，异方差和自相关已不再是学者关注的重点，因为这两个问题不会影响系数的无偏性，并且面板数据中使用聚类稳健标准差可以很好地解决这两个问题（命令之后加上"robust"选项）。对于多重共线性而言，一般只需要处理交乘项或者高次方的共线性即可。尽管如此，作为传统计量经济学讨论的重要议题，本章仍要介绍这些问题的检验方法和处理思路。而在现有的实证研究中，当运行完基本回归之后，学者更需要关注的是内生性问题，本教材会在第十章加以介绍。

第一节　异方差问题

异方差的存在违背了古典回归模型中球星扰动项的假设，尽管这不会影响回归系数的无偏性和一致性，但会导致 F 检验和 t 检验失效。本节将简单介绍异方差问题的检验和处理策略。

一、异方差问题的检验方法

异方差问题的检验方法包括观察残差图、怀特检验和 BP 检验，后两种方法最为常用。通常，异方差在数据上的表现形式是残差与拟合值和某些解释变量存在关系，这也构成了检验异方差问题的基础，即分析残差与拟合值或者解释变量之间的关系。

（一）观察残差图

这种方法主要是通过观察残差与拟合值之间的关系图或者残差与某个特定的可能产生异方差问题的解释变量之间的关系图，以此识别内生性问题。使用 rvfplot 命令可以画出残差与拟合值的图形（见图 7-1），而使用"rvpplot + 解释变量"可以画出残差与解释变量的关系（见图 7-2）。

```
sysuse auto, clear
reg price mpg rep78 weight length
rvfplot
```

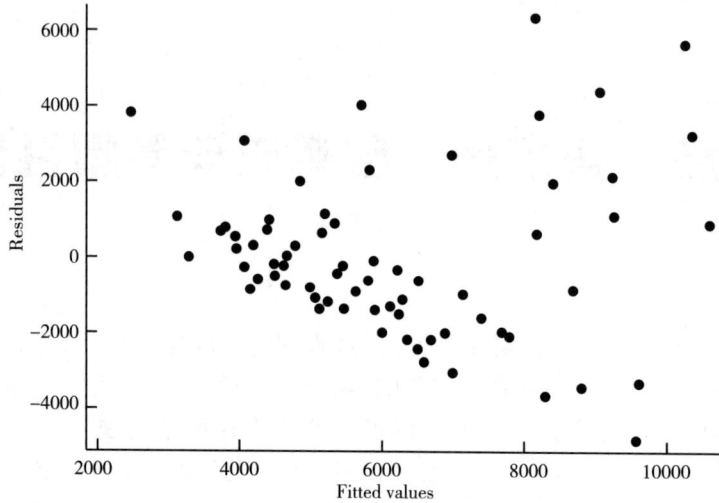

图 7 - 1　残差与拟合值的关系

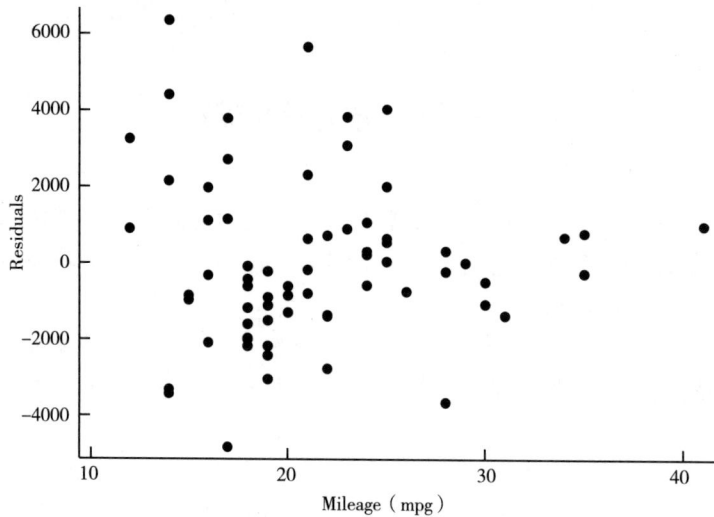

图 7 - 2　残差与 mpg 的关系

可以看到，纵轴为残差，横轴为拟合值，理想状态下（同方差状态），残差应该在不同的拟合值水平上有类似的分布，然而，图 7 - 1 有明显的趋势性，残差随着拟合值的增加呈现增加趋势，说明很可能存在异方差问题。

rvpplot mpg

怀疑异方差问题来自 mpg，所以绘制了残差与 mpg 的关系图，可以看到残差并非在不同的 mpg 水平上呈现类似的分布，而是存在较为明显的趋势或者波动。

总的来看，根据残差图的结果，有理由怀疑模型中存在异方差问题，但还需要进行精确检验。

（二）怀特检验

在回归后，输入以下命令：

estat imtest，white

结果如下所示，只需要关注表格上方的内容即可。可以看到，原假设为同方差（homoskedasticity），而备择假设为异方差（heteroskedasticity）。卡方检验的统计量为 37.3，p 值为 0.0007，强烈拒绝原假设，表明方程确实存在异方差。

```
White's test for Ho: homoskedasticity
       against Ha: unrestricted heteroskedasticity

       chi2(14)    =      37.30
       Prob > chi2 =     0.0007

Cameron & Trivedi's decomposition of IM-test
```

Source	chi2	df	p
Heteroskedasticity	37.30	14	0.0007
Skewness	8.75	4	0.0677
Kurtosis	1.19	1	0.2759
Total	47.23	19	0.0003

（三）BP 检验

BP 检验主要使用以下命令：

estat hetest　　　　//默认设置为使用拟合值，分析拟合值与残差的关系

estat hetest，rhs　　//使用方程中所有的解释变量，分析解释变量与残差的关系

estat hetest x1　　　//使用某个解释变量 x1，分析解释变量 x1 与残差的关系

分别进行上述三种形式的 BP 检验：

estat hetest

```
Breusch-Pagan / Cook-Weisberg test for heteroskedasticity
       Ho: Constant variance
       Variables: fitted values of price

       chi2(1)     =      21.13
       Prob > chi2 =     0.0000
```

estat hetest，rhs

```
Breusch-Pagan / Cook-Weisberg test for heteroskedasticity
       Ho: Constant variance
       Variables: mpg rep78 weight length

       chi2(4)     =      29.07
       Prob > chi2 =     0.0000
```

estat hetest mpg

```
Breusch-Pagan / Cook-Weisberg test for heteroskedasticity
       Ho: Constant variance
       Variables: mpg

       chi2(1)     =       7.08
       Prob > chi2 =     0.0078
```

可以看到，上述三种形式的检验的 p 值都低于 0.01，都拒绝原假设（同方差），表明模型中存在异方差。此外，可以看到，BP 检验中的原假设为同方差（constant variance），而三类检验中涉及的检验与残差关系的变量不同，第一类是判断 price 的拟合值与残差的关系；第二类是判断所有解释变量与残差的关系；第三类是判断 mpg 与残差的关系，每类检验都是检验残差是否与这些变量存在关系。

二、异方差的处理方法

（一）加权最小二乘法

```
sysuse auto, clear
reg price mpg rep78 weight length
predict r1, res
g r12 = r1^2
g lnr12 = log（r12）
reg lnr12 mpg, noc
```

Source	SS	df	MS		Number of obs	=	69
					F(1, 68)	=	483.45
Model	11999.4598	1	11999.4598		Prob > F	=	0.0000
Residual	1687.78028	68	24.8202983		R-squared	=	0.8767
					Adj R-squared	=	0.8749
Total	13687.2401	69	198.365798		Root MSE	=	4.982

lnr12	Coef.	Std. Err.	t	P>|t|	[95% Conf. Interval]	
mpg	.5974675	.027173	21.99	0.000	.5432447	.6516903

首先，计算原方程的残差 r1，取平方得到 r12，再取对数得到 lnr12；其次，使用处理后的残差 lnr12 对解释变量 mpg 回归（无常数项），可以看到，可决系数为 0.8767，说明 mpg 可以解释残差的绝大部分。下一步就是使用预测的残差作为权重进行回归，具体命令如下：

```
predict lnr12f
g r12f = exp（lnr12f）
reg price mpg rep78 weight length [aw = 1/r12f]
```

Source	SS	df	MS		Number of obs	=	69
					F(4, 64)	=	29.54
Model	515518260	4	128879565		Prob > F	=	0.0000
Residual	279179801	64	4362184.39		R-squared	=	0.6487
					Adj R-squared	=	0.6267
Total	794698061	68	11686736.2		Root MSE	=	2088.6

price	Coef.	Std. Err.	t	P>|t|	[95% Conf. Interval]	
mpg	-1021.571	301.1475	-3.39	0.001	-1623.183	-419.9598
rep78	-964.7347	429.3987	-2.25	0.028	-1822.557	-106.9122
weight	5.29695	2.050253	2.58	0.012	1.2011	9.392801
length	-231.6204	55.76719	-4.15	0.000	-343.0282	-120.2126
_cons	55740.81	9090.202	6.13	0.000	37581.04	73900.57

取得残差对 mpg 的预测值，将预测值求指数，得到还原后的预测残差（原本预测的 lnr12f 是残差平方的对数值，预测完毕后还原），最终使用预测残差的倒数作为权重进行回归检验。

（二）异方差稳健标准差

一种较为灵活的方式是使用稳健标准差的方法，即在回归方程后加 r：

reg price mpg rep78 weight length，r

Linear regression

				Number of obs	=	69
				F(4, 64)	=	10.59
				Prob > F	=	0.0000
				R-squared	=	0.4422
				Root MSE	=	2242.1

price	Coef.	Robust Std. Err.	t	P>|t|	[95% Conf. Interval]	
mpg	-106.7122	81.99852	-1.30	0.198	-270.5231	57.0987
rep78	910.9859	266.3747	3.42	0.001	378.8414	1443.13
weight	4.959534	1.883978	2.63	0.011	1.195856	8.723213
length	-115.0177	59.23779	-1.94	0.057	-233.3588	3.323421
_cons	11934.51	6832.211	1.75	0.085	-1714.403	25583.42

对比不计算稳健标准差的结果：

reg price mpg rep78 weight length

Source	SS	df	MS	Number of obs	=	69
				F(4, 64)	=	12.68
Model	255066807	4	63766701.9	Prob > F	=	0.0000
Residual	321730151	64	5027033.62	R-squared	=	0.4422
				Adj R-squared	=	0.4074
Total	576796959	68	8482308.22	Root MSE	=	2242.1

price	Coef.	Std. Err.	t	P>|t|	[95% Conf. Interval]	
mpg	-106.7122	81.15836	-1.31	0.193	-268.8446	55.42027
rep78	910.9859	304.5274	2.99	0.004	302.6226	1519.349
weight	4.959534	1.119624	4.43	0.000	2.722827	7.196241
length	-115.0177	38.56456	-2.98	0.004	-192.0592	-37.97612
_cons	11934.51	5774.178	2.07	0.043	399.2604	23469.75

可以看到，稳健标准差的方法中，std. Err. 改成了 Robust Std. Err.。另外，两种方法估计的系数完全相同，差别在于标准误的结果以及与标准误有关的 t 值、p 值、置信区间等。

提示 7-1：实践中，通常使用稳健标准差方法解决异方差问题，加权最小二乘虽然有效，但很难找到模型残差的准确形式，也就很难找到最有效的权重。简单点说，如果你担忧有异方差问题，直接在回归后面加"，r"就能解决了。

第二节　自相关

古典 ols 模型假定残差是"无序列相关"，然而，自相关可能会违背这一假设。自相关问题的存在不会影响系数的无偏性，但会导致 t 检验和 F 检验失效。本节主要介绍检验自相关的方法以及处理自相关问题的方法。由于自相关多见于时间序列数据，首先对时间序列变量的处理进行简要说明。

一、时间序列数据定义与算子

（一）时间序列数据的定义

在拿到时间序列数据后，需要先定义（声明）该数据是时间序列数据，其基本命令格式为 "tsset x1"，该命令以 x1 为代表时间的变量名。以 "qsales" 数据集为例，该数据包括 csales、isales、t 三个变量，其中，t 变量是从 1~20 的时间变量。

```
webuse qsales
tsset t

time variable:  t, 1 to 20
        delta:  1 unit
```

这样就定义了时间序列数据，并且以变量 t 作为代表时间的变量。

（二）时间序列的三个算子——前推、滞后和差分

在定义了时间序列数据后，可以对变量进行前推、滞后和差分处理。

前推算子用 f 来表示，具体命令格式为：

```
gen fcsales = f. csales
gen f2csales = f2. csales
```

上述命令分别表示生成 csales 变量前推 1 期和 2 期的变量。

滞后算子用 l 来表示，具体命令格式为：

```
gen lcsales = l. csales
gen l2csales = l2. csales
```

上述命令分别表示生成 csales 变量滞后 1 期和 2 期的变量。

差分算子用 d 来表示，具体命令格式为：

```
gen dcsales = d. csales
gen d2csales = d2. csales
```

上述命令分别表示生成 csales 变量的差分变量和二次差分（差分的差分）。

前推、滞后与差分算子可以交叉运用：

```
gen ldcsales = l. d. csales
gen l2dcsales = l2. d. csales
```

上述命令分别表示生成 csales 一阶滞后附加一阶差分变量以及二阶滞后附加一阶差分变量。

```
sort t
list t  * csales *  in 1/8
```

	t	csales	fcsales	f2csales	lcsales	l2csales	dcsales	d2csales	ldcsales	l2dcsales
1.	1	20.96	21.4	21.96	.	.	.	.	.	.
2.	2	21.4	21.96	21.52	20.96	.	.4400005	.	.	.
3.	3	21.96	21.52	22.39	21.4	20.96	.5599995	.1199989	.4400005	.
4.	4	21.52	22.39	22.76	21.96	21.4	-.4399986	-.9999981	.5599995	.4400005
5.	5	22.39	22.76	23.48	21.52	21.96	.8699989	1.309998	-.4399986	.5599995
6.	6	22.76	23.48	23.66	22.39	21.52	.3700008	-.4999981	.8699989	-.4399986
7.	7	23.48	23.66	24.1	22.76	22.39	.7199993	.3499981	.3700008	.8699989
8.	8	23.66	24.1	24.01	23.48	22.76	.1800003	-.539999	.7199993	.3700008

　　读者可以根据这些结果理解前推、滞后和差分的计算方法。还需要注意的是，每一阶的前推、滞后和差分处理都会至少形成1个缺失值。如果时间序列存在跳跃（如从第1期跳到第3期），那么会形成更多的缺失值。

二、自相关的检验方法

（一）观察残差的自相关和偏自相关图

残差的自相关和偏自相关图分别用 ac 和 pac 命令。

webuse qsales

reg csales isales

predict e1，res

ac e1

pac e1

　　残差的自相关和偏自相关图如图7-3和图7-4所示。其中，横轴代表阶数，图7-3和图7-4的竖杠代表对应阶数的自相关系数（偏自相关系数）。当竖杠超过了阴影区域时，可以认为存在对应阶数的自相关。通过观察可知，e1存在一阶自相关。

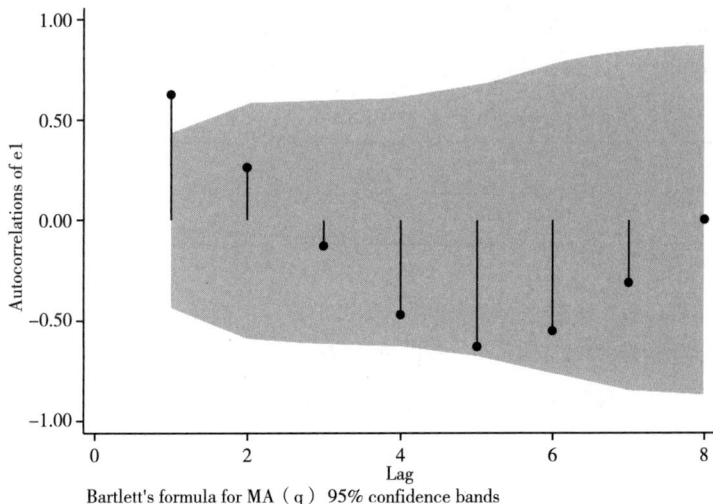

图 7-3　残差的自相关图

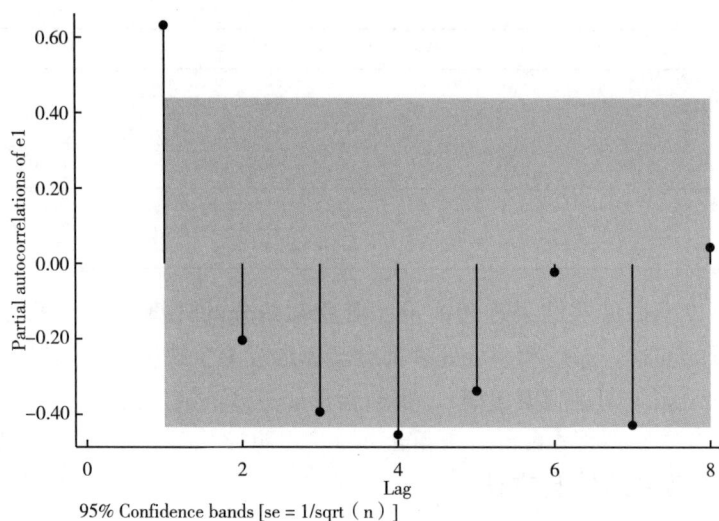

图 7 - 4　残差的偏自相关图

（二）DW 检验

DW 检验的全称 Durbin-Watson D 统计变量检验，在回归之后，输入以下命令：

```
estat dwatson
```

```
Durbin-Watson d-statistic( 2,    20) =  .7347276
```

DW 检验只提供一个统计量的数值，至于该数值是否说明存在自相关，则需要根据经验加以判断。由于 DW 检验较为主观，故在实践中较少的运用。

（三）Breusch-Godfrey 检验

在回归之后，直接输入以下命令：

```
estat bgodfrey
```

```
Breusch-Godfrey LM test for autocorrelation
```

lags(p)	chi2	df	Prob > chi2
1	7.998	1	0.0047

```
H0: no serial correlation
```

Breusch-Godfrey 检验的原假设是无序列相关，而上述检验的 p 值为 0.0047，小于 0.01，表明原假设不成立，所以残差存在自相关。

如果怀疑 1 阶自相关存在，可以在命令中指定阶数：

```
estat bgodfrey, lags （1）
```

```
Breusch-Godfrey LM test for autocorrelation
```

lags(p)	chi2	df	Prob > chi2
1	7.998	1	0.0047

```
                    H0: no serial correlation
```

（四）Ljung-Box Q 检验

在回归并预测残差（假定残差命名为 e1）后，可以对残差进行 Ljung-Box Q 检验，其具体命令为：

wntestq e1

```
Portmanteau test for white noise

  Portmanteau (Q) statistic =     41.7391
  Prob > chi2(8)            =      0.0000
```

类似地，可以指定 Q 检验的阶数：

wntestq e1，lag（1）

```
Portmanteau test for white noise

  Portmanteau (Q) statistic =      9.0751
  Prob > chi2(1)            =      0.0026
```

三、处理自相关的方法

（一）OLS + 异方差自相关稳健标准误

OLS + 异方差自相关文件标准误的估计可以使用 newey 命令：

newey y x1 x2，lag（lagvalue）

以所处理的数据为例：

newey csales isales，lag（2）

```
Regression with Newey-West standard errors        Number of obs  =          20
maximum lag: 2                                     F(  1,     18) =    14444.24
                                                   Prob > F       =      0.0000
```

csales	Coef.	Newey-West Std. Err.	t	P>|t|	[95% Conf. Interval]	
isales	.1762828	.0014668	120.18	0.000	.1732013	.1793644
_cons	-1.454753	.2212708	-6.57	0.000	-1.919626	-.9898804

其中，标准误为 Newey-West 标准误。而最大滞后阶数（截断参数）的建议阶数 =（样本量 n）^（1/4）= 20^（1/4）= 2.11，所以使用 2 阶最大滞后。

对比 Newey-West 标准误与普通 obs 检验的差别：

regress csales isales

Source	SS	df	MS			
Model	110.256901	1	110.256901			
Residual	.133302302	18	.007405683			
Total	110.390204	19	5.81001072			

Number of obs = 20
F(1, 18) = 14888.15
Prob > F = 0.0000
R-squared = 0.9988
Adj R-squared = 0.9987
Root MSE = .08606

csales	Coef.	Std. Err.	t	P>|t|	[95% Conf. Interval]	
isales	.1762828	.0014447	122.02	0.000	.1732475	.1793181
_cons	-1.454753	.2141461	-6.79	0.000	-1.904657	-1.004849

可以看到，Newey-West 标准误与普通 obs 检验的系数相同（Newey-West 标准误只是变更了标准误的估计方法，没有改变系数的估计方法，而且，自相关存在时 OLS 估计的系数本身就是无偏的，不需要修改），标准误类似。

可以更改一下最大滞后参数，看回归结果是否对截断参数敏感：

newey csales isales，lag（5）

Regression with Newey-West standard errors
maximum lag: 5

Number of obs = 20
F(1, 18) = 17002.31
Prob > F = 0.0000

csales	Coef.	Newey-West Std. Err.	t	P>|t|	[95% Conf. Interval]	
isales	.1762828	.0013519	130.39	0.000	.1734425	.1791231
_cons	-1.454753	.2032938	-7.16	0.000	-1.881857	-1.027649

可以看到，无论使用 2 阶还是 5 阶截断参数，标准误变化不大，所以使用该方法处理自相关没有问题。

（二）可行广义最小二乘法（FGLS）

处理自相关的另一种方法是可行广义最小二乘法，其基本命令为：

prais y x1 x2，corc

其中，"corc" 代表使用 CO 估计法，默认使用 PW 估计法。

首先，使用 PW 估计法进行估计：

prais csales isales

```
Iteration 0:  rho = 0.0000
Iteration 1:  rho = 0.6312
Iteration 2:  rho = 0.6500
Iteration 3:  rho = 0.6528
Iteration 4:  rho = 0.6532
Iteration 5:  rho = 0.6533
Iteration 6:  rho = 0.6533
Iteration 7:  rho = 0.6533
Iteration 8:  rho = 0.6533
```

Prais-Winsten AR(1) regression -- iterated estimates

Source	SS	df	MS			
Model	60.8198448	1	60.8198448			
Residual	.079049867	18	.004391659			
Total	60.8988947	19	3.20520498			

Number of obs = 20
F(1, 18) = 13848.94
Prob > F = 0.0000
R-squared = 0.9987
Adj R-squared = 0.9986
Root MSE = .06627

csales	Coef.	Std. Err.	t	P>|t|	[95% Conf. Interval]	
isales	.1749874	.0023848	73.38	0.000	.1699773	.1799976
_cons	-1.267818	.3549307	-3.57	0.002	-2.0135	-.5221362
rho	.6532947					

```
Durbin-Watson statistic (original)      0.734728
Durbin-Watson statistic (transformed)   1.711080
```

可以看到，DW 值由 0.734 改进为 1.711。在回归正式报告前的 9 行代表迭代计算的过程（Iteration），迭代的最终目的是最大化 rho，使之收敛。然后报告了 Prais-Winsten AR（1）的回归结果（迭代估计）。

其次，使用 CO 方法进行估计：

prais csales isales, corc nolog

```
Cochrane-Orcutt AR(1) regression -- iterated estimates
```

Source	SS	df	MS		Number of obs =	19
					F(1, 17) =	554.96
Model	2.33964999	1	2.33964999		Prob > F =	0.0000
Residual	.071670672	17	.004215922		R-squared =	0.9703
					Adj R-squared =	0.9685
Total	2.41132066	18	.133962259		Root MSE =	.06493

csales	Coef.	Std. Err.	t	P>|t|	[95% Conf. Interval]	
isales	.1605672	.006816	23.56	0.000	.1461867	.1749476
_cons	1.714594	1.422706	1.21	0.245	-1.287054	4.716242
rho	.9580877					

```
Durbin-Watson statistic (original)      0.734728
Durbin-Watson statistic (transformed)   1.723787
convergence not achieved
```

其中，"nolog" 代表不显示迭代过程。可以看到，DW 值从 0.734 改善到 1.723，然而，该模型在迭代过程中无法实现收敛。

需要注意的是，实践中自相关可能来自遗漏变量等模型设定偏误问题，所以不能盲目地使用 FGLS 简单解决模型中的自相关问题，需要具体情况具体分析。

第三节 多重共线性

当某些解释变量能够用其他解释变量线性表示，那么就产生了多重共线性问题。多重共线性并不会影响系数的无偏性，却可能因为方差过大导致系数估计结果不准确。

一、完全多重共线性

在极少的情况下，某些解释变量能够完全被其他解释变量线性表示，这就产生了完全多重共线性问题。不过，Stata 会自动删除存在多重共线性的变量，使剩余的变量不再存在完全共线性。

```
sysuse auto, clear
tabulate rep78, gen (rep78)
```

Repair Record 1978	Freq.	Percent	Cum.
1	2	2.90	2.90
2	8	11.59	14.49
3	30	43.48	57.97
4	18	26.09	84.06
5	11	15.94	100.00
Total	69	100.00	

```
reg price mpg headroom rep781 – rep785
```

```
. reg price mpg headroom rep781-rep785
note: rep782 omitted because of collinearity
```

Source	SS	df	MS		Number of obs =	69
					F(6, 62) =	3.74
Model	153228440	6	25538073.3		Prob > F =	0.0031
Residual	423568519	62	6831750.31		R-squared =	0.2657
					Adj R-squared =	0.1946
Total	576796959	68	8482308.22		Root MSE =	2613.8

price	Coef.	Std. Err.	t	P>|t|	[95% Conf. Interval]	
mpg	-297.1542	65.40836	-4.54	0.000	-427.9037	-166.4048
headroom	-334.6746	426.4413	-0.78	0.436	-1187.119	517.7695
rep781	-1389.807	2170.058	-0.64	0.524	-5727.692	2948.078
rep782	0	(omitted)				
rep783	483.507	1043.463	0.46	0.645	-1602.345	2569.359
rep784	724.3425	1127.766	0.64	0.523	-1530.03	2978.715
rep785	2115.893	1328.571	1.59	0.116	-539.8823	4771.668
_cons	12780.23	2382.261	5.36	0.000	8018.153	17542.3

tabulate 命令是将 rep78 的 5 个取值分别定义五个虚拟变量，包括 rep781、rep782、rep783、rep784、rep785。这五个变量是完全共线性。

然而将上述生成的 5 个变量置于回归方程中进行检验，可以看到，5 个虚拟变量中的 rep782 由于完全共线性被删除。rep781 的系数可以看作是，与 rep78 = 2 的汽车价格相比，rep78 = 1 的汽车价格高多少。rep783 的系数可以看作是，与 rep78 = 2 的汽车价格相比，rep78 = 3 的汽车价格高多少。

二、部分多重共线性

（一）识别多重共线性的方法——方差膨胀因子

在进行回归之后，可以使用 estat vif 估计各变量的方差膨胀因子，一般而言，vif 值高于 10 的变量可以认为存在较为严重的多重共线性问题。

```
reg price mpg headroom rep78
```

estat vif

Variable	VIF	1/VIF
mpg	1.39	0.719906
rep78	1.19	0.837928
headroom	1.19	0.840137
Mean VIF	1.26	

可以看到，最大的 VIF 值为 1.39，小于 10，故模型中不存在多重共线性问题。

（二）多重共线性的处理

如果关注的变量没有多重共线性问题，那么即使其他变量存在多重共线性问题，那也不会影响所关注变量系数的方差和准确性，不需要进行处理。

1. 交乘项产生的多重共线性

一般而言，实践中较为关注的多重共线性问题有两类：一是，模型中同时加入解释变量本身和其高次方项；二是，模型中加入了解释变量的交乘项。一方面，进行上述处理的变量都是需要关注的解释变量；另一方面，上述处理确实容易导致多重共线性问题。

以存在交乘项的方程为例：

g mpgrep78 = mpg * rep78

reg price mpg headroom rep78 mpgrep78

Source	SS	df	MS
Model	189788678	4	47447169.6
Residual	387008281	64	6047004.38
Total	576796959	68	8482308.22

Number of obs = 69
F(4, 64) = 7.85
Prob > F = 0.0000
R-squared = 0.3290
Adj R-squared = 0.2871
Root MSE = 2459.1

price	Coef.	Std. Err.	t	P>|t|	[95% Conf. Interval]	
mpg	-902.0316	241.9991	-3.73	0.000	-1385.48	-418.5829
headroom	-574.7436	395.549	-1.45	0.151	-1364.944	215.4564
rep78	-2472.772	1247.235	-1.98	0.052	-4964.41	18.86502
mpgrep78	146.0228	55.88081	2.61	0.011	34.38804	257.6575
_cons	24571.96	5616.324	4.38	0.000	13352.06	35791.86

estat vif

Variable	VIF	1/VIF
mpgrep78	51.67	0.019352
mpg	22.66	0.044122
rep78	17.14	0.058334
headroom	1.28	0.780790
Mean VIF	23.19	

可以看到，加入交乘项后，交乘项本身和构成交乘项的两个变量 mpg 和

rep78 的方差膨胀因子高于 10，故模型中存在多重共线性。

2. 处理多重共线性的方法——变量去中心化

在交乘项的使用中，可以将变量进行去中心化处理：

center mpg, gen（mpg0）standardize

center rep78, gen（rep780）standardize

通过上述处理可以生成两个单项变量 mpg 和 rep78 的均值为 0、方差为 1 的去中心化变量 mpg0 和 rep780，其中，"standardize"选项是将去中心化的变量除以其标准差，以使其标准差标准化为 1，缺失这一选项只会生成原始变量减去其均值的结果（只让均值为 0，标准差不处理）。

sum mpg0 rep780

Variable	Obs	Mean	Std. Dev.	Min	Max
mpg0	74	1.30e-07	1	-1.606999	3.40553
rep780	69	8.21e-08	1	-2.430264	1.610416

可以看到，中心化处理后的变量均值近似为 0，标准差为 1。

然后将去中心化的变量交乘，得到新的交乘项，最后进行回归。

g mpg0rep780 = mpg0 * rep780

reg price mpg0 headroom rep780 mpg0rep780

Source	SS	df	MS		Number of obs =	69
					F(4, 64) =	7.85
Model	189788677	4	47447169.3		Prob > F =	0.0000
Residual	387008282	64	6047004.4		R-squared =	0.3290
					Adj R-squared =	0.2871
Total	576796959	68	8482308.22		Root MSE =	2459.1

price	Coef.	Std. Err.	t	P>|t|	[95% Conf. Interval]	
mpg0	-2341.437	430.555	-5.44	0.000	-3201.569	-1481.304
headroom	-574.7436	395.549	-1.45	0.151	-1364.944	215.4564
rep780	630.7038	326.0222	1.93	0.057	-20.60029	1282.008
mpg0rep780	836.3099	320.0437	2.61	0.011	196.9491	1475.671
_cons	7531.021	1196.1	6.30	0.000	5141.536	9920.506

最后，估计中心化处理后的方差膨胀因子 VIF：

estat vif

Variable	VIF	1/VIF
mpg0	2.14	0.466565
mpg0rep780	1.66	0.600971
headroom	1.28	0.780790
rep780	1.20	0.836637
Mean VIF	1.57	

可以看到，这样处理之后，最大的方差膨胀因子只有 2.14，可以认为修改后的结果不再存在多重共线性问题。

第四节 课程示例

本例以公司金融学中常见的非效率投资估计为例，讲解数据下载、数据导入、预处理、回归和预测等过程。

本例以刘慧龙、王成方、吴联生（2014）在《经济研究》发表的论文为例讲解如何估计上市公司 2003～2018 年的非效率投资，其中，把公司年龄（Age）定义更改为上市公司成立的年限而非上市的年限，其他定义相同。

该篇论文借鉴 Richardson（2006）的模型来估计投资效率。具体地，使用的模型如下：

$$Invest_t = \beta_0 + \beta_1 Growth_{t-1} + \beta_2 Lev_{t-1} + \beta_3 Cash_{t-1} + \beta_4 Age_{t-1} + \beta_5 Size_{t-1}$$
$$+ \beta_6 Return_{t-1} + \beta_7 Invest_{t-1} + \varepsilon$$

Invest 为新增投资，*Invest* =（资本支出 + 并购支出 - 出售长期资产收入 - 折旧）/总资产，其中，资本支出为现金流量表（直接法）中的"构建固定资产、无形资产及其他长期资产的支出"项目；并购支出为现金流量表（直接法）中的"取得子公司及其他营业单位支付的现金净额"项目；出售长期资产收入为现金流量表（直接法）中的"处置固定资产、无形资产和其他长期资产收回的现金净额"项目，折旧为现金流量表（间接法）中的"当期折旧费用"；*Growth* 为公司的投资机会，它等于上期营业收入的增长率；*Lev* 为公司的资产负债率，它等于总负债除以总资产；*Cash* 等于现金及现金等价物除以总资产；*Age* 为公司的上市年限，它等于公司上市年限的自然对数；*Size* 为公司规模，它等于总资产的自然对数；*Return* 为公司股票年度回报，采用考虑现金红利再投资的年个股回报率；此外，模型（1）还控制了年度效应和行业效应。模型（1）估计的残差（Xinvest）的绝对值（AbsXinvest），即为衡量公司投资效率的指标，其值越大，非效率投资程度越高，投资效率越低。

一、下载数据——国泰安数据库

首先，需要从国泰安数据库下载对应的数据，下载文件统一为 Excel 2007 格式，下载路径和对应变量如下：

（一）财务报表数据的下载

财务报表数据的下载路径为"首页/数据中心/单表查询/公司研究系列/财务报表"。然后从上述路径下载对应财务报表的字段：

资产负债表中的字段包括——现金、资产、负债、固定资产净值、在建工程。

利润表中的字段包括——销售收入。

现金流量表直接法中的字段包括——构建固定资产的支出、处置固定资产的收入、购买子公司的支出。

现金流量表间接法的字段包括——折旧。

时期选择：2000 – 01 – 01 至 2019 – 12 – 31

条件筛选：会计期间 = 合并报表

财务报表披露的是年报、半年报、季报中的合并报表数据和母公司数据，而只需要合并报表的年度数据。因为需要的是合并报表的内容，所以在条件筛选中需要选择"会计期间 = 合并报表"。如图 7 – 5 所示。

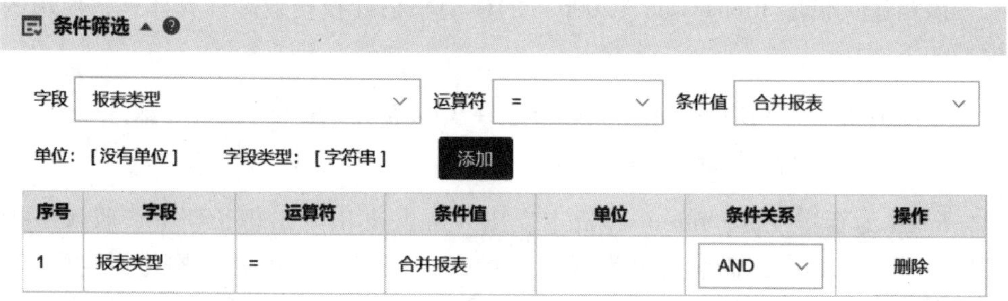

图 7 – 5 合并报表的条件筛选

（二）股票收益数据下载

下载路径为"首页/数据中心/单表查询/股票市场系列/股票市场交易/个股交易数据/年个股回报率文件"，选择字段"考虑分红的个股回报率"，时期选择"2000 ~ 2019 年"，条件筛选不需要做。

（三）年龄和行业数据下载

下载路径为"首页/数据中心/单表查询/公司研究系列/上市公司基本信息/上市公司基本信息年度表"，选择字段"行业代码、成立日期"，时间选择 2000 ~ 2019 年，条件筛选不需要添加。

数据下载情况如表 7 – 1 所示，为了演示的方便，将下载的 Excel2007 分别命名为 zichanfuzhai、lirunbiao、xianjinzhijie、xianjinjianjie、jibenxinxi、return，然后置于"D：\ 示例 \ investmentefficiency"文件夹中。

表 7 – 1 　　　　　　　　　　　　　　数据下载情况

数据来源	下载路径	下载字段	时期选择	下载条件	下载文件格式	修改后的名称
资产负债表	首页/数据中心/单表查询/公司研究系列/财务报表	现金、资产、负债、固定资产净值、在建工程	2000 – 01 – 01 至 2019 – 12 – 31	会计期间 = 合并报表	Excel2007	zichanfuzhai

续表

数据来源	下载路径	下载字段	时期选择	下载条件	下载文件格式	修改后的名称
利润表	首页/数据中心/单表查询/公司研究系列/财务报表	销售收入	2000 – 01 – 01 至 2019 – 12 – 31	会计期间 = 合并报表	Excel2007	lirunbiao
现金流量表直接法	首页/数据中心/单表查询/公司研究系列/财务报表	构建固定资产的支出、处置固定资产的收入、购买子公司的支出	2000 – 01 – 01 至 2019 – 12 – 31	会计期间 = 合并报表	Excel2007	xianjinzhijie
现金流量表间接法	首页/数据中心/单表查询/公司研究系列/财务报表	折旧	2000 – 01 – 01 至 2019 – 12 – 31	会计期间 = 合并报表	Excel2007	xianjinjianjie
基本信息表	首页/数据中心/单表查询/公司研究系列/上市公司基本信息/上市公司基本信息年度表	行业代码、成立日期	2000 ~ 2019 年	无	Excel2007	jibenxinxi
股票收益表	首页/数据中心/单表查询/股票市场系列/股票市场交易/个股交易数据/年个股回报率文件	考虑分红的个股回报率	2000 ~ 2019 年	无	Excel2007	return

提示 7 – 2：尽管需要计算 2003 ~ 2018 年的非效率投资，但是在下载数据时，需要拓展上述下载的时间，例如 2000 ~ 2019 年，因为有些指标需要滞后或者前推的问题。读者在实践中处理数据也应该如此，适当多下载几年的数据。

二、导入数据

关键词：cd 命令（将默认路径置于保存 Excel 文件的文件夹中）、import 命令、labone 命令（需要安装）、drop 命令、keep 命令、date 函数、year 函数、month 函数、sort 命令（为匹配做准备）。

具体这些命令的用法可以参看第三章课后的例 2。

```
cd D：\ 示例 \ investmentefficiency
import excel jibenxinxi. xlsx, sheet（"sheet1"）cellrange（A1：e43047）firstrow clear
ssc install labone
labone, nrow（1 2）
```

```
drop in 1/2
rename Symbol stock
g time = date (EndDate,"YMD")
drop time
g t = date (EndDate,"YMD")
g year = year (t)
sum year stock
destring stock, replace force
sort stock year
save jibenxinxi
import excel return. xlsx, sheet("sheet1") cellrange (A1: c44219) firstrow clear
labone, nrow (1 2)
drop in 1/2
rename Stkcd stock
rename Trdynt year
destring stock year, replace
sort stock year
save return
import excel zichanfuzhai. xlsx, sheet("sheet1") cellrange (A1: h213822) firstrow
clear
labone, nrow (1 2)
drop in 1/2
rename Stkcd stock
g t = date (Accper,"YMD")
g year = year (t)
g month = month (t)
keep if month = = 12
destring stock, replace force
sort stock year
save zichanfuzhai
import excel lirunbiao. xlsx, sheet ("sheet1") cellrange (A1: d213982) firstrow
clear
labone, nrow (1 2)
drop in 1/2
rename Stkcd stock
g t = date (Accper,"YMD")
g year = year (t)
g month = month (t)
```

```
keep if month = = 12
destring stock, replace force
sort stock year
save lirunbiao
import excel xianjinzhijie. xlsx, sheet（"sheet1"）cellrange（A1：i201645）firstrow clear
labone, nrow（1 2）
drop in 1/2
rename Stkcd stock
g t = date（Accper,"YMD"）
g year = year（t）
g month = month（t）
keep if month = = 12
destring stock, replace force
sort stock year
save xianjinzhijie
import excel xianjinjianjie. xlsx, sheet（"sheet1"）cellrange（A1：d133416）
firstrow clear
labone, nrow（1 2）
drop in 1/2
rename Stkcd stock
g t = date（Accper,"YMD"）
g year = year（t）
g month = month（t）
keep if month = = 12
destring stock, replace force
sort stock year
save xianjinjianjie
```

将之前下载并修改过名称的 Excel 数据导入 Stata 数据中，名称为 zichan-fuzhai、lirunbiao、xianjinzhijie、xianjinjianjie、jibenxinxi、return，这些数据必须是公司—年度层面的数据，所以在 zichanfuzhai、lirunbiao、xianjinzhijie、xianjinjianjie 数据中剔除非年报的数据（keep if month = = 12），按照 stkcd year 进行排序，以方便下一步合并数据。

表 7 - 2 是国泰安下载数据的基本结构，可以看到，希望第 1 行作为变量名，第 2、第 3 行作为变量的标签。import 数据中 cellrange 代表要下载的数据范围，这需要查看 Excel 文件中的数据范围。import 命令先将第一行作为变量名（通过 firstrow），其他行作为数据，以此导入 Stata 中。而 labone 命令是将 Stata 数据的哪几行作为变量标签，这里是将转换为 Stata 数据的第 1、第 2 行（Excel 数据中的第 2、第 3 行）作为标签，然后删去第 1、第 2 行非数据的部分（drop in 1/2）。

表 7 - 2   国泰安下载的 Excel 数据结构

Stkcd	Accper	Typrep	A001101000	A001212000	A001213000	A001000000	A002000000
证券代码	会计期间	报表类型	货币资金	固定资产净额	在建工程净额	资产总计	负债合计
没有单位	没有单位	没有单位	元	元	元	元	元
000001	2000 – 01 – 01	A		1388776920	375573388	43912394151	42770790266
000001	2000 – 06 – 30	A		1434031636	586453834	49732336516	46653823960
000001	2000 – 12 – 31	A		1587091454	309717258	67227499769	62488616114
000001	2001 – 01 – 01	A		1587091454	309717258	66006167607	62488616114
000001	2001 – 06 – 30	A		1725761226	397029908	85181426762	80219602613
000001	2001 – 12 – 31	A		1763256906	475151128	1.20127E + 11	1.16499E + 11
000001	2002 – 01 – 01	A		1763256906	475151128	1.20127E + 11	1.16499E + 11
000001	2002 – 03 – 31	A		1779464533	408257865	1.10689E + 11	1.06877E + 11
000001	2002 – 06 – 30	A		2075915013	93360363	1.34689E + 11	1.30747E + 11
000001	2002 – 09 – 30	A		2082383997	13516316	1.60022E + 11	1.55964E + 11

三、数据合并——sort 命令、merge 命令

```
use zichanfuzhai, clear
sort stock year
merge stock year using lirunbiao
drop _merge
sort stock year
merge stock year using xianjinzhijie
drop _merge
sort stock year
merge stock year using xianjinjianjie
drop _merge
sort stock year
merge stock year using jibenxinxi
drop _merge
sort stock year
merge stock year using return
drop _merge
by stock year, sort: keep if _n == 1
```

这样就合并了几个单独的数据集，构成了原始的数据集。最后一步是观察有没有公司—年度层面的重复数据。

四、修改变量名称——使用 rename 命令

rename（ A001101000 A001212000 A001213000 A001000000 A002000000 B001101000 C001001000 C001014000 C001000000 C002003000 C002006000 C002009000 D000103000 EstablishDate Yretwd）（ huobizijin gudingzichan zaijiangongcheng zichan fuzhai shouru xiaoshouxianjin goumaixianjin jingyingxianjin chuzhiguding goujianguding qudezigongsi zhejiu chengliriqi return）

使用上述命令后，变量的原始名称仍然是国泰安中的名称，这不利于理解，所以将对应的变量修改为容易理解的名称，rename 可以批量修改变量名称。

五、变量定义前，补足缺失值

sum huobizijin gudingzichan zaijiangongcheng zichan fuzhai shouru xiaoshouxianjin goumaixianjin jingyingxianjin chuzhiguding goujianguding qudezigongsi zhejiu chengliriqi return

Variable	Obs	Mean	Std. Dev.	Min	Max
huobizijin	44673	1.83e+09	1.02e+10	0	5.70e+11
gudingzichan	44794	3.04e+09	1.91e+10	-3.45e+08	7.33e+11
zaijiangon~g	42596	6.47e+08	5.52e+09	-3.73e+07	2.83e+11
zichan	44795	4.33e+10	6.29e+11	0	3.01e+13
fuzhai	44795	3.63e+10	5.80e+11	-2033024	2.74e+13
shouru	44061	7.39e+09	5.89e+10	-1.15e+08	2.97e+12
xiaoshouxi~n	44280	7.74e+09	6.57e+10	-151000	3.22e+12
goumaixian~n	44263	5.88e+09	5.06e+10	-3.71e+11	2.73e+12
jingyingxi~n	44793	1.32e+09	2.02e+10	-5.88e+11	1.13e+12
chuzhiguding	41877	3.68e+07	4.23e+08	-4.60e+07	3.88e+10
goujiangud~g	44689	6.69e+08	5.72e+09	-4.40e+10	3.31e+11
qudezigongsi	24442	1.21e+08	1.00e+09	-7.20e+09	6.68e+10
zhejiu	44443	3.07e+08	3.27e+09	-1.79e+08	2.10e+11
chengliriqi	0				
return	41261	.207892	.7912071	-.912587	21.52632

可以看到，qudezigongsi 这个数据与其他财务数据相比，存在明显的缺失值，chuziguding 也是类似的问题，因为上市公司购买子公司或者处置固定资产的情况较少，本来这些数据应该为 0，但数据库默认为缺失，所以需要补足这些数据。

replace chuzhiguding = 0 if chuzhiguding = = . & goujianguding < .

replace qudezigongsi = 0 if qudezigongsi = = . & goujianguding < .

以构建固定资产的支出 goujianguding 这一变量为基准，如果该变量没有确认，那么上述两个变量缺失值自动转换为 0。

六、定义回归的变量——gen 命令

gen lnzichan = log（zichan）if zichan > 10

g leverage = fuzhai/zichan if zichan > 10

xtset stock year

g grow = d. shouru/l. shouru if l. shouru > 0

g cash = huobizijin/zichan if zichan > 10

g yearchengli = substr（chengliriqi，1，4）

destring yearchengli，replace force

g age = log（year − yearchengli + 1）

g invest =（goujianguding + qudezigongsi − chuzhiguding − zhejiu）/zichan if zichan > 10

生成总资产的自然对数 lnzichan、杠杆率 leverage、销售收入的增长率 grow、现金持有与总资产之比 cash、公司的成立年限加 1 的自然对数 age、投资水平 invest。

需要注意的是：第一，收入增长率中需要用到滞后算子和差分算子，所以需要先用 xtset 命令声明面板数据；第二，使用条件"if zichan > 10"是因为国泰安有些资产数据为 0，为了避免这类异常值问题，故如此处理；第三，yearchengli 代表公司成立年份，需要从 chengliriqi 变量提取前 4 个字符，然后转换为数值型；第四，age 变量需要对数化处理，但有些公司可能刚成立，年份为 0，无法取对数，所以需要加 1 处理。

七、缩尾处理——winsorize 命令

在公司金融的研究中，原值变量（总资产、年龄等）会通过取自然对数达到缩尾的目的，一般不需要缩尾，而比值型变量则需要缩尾处理。

winsor grow，gen（grow1）p（.01）

winsor cash，gen（cash1）p（.01）

winsor invest，gen（invest1）p（.01）

winsor leverage，gen（leverage1）p（.01）

winsor return，gen（return1）p（.01）

上述命令中，代表以原有的变量 grow 等为基础，生成 grow1 等新变量，新变量是在原变量基础上进行的上下 1% 的缩尾，即 1% 以下的部分等于 1% 分位数，而 99% 以上的部分等于 99% 分位数，1% ~99% 分位数之间的数值不变。

八、行业变量的定义

在中国公司金融的研究中，一般在回归中这样处理行业代码，对于制造业而言（第一位代码为 C），保留两位代码，对于其他行业，保留一位代码。这样就生成了行业代码 csrc，并以此为基础生成了对应的数值型变量 csrc1。需要说明的是，中国上市公司的行业代码规则经历了多次变化，如果数据中只报告了原始的

行业代码，需要将其转换为统一标准。很幸运的是，下载的基本信息表中的行业是以 2012 年的规则为基准，不需要转换。

g csrc = substr（IndustryCode，1，1）

replace csrc = substr（IndustryCode，1，2）if csrc = = "C"

encode csrc，gen（csrc1）

九、计算投资效率指标

使用刘慧龙等（2014）的模型，估计非效率投资[①]：

xtset stock year

reg invest1 l. grow1 l. leverage1 l. cash1 l. age l. lnzichan l. return1 l. invest1 i. csrc1 i. year if year > = 2003&year < = 2018&csrc！= "J"

其中，所有解释变量均滞后一期，需要控制行业效应和年度效应。在公司金融的研究中，需要剔除金融业的样本（行业代码第一位为 J）。

predict abinvest if e（sample），res

g abinvest1 = abs（abinvest）

g overinvest = abinvest if abinvest > 0

g underinvest = － abinvest if abinvest < 0

这样就得到了 2003 ~ 2018 上市公司的非效率投资水平。"if e（sample）"代表只预测参与回归的样本。预测的残差就是正常投资以外的异常投资水平，而其绝对值就是非效率投资 abinvest1，残差为正时代表过度投资，残差为负时代表投资不足，所以 overinvest 和 underinvest 分别代表过度投资和投资不足（残差为负时残差的相反数）。

save abinvest，replace

十、biddle 的投资效率指标

刘慧龙等（2014）的非效率投资模型使用的是理查德森（Richardson，2006）的方法，比德尔等（Biddle et al.，2009）提供了另外一种方法，即使用投资水平对销售收入增长率分行业分年度进行回归，然后取残差，这需要用到 statsby 命令。

use abinvest，clear

Statsby x1 = e（r2）_b，by（year csrc1）：reg invest1 l. grow1 if year > = 2003&year < = 2018&csrc！= "J"

sort year csrc1

[①]　使用回归方程分析被解释变量的影响因素时，如何选择恰当的控制变量是关键步骤。在选择的过程中，需要遵循科学的一般规律，即使用当前学术界普遍认可的控制变量，模型的构建需要遵循科学精神，而非随意使用控制变量。不遵循科学精神的模型设定通常成为审稿人攻击的关键漏洞之一。

save biddlexishu，replace

首先通过 statsby 命令将分年度分行业的样本回归，并且存储样本量到变量_eq2_x1 中，存储 l. grow1 和常数项的系数到_stat_1、_b_cons。

use abinvest，clear

sort year csrc1

merge year csrc1 using biddlexishu

其次将分行业—年度回归系数匹配到原始数据中。

xtset stock year

g abinvestbiddle = invest1 － _stat_1 * l. grow1 － _b_cons if _eq2_x1 > = 20

再其次残差值，要求参与回归的样本量超过 20，才允许提取残差值。

g abinvestbiddle1 = abs（abinvestbiddle）

g overinvestbiddle = abinvestbiddle if abinvestbiddle > 0

g underinvestbiddle = － abinvestbiddle if abinvestbiddle < 0

最后计算 biddle 的非效率投资水平、过度投资和投资不足水平。

save abinvest2，replace

最终将数据存储到 abinvest2 的数据集中。

课后习题

1. 使用多种方法来检验数据是否存在异方差问题，如果存在，对异方差问题采取一定的解决办法。

2. 使用多种方法来检验数据是否存在自相关问题，并且加以解决。

3. 检验数据是否存在多重共线性问题。

第八章　Stata 程序初步

第一节　Stata 程序窗口

Stata 程序需要在程序窗口执行。第一章已经对 Stata 程序窗口做了介绍。可以将 Stata 命令批量置于程序窗口，然后执行即可。

一、打开程序窗口

打开程序窗口：
doedit
可以打开空白的程序窗口。
doedit［filename］
可以打开特定名称的程序。

二、将命令录入程序窗口

可以将下列命令置于空白的 Stata 程序中：
sysuse auto，clear　　//打开系统自带的 auto 数据集
／＊下面开始回归＊／
reg price mpg　　　　　　　　　　//回归命令
estimates store m1　　　　　　　　　//将结果存储在 m1 中
reg price mpg if foreign ＝ ＝1
estimates store m2
reg price mpg if foreign ＝ ＝0
estimates store m3
／＊其中 m1 存储的是全样本的回归结果，m2 存储的是外资车样本的回归结果，m3 存储的是国产车样本的回归结果＊／
esttab m1 m2 m3 using tongji6 － 4. rtf，r2（4）b（3）　　///
star（＊ 0. 10 ＊＊ 0. 05 ＊＊＊ 0. 01）nogaps replace
将上述命令粘贴到程序编辑窗口的结果如图 8 － 1 所示。

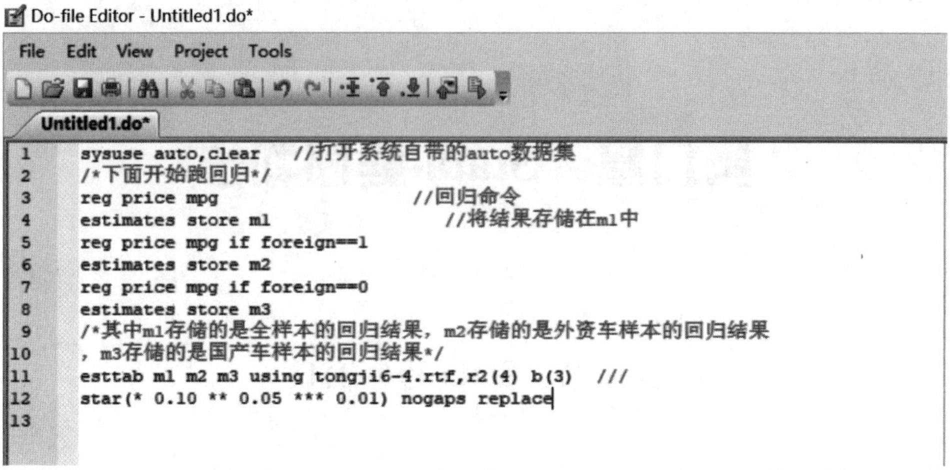

图 8-1 程序窗口的结果

如图 8-1 所示。最左侧的 1、2、3、4 等代表命令行。当执行时，Stata 会逐行执行程序窗口的命令。其中两条斜杠"//"之后是相关命令的说明，代表 Stata 不再执行本行自"//"之后的内容。符号/∗和∗/是成对出现的，Stata 不会执行两个符号之间的内容，/∗和∗/既可以在同一行，也可以跨越多行。而三条斜杠"///"出现在每一行的最后，它指的是将本行命令和下一行的命令合并成一条命令执行，因此，第11行和第12行的执行等价于"esttab m1 m2 m3 using tongji6-4.rtf, r2 (4) b (3) star (∗ 0.10 ∗∗ 0.05 ∗∗∗ 0.01) nogaps replace"。通常而言，如果某一条命令太长，则需要使用"///"将其分割在两行或者三行中。

三、执行程序

当程序被保存后，可以在命令窗口输入"do 程序名称"执行相应的命令，也可以打开程序窗口后，点击 按钮执行全部的结果。

如果需要执行程序中的某一部分，则需要选中需要执行的部分，然后点击 按钮即可。

第二节 矩阵命令初步

在 Stata 程序中，矩阵运算经常被用到。在特定的程序中，可能需要将定义矩阵、变量与矩阵互相转换、修改矩阵数值等一系列操作。对于矩阵而言，Stata 有专门的运算命令。

一、定义矩阵

（一）一般的定义方法

定义如下 3 乘 3 矩阵：

matrix A = (1, 2, 1 \ 2, 0, 3 \ -5, -2, 6)

其中，matrix 可以简化为 mat：

mat A = (1, 2, 1 \ 2, 0, 3 \ -5, -2, 6)

查看 A 矩阵的结果：

mat list A

```
A[3,3]
    c1  c2  c3
r1   1   2   1
r2   2   0   3
r3  -5  -2   6
```

可以看到，A 矩阵是 3 行 3 列的矩阵。r1、r2、r3 代表第 1、2、3 行（row），c1、c2、c3 代表第 1、2、3 列（column）。在普通矩阵的定义中，"1，2，1" 是第一行中的元素，每个元素用逗号隔开，另起一行用 \ 隔开。

（二）特别的矩阵定义

生成一个 4 行 2 列的矩阵，所有元素为空值：

matrix A = J (4, 2)

matrix list A

```
A[4,2]
    c1  c2
r1   .   .
r2   .   .
r3   .   .
r4   .   .
```

再如，生成一个 5 行 4 列的矩阵，所有元素为 0：

matrix A = J (5, 4, 0)

生成 4 阶单位矩阵：

mat A = I (4)

二、矩阵运算

（一）四则运算

Stata 可以使用 +、-、* 符号实现矩阵的加减乘运算。

matrix A = (1, 2, 1 \ 2, 0, 3 \ -5, -2, 6)

mat B = I （3）

mat C = A + B

mat D = A − B

mat E = A ∗ D

mat list A

```
A[3,3]
      c1   c2   c3
r1    1    2    1
r2    2    0    3
r3   -5   -2    6
```

mat list B

```
symmetric B[3,3]
     c1   c2   c3
r1   1
r2   0    1
r3   0    0    1
```

mat list C

```
C[3,3]
      c1   c2   c3
r1    2    2    1
r2    2    1    3
r3   -5   -2    7
```

mat list D

```
D[3,3]
      c1   c2   c3
r1    0    2    1
r2    2   -1    3
r3   -5   -2    5
```

mat list E

```
E[3,3]
       c1    c2    c3
r1    -1    -2    12
r2   -15    -2    17
r3   -34   -20    19
```

（二）其他运算

Stata 也可以使用 inv 将矩阵进行求逆矩阵，通过′对矩阵进行转置。

mat F = inv （A）

mat G = A′

矩阵也可以与数字进行运算：

mat A1 = A/5

mat A2 = A ∗ 5

mat list A1

mat list A2

```
A1[3,3]
     c1   c2   c3
r1   .2   .4   .2
r2   .4    0   .6
r3   -1  -.4  1.2
A2[3,3]
     c1   c2   c3
r1    5   10    5
r2   10    0   15
r3  -25  -10   30
```

A1 是 A 矩阵每个元素除以 5 的结果。
A2 是 A 矩阵每个元素乘以 5 的结果。

（三）矩阵信息的修改

先生成一个 4 行 3 列的空值矩阵：
mat A3 = J（4，3，.）

```
A3[4,3]
    c1  c2  c3
r1   .   .   .
r2   .   .   .
r3   .   .   .
r4   .   .   .
```

将矩阵中的第三行第二列修改为数字 3
mat A3［3，2］= 3
mat list A3

```
A3[4,3]
    c1  c2  c3
r1   .   .   .
r2   .   .   .
r3   .   3   .
r4   .   .   .
```

将矩阵中第二行的元素修改为（3，1，1）
mat A4 =（3，1，1）
mat A3［2，1］= A4
mat list A3

```
A3[4,3]
    c1  c2  c3
r1   .   .   .
r2   3   1   1
r3   .   3   .
r4   .   .   .
```

上述命令是指从 A3 矩阵的第 2 行第 1 列开始，顺次修改 3 个元素。应注意的是，矩阵只能修改某一行元素。如果希望修改某一列元素该怎么办？可以先将矩阵转置，修改对应的行，然后再将修改后的矩阵转置。

三、矩阵与变量的转换——mkmat 命令与 svmat 命令

例如，将 auto 数据中 price、mpg、rep78 变量中的前 10 条转换为 C 矩阵，此时需要 mkmat 命令：

```
sysuse auto, clear
mkmat price mpg rep78 in 1/10, matrix (C)
mat list C

C[10,3]
      price    mpg    rep78
 r1    4099     22        3
 r2    4749     17        3
 r3    3799     22        .
 r4    4816     20        3
 r5    7827     15        4
 r6    5788     18        3
 r7    4453     26        .
 r8    5189     20        3
 r9   10372     16        3
r10    4082     19        3
```

将矩阵元素保存至变量中，例如将 3 行 4 列矩阵保存至 4 个变量中，每一列都定义一个矩阵：

```
mat C = (3, 2, 4, 6 \ 4, 7, 9, 2 \ 3, 0, 1, 4)
mat list C

C[3,4]
     c1  c2  c3  c4
r1    3   2   4   6
r2    4   7   9   2
r3    3   0   1   4

svmat C, name (x)
list x *
```

	x1	x2	x3	x4
1.	3	2	4	6
2.	4	7	9	2
3.	3	0	1	4

可以看到，矩阵中的 4 列元素存储在了 x1、x2、x3、x4 变量中。

思考一下，如果面对一个 4 行 3 列矩阵，但是希望每一行都保存为一个变量，如何操作？可以先将矩阵进行转置，然后使用 svmat 命令。

第三节 Stata 程序中的暂元

在 Stata 中，暂元（Macro）在程序运行中广泛使用，暂元分为局部暂元（local Macro）和全局暂元（global Macro）两种。

暂元的本质是用一个简单的字母或者名称来替代较为复杂的字符串或者表达式，而后者可能需要在程序中反复使用。局部暂元主要限制在其所在的 do 文件（程序文件）中，如果 do 文件关闭，局部暂元随之消失。全局暂元则不受所在 do 文件的限制。正因为如此，定义全局暂元之后，在跨越 do 文件引用时可能会引发混乱，所以一般不推荐使用全局暂元。

一、局部暂元

定义局部暂元的命令如下：

local lclname [= exp | : extended_fcn | [`]" [string]" [']]

局部暂元既可以定义数值，又可以定义字符串。调用局部暂元的格式为'lclname'，lclname 的左边'符号是键盘上数字 1 的左边的按键（那个同时带波浪符号的按键）打出来的，lclname 的右边是半角的单引号。

（一）局部暂元指代数值

local lclname = exp

其中，lclname 代表局部暂元的名称；exp 代表数值或者具体的表达式。

例如，定义一个局部暂元：

local i = 2

display `i'

```
. display `i'
2
```

可以看到 Stata 将 2 这个数字保存至局部暂元 i 中，如果想调用该暂元，需要用`i'这种格式进行引用即可。

在定义上述暂元之后，可以这样来引用：

local i = 2

gen x`i' = _n

这样就得到一个名为 x2 的自然数变量。

（二）局部暂元指代字符串

再如，将某一个字符串存储起来：

local work I love Stata

display "`work'"

```
. displ "`work'"
I love stata
```

local 命令默认将"I love Stata"存储在局部暂元 work 中。但是,系统默认 "I love Stata"是三个变量而非字符串,所以需要将其作为字符串 display 出来, 需要在使用`work'调用之后,再单独加半角的双引号。

如果不加双引号直接调用:

display `work'

```
. display `work'
I not found
r(111);
```

将会显示上述报错信息。

(三) 局部暂元指代变量

使用以下命令:

local x1 price mpg rep78 headroom

reg `x1'

sum `x1'

可以看到,系统会自动输出"reg price mpg rep78 headroom"以及"sum price mpg rep78 headroom"的结果。

二、全局暂元

定义全局暂元的命令如下:

global mname [= exp | : extended_fcn | [`]" [string]" [']]

其中,mname 代表全局暂元的名称,引用全局暂元的格式 $ mname:

global work I love Stata

display " $ work"

显示以下结果:

```
. display "$work"
I love stata
```

global j = 3

gen x $ j = _n

可以看到,生成名为 x3 的自然数序列

三、多个暂元的混用

sysuse auto, clear

```
local a2 price
local s = 2
sum `a`s"
```

最后一步相当于"sum price"命令，其顺序为，先把暂元 s 指代的 2 调用出来，再把暂元 a2 指代的 price 调用出来。

四、删除暂元

有时候，会担忧系统中可能有以前定义的暂元，对当前的运算造成影响，此时，可以先通过"macro list"查询暂元：

```
. macro list
j:                  3
work:               I love stata
S_FNDATE:           13 Apr 2013 17:45
S_FN:               F:\stata13\ado\base/a/auto.dta
S_12:               4.399353727233913
S_11:               .8459947668287706
S_10:               .4780372290347021
S_9:                1
S_8:                8.02942714880e-72
S_7:                1.60588542976e-71
S_6:                -76.67897640404169
S_5:                73
S_4:                39.64864864864865
S_3:                74
S_2:                2.993243243243243
S_1:                74
S_level:            95
S_ADO:              BASE;SITE;.;PERSONAL;PLUS;OLDPLACE
S_StataMP:          MP
S_StataSE:          SE
S_FLAVOR:           Intercooled
S_OS:               Windows
S_MACH:             PC
_x1:                price mpg rep78 headroom
_work:              I love stata
_i:                 2
```

其中前两个为新定义的全局暂元 j 和 work，而最后三个为新定义的局部暂元_x1、_work、_i。可以看到，Stata 中将全局暂元按原始名称存储，而局部暂元则是在前面加上"_"符号。

然后可以使用"macro drop 暂元名称"删除特定的暂元，或者直接删除所有的非系统暂元。

```
macro drop _all
```

第四节　Stata 程序循环语句

Stata 循环语句主要涉及三种类型：while 语句、forvalues 语句、foreach 语句。本节重点介绍的是 forvalues 语句。while 是条件语句，在实践中应用得较少。forvalues 语句主要针对的是数值的循环，而 foreach 语句更多的是针对字符或者变量的循环。

一、while 语句

例 1：计算自然数列 1 ~ 10 的总和
```
local i = 1            //将局部暂元 i 初始值设置为 1
local j = 0            //将局部暂元 j 初始值设置为 1
while `i' < = 10  {    //设定运行循环语句的条件，如果暂元 i 小于等于 10，
                         执行 {} 的命令
local j = `i' + `j'      //重新设定局部暂元 j 的值，等于 `i' + `j'
local i = `i' + 1        //重新设定局部暂元 i 的值，等于 `i' + 1
}
display `j'        //显示数列的和
```
可以看到，最终得到的结果为 55。

可以对上述模型做一些简单拓展：

第一，如果希望计算的是自然数数列 1 ~ 20 的和，那么可以将上述命令中"`i' < = 10"改成"`i' < = 20"即可。

第二，如果希望计算的是自然数列 1 ~ 10 中所有奇数的和，那么可以将上述命令中的"local i = `i' + 1"改为"local i = `i' + 2"。

由此可见，在定义了暂元之后，如果要计算类似的问题，只需要将暂元的初始值、变化值等稍做改动即可，由此也看出暂元在循环语句中的用处。

二、forvalues 语句

例 2：实现例 1 的等价形式——计算自然数列 1 ~ 10 的总和。
```
local j = 0            //将局部暂元 j 初始值设置为 1
forvalues i = 1/10  {  //局部暂元 i 从 1 开始运行，每次加 1，直到 10，共
                         运行 10 次
local j = `i' + `j'
}
display `j'        //显示数列的和
```

类似地，也可以对上述模型做一些简单拓展：

第一，如果希望计算的是自然数数列 1 ~ 20 的和，那么可以将上述命令中"i = 1/10"改成"i = 1/20"即可。

第二，如果希望计算的是自然数列 1 ~ 10 中所有奇数的和，那么可以将上述命令中的"i = 1/10"改为"i = 1（2）10"。1（2）10 就是从 1 开始，每次加 2，以 10 为边界，等价于 1、3、5、7、9。括号中的内容可以理解为步长，如果缺省，则默认为 1。

第三，如果希望计算的是自然数列 1 ~ 10 中所有偶数的和，那么可以将上述命令中的"i = 1/10"改为"i = 2（2）10"。2（2）10 就是从 2 开始，每次加 2，以 10 为边界，等价于 2、4、6、8、10。

三、foreach 语句

foreach 语句主要针对的是变量或者字符的循环。

例 3：变量循环

如果希望求 auto 数据集中，分别求每个数值型变量的平方，其中一个选择是，gen varname2 = varname^2，对每个数值型变量运行上述命令。

gen mpg2 = mpg^2

gen rep782 = rep78^2

……

gen foreign2 = foreign^2

上述命令无疑是很麻烦的，可以采用以下程序：

sysuse auto，clear

foreach v of varlist price-foreign ｛

gen ′v′2 =（′v′）^2

｝

这样就可以实现从 price 变量到 foreign 变量，每个变量都求其平方。这就是典型的变量循环的命令。然而，如果中途出现字符型变量怎么办？这时，就需要嵌套一个 while 命令，将那些不是数值型变量的变量识别出来并加以剔除。

例 4：使用 foreach 实现数值循环

计算自然数 1 ~ 10 的和：

local j = 0　　　　　　//将局部暂元 j 初始值设置为 1

foreach x of numlist 1/10 ｛　　//定义 x 变量从 1 到 10 的数值

local j = `x′ + `j′

｝

display `j′　　　　//显示数列的和

四、嵌套循环程序

有时候，可能需要嵌套 2 个甚至多个循环。

例 5：嵌套循环

例如，计算下列数字的和：自然数 1～1 的和、自然数 1～2 的和、自然数 1～3 的和、自然数 1～4 的和……自然数 1～100 的和。可以看到，自然数 1 到 n 的和本身需要一个循环，而将所有的这些和加起来，则是需要另一个循环。

```
local m = 0
forvalues i = 1（1）100 {                    //最外侧的循环
    local s = 0                          //设定内侧循环的初始值，注意，需要在外
                                              侧循环内部
    forvalues j = 1/`i' {                //内侧循环开始
        local s = `j' + `s'             //计算 1 到 i 的和
    }                                    //内侧循环结束
    local m = `m' + `s'                  //计算和的和
}                                        //外侧循环结束
display `m'
```

得到的结果为 171700。两个循环中，内循环只负责最内侧的 {} 的程序，即 local s =`j'+`s'这一步，而外循环需要负责最外侧的 {} 中的命令。上述方法是将两步求和分开计算，便于理解，其中，local s =`j'+`s'代表内部的求和，而 local m =`m'+`s'代表计算和的和。此时，内循环的初始值 s = 0 需要放在外循环命令的内部，即外循环 forvalues {} 的内部。

如果希望将上述命令进一步简化：

```
local s = 0                              //设定循环的初始值
forvalues i = 1（1）100 {                    //最外侧的循环
    forvalues j = 1/`i' {                //内侧循环
        local s = `j' + `s'             //计算内部的和与和的和
    }
}
display `s'
```

得到的结果为 171700，此时 local s =`j'+`s'是一步到位，既计算了内部的和，又计算了和的和。s 不再是内部循环的初始值，而是整个大循环的初始值，所以放在最外侧循环的外面。这种方法较难理解，读者可以采用第一种方法。

对于这种较难理解的循环，读者完全可以把 100 修改为 2 或者 3，自行计算一下，就可以明白其中的原理。

第五节　使用循环程序提取分组回归系数

本节将回顾第六章中分组回归提取变量系数与 t 值的程序。通过这一节的内容，主要体会如何通过灵活运用 Stata 循环、暂元、矩阵运算等以达到研究目的。

回顾之前的例子，主要提取的是回归 "reg price mpg headroom weight length" 按照 rep78 分组，并且提取每组中 mpg 的系数与 t 值。

具体程序如下：

```
sysuse auto, clear
local r = 5
mat B = J (`r', 3, .)
forvalues j = 1/`r' {
preserve
qui reg price mpg headroom weight length if rep78 = = `j'
mat s = [`j', _b [mpg], _b [mpg] /_se [mpg]]
mat B [`j', 1] = s
restore
}
mat list B
drop *
set obs `r'
svmat B, names (b)
```

将每个程序加上说明：

```
sysuse auto, clear
local r = 5                    //定义暂元 r = 5，因为 rep78 有 5 个值，所以分了 5 组
mat B = J (`r', 3, .)
```

/*定义 r 行 3 列的矩阵，r 行代表组的数量为 r，3 列是因为最终需要的结果有三个变量，组别变量、mpg 系数、mpg 的 t 值*/

```
forvalues j = 1/`r' {          //循环开始，从 j = 1 开始，直到最后的 r 组
preserve
```

/*与 restore 成对出现，运行完本程序后，内存中的数据回归到原来的状态，本程序中可有可无*/

```
qui reg price mpg headroom weight length if rep78 = = `j'
```

/*每组分别回归，qui（quietly）代表不在命令窗口报告结果*/

```
mat s = [`j', _b [mpg], _b [mpg] /_se [mpg]]
```

//定义 1 行 3 列矩阵，包括组别 j、估计的 mpg 系数和 t 值

```
mat B [`j', 1] = s
```

//将 s 矩阵中包含的提取的组别 j、mpg 系数和 t 值替换进 B 矩阵的第 j 行

restore

}

mat list B   //观察一下 B 矩阵，就是组别、mpg 系数与 t 值的矩阵列表

drop *   //删除原本存在的所有变量

set obs `r'   //样本量设置为暂元 r

svmat B, names（b）   //将 B 矩阵转换为变量，b1、b2、b3 代表样本量、

mpg 系数与 t 值

可以看到，编写上述程序顺次使用了以下命令：

第一，根据组别的数量设置组别暂元 r，根据组别数量和需要提取的变量数量定义空白矩阵 B。

第二，开始使用 forvalues 语句，从第一组开始到最后一组结束。

第三，在循环语句中，首先分别使用 reg 命令进行回归；其次将每一次（第 j 次）循环的组别和提取的变量置于 1 行矩阵 s 中；最后将每次循环得到的矩阵 s 修改初始的空白矩阵 B 的对应行（第 j 行）

第四，循环结束，将 B 矩阵使用 svmat 转换为变量，这就是需要的最终结果。

第六节　蒙特卡洛模拟初步

一、伪随机数与种子

尽管标准的蒙特卡洛模拟需要随机数，但计算机并不会提供真正意义上的随机数，其提供的随机数被称为伪随机数。这些伪随机数往往根据一定的规则，输入一个数字后，产出某一个数字。所以伪随机数的产生是遵循一个特定的函数公式，$y = F（seed，N）$，其中，y 代表系统产生的伪随机数；seed 代表初始种子；N 代表设定初始种子后运算的次数。在 Stata 中，如果不设定初始种子，系统会根据自身的特点设置初始种子，例如，根据系统的时间设定初始种子。

如果对电脑中的伪随机数设定相同的初始种子 seed，那么得到的结果将完全相同。

设置种子：

set seed #

其中#是从 0 到 2，147，483，647 之间的任意一个整数。

例：

clear

set obs 10

gen x1 = uniform（）

```
gen x2 = uniform( )
set seed 109
gen x3 = uniform( )
gen x4 = uniform( )
set seed 109
gen x5 = uniform( )
gen x6 = uniform( )
set seed 119
gen x7 = uniform( )
gen x8 = uniform( )
```

	x1	x2	x3	x4	x5	x6	x7	x8
1.	.4240443	.9314542	.425292	.1280349	.425292	.1280349	.7830831	.4278908
2.	.6956658	.2623124	.8970764	.4759762	.8970764	.4759762	.5217823	.31957
3.	.4829789	.0939794	.3852768	.7464691	.3852768	.7464691	.6979436	.5497894
4.	.0624362	.7404792	.1779441	.6025135	.1779441	.6025135	.083937	.2423992
5.	.4373875	.9384143	.2770238	.3518921	.2770238	.3518921	.3776995	.9613067
6.	.9951327	.214903	.0284954	.3013732	.0284954	.3013732	.2619482	.9142779
7.	.826366	.9318833	.489612	.5959109	.489612	.5959109	.2611146	.3390398
8.	.0684629	.3263139	.3668119	.4040687	.3668119	.4040687	.8165402	.0660876
9.	.0223886	.7379518	.2616028	.6618301	.2616028	.6618301	.979663	.6757416
10.	.9630123	.5432044	.9808518	.4527056	.9808518	.4527056	.3072997	.4550307

其中，uniform（ ）是随机生成 0 ~ 1 均匀分布的某个数值的函数。可以看到，在不设置初始种子的条件下，x1 和 x2 是不同的，然而，如果设置了相同的初始种子 109，那么 x3 将和设置同样种子的 x5 完全相同。同时，在设置了初始种子 109 之后，第二次计算 x4 和第二次计算的 x6 完全相同。这就意味着，当设定初始种子之后，如果不关闭内存，系统将沿着这个初始种子一直运算下去。而设置初始种子 119 得到的 x7 与种子为 109 的 x3 则不相同。

提示 8 – 1：随机数种子的概念需要学习蒙特卡洛模拟的读者务必掌握。有时候，需要在论文中做一些随机模拟的内容，如果真的放任结果是完全随机的，那么结果将不可复制，而科学的研究通常要求实证结果可复制。此时，设置初始种子成为保证随机模拟结果可复制性的关键环节。通过设定相同的初始种子，重复原来的程序得到的随机数序列会完全相同，从而保证结果也相同。

二、随机抽样与初始种子

Stata 可以通过命令 bsample 实现随机抽样，其基本命令格式为：
bsample［exp］［if］［in］［, options］
其最主要的用法就是 "bsample Num"，代表随机抽取 Num 个数字。

（一）随机抽样的方法

```
sysuse auto，clear
```

```
keep make price mpg
bsample 5
list
```

上述命令是从 auto 数据集中随机抽取 5 个样本

	make	price	mpg
1.	BMW 320i	9,735	25
2.	Chev. Impala	5,705	16
3.	Chev. Nova	3,955	19
4.	Buick LeSabre	5,788	18
5.	Dodge Magnum	5,886	16

重复运行上述命令:

```
sysuse auto, clear
keep make price mpg
bsample 5
list
```

可以看到,随机抽取的 5 个样本与上次的不同(只有抽取样本相同且顺序相同才算完全相同)。

	make	price	mpg
1.	VW Dasher	7,140	23
2.	Peugeot 604	12,990	14
3.	Dodge Magnum	5,886	16
4.	VW Scirocco	6,850	25
5.	Ford Fiesta	4,389	28

第三次运行上述命令:

又得到了与之前不同的 5 个样本。

	make	price	mpg
1.	Merc. Marquis	6,165	15
2.	Buick Skylark	4,082	19
3.	Datsun 810	8,129	21
4.	Audi Fox	6,295	23
5.	Olds Starfire	4,195	24

提示 8 - 2:读者可能发现,在不设置种子的情况下,运行 bsample 命令的结果与本教材的结果并不相同,这是因为 Stata 会根据时钟等内容设定种子,导致读者与本教材作者运行的结果并不相同。而且,即使同一个作者,在不同时间运行这些随机命令,结果也很难相同。这恰恰说明了在不设置初始种子的情况下,随机命令的不可重复性。

(二) 设置种子让结果可重复

类似地,可以通过设置初始种子的方式,让结果可重复:

```
sysuse auto, clear
keep make price mpg
set seed 901
bsample 5
list
```

	make	price	mpg
1.	Pont. Phoenix	4,424	19
2.	Pont. Le Mans	4,723	19
3.	AMC Concord	4,099	22
4.	Olds 98	8,814	21
5.	Honda Accord	5,799	25

重复输入上述命令:

```
sysuse auto, clear
keep make price mpg
set seed 901
bsample 5
list
```

	make	price	mpg
1.	Pont. Phoenix	4,424	19
2.	Pont. Le Mans	4,723	19
3.	AMC Concord	4,099	22
4.	Olds 98	8,814	21
5.	Honda Accord	5,799	25

可以看到, 得到相同的结果。

如果, 将种子进行修改, 那么结果将随之变化。

提示 8 – 3: 这里还是强调, 如果希望随机抽样或者其他随机模拟的结果可复制, 设置初始种子非常重要。

三、蒙特卡洛模拟命令——simulate

在进行蒙特卡洛模拟前, 往往需要先定义一个程序。本部分以 help 文件中提供的例子简单说明一下蒙特卡洛模拟的用法。

想模拟一个对数正态分布的均值与方差:

```
program define lnsim, rclass
        version 13. 1
        syntax [, obs (integer 1) mu (real 0) sigma (real 1) ]
        drop _all
        set obs `obs'
```

```
            tempvar z
            gen `z′ = exp（rnormal（`mu′，`sigma′））
            summarize `z′
            return scalar mean = r（mean）
            return scalar Var = r（Var）
        end
    simulate mean = r(mean) var = r(Var)，reps(10000)：lnsim，obs(100)
    sum
```

下面将分别说明这些命令的解释。

（一）定义程序

"program define lnsim，rclass" 说的是定义一个名为 lnsim 的程序，定义 r 族命令（rclass，与 sum 命令类似），这一步之后，所有输入的命令均被视为 lnsim 命令的内部程序，因而不会被执行，直到 end 为止。

version 13.1 代表 lnsim 这一命令是定义在 Stata13.1 版本上的。

"syntax [，obs(integer 1) mu(real 0) sigma(real 1)]" 代表程序中的语法。其中，syntax 代表语法，这涉及 obs、mu、sigma 三个暂元，obs(integer 1) 代表暂元 obs 应该赋值为整数，缺省状态（不赋值的情况）下默认为 1，mu(real 0) 代表暂元 mu 应该赋值为实数，缺省状态下赋值为 0，sigma(real 1) 代表暂元 sigma 应该赋值为实数，缺省状态下默认为 1。

"drop _all" 代表将所有的已有的暂元先删除，为运行本命令的暂元做准备。

"set obs `obs′" 代表将样本量设置为暂元 obs 的值，第一个 obs 是指样本量；第二个 obs 是指暂元。

"tempvar z" 代表定义暂时变量 z，该变量在程序运行完毕将自动清除。

"gen `z′ = exp(rnormal(`mu′，`sigma′))" 代表将暂时变量 z 赋值，所赋予的值是一个遵循均值为 mu、方差为 sigma 的对数正态分布的某个随机值。rnormal（x，y）代表随机产生一个均值为 x 方差为 y 的正态分布中的某一个值，exp 代表正态分布的指数，exp(rnormal(x，y)) 代表对数正态分布的某个随机值。

"summarize `z′" 代表将生成的样本量为 obs 的 z 变量（从对数正态分布随机提取的值）进行统计。

"return scalar mean = r(mean)"，代表返回统计的 z 变量的均值，保存在 mean 变量中，回忆一下，summarize 属于 r 族命令，返回其某个统计量用 return 命令，r(mean) 代表返回均值。

"return scalar Var = r(Var)"，代表返回统计的 z 变量的方差，保存在 Var 变量中，summarize 属于 r 族命令，返回其某个统计量用 return 命令，r(Var) 代表返回方差。

end 代表定义 lnsim 的程序结束。

总结：lnsim 是一个程序，定义了样本量为 obs 的变量 z，这个变量 z 的数值随机来自均值为 mu、方差为 sigma 的对数正态分布，然后提取了变量 z 的均值和方差。

（二）模拟

对上述程序重复做：

simulate mean = r(mean) var = r(Var), reps(10000)：lnsim, obs(100)

这个命令代表对 lnsim 这个命令重复 10000 次，每次都返回遵循对数正态分布的变量 z 的均值和标准差，然后存储在 mean 和 var 两个变量中，这样就生成了 10000 个观测值的 mean 和 var 变量。每一次运行 lnsim 时，样本量设定为 100，正态分布的均值和方差没有定义，所以取默认值 0 和 1。

上述命令可以倒过来看，首先，"lnsim, obs(100)" 代表运行 lnsim 命令，样本量为 100，均值 mu 和方差 sigma 没有定义，故应为默认值 0 和 1。其次，reps(10000) 代表重复 10000 次 lnsim 程序，"mean = r(mean) var = r(Var)" 代表每运行一次，都提取从对数正态分布中抽取的 100 个观测值的 z 变量的均值和方差。

（三）求均值

sum 是指对对数正态分布求了 10000 次均值和方差后，再取均值，看看模拟出来的均值和方差是多少。

可以看到，模拟了 10000 次，所以得到了 10000 个均值和方差，其均值和方差分别为 1.65 和 4.65，符合对数正态分布的预期。（注意：默认的均值 0 和 1 是正态分布本身，对数正态分布是在此基础上加上了指数函数）

Variable	Obs	Mean	Std. Dev.	Min	Max
mean	10,000	1.647951	.2144962	1.017021	3.288555
var	10,000	4.647163	4.235279	.6803503	98.86794

（四）模拟其他参数的对数正态分布

如果想模拟以均值为 6、方差为 10 为基础生成的对数正态分布的均值和方差，如何运行？

只需要在定义 lnsim 程序后，录入以下命令即可：

simulate mean = r (mean) var = r (Var), reps (5000)：lnsim, obs (80) mu (6) sigma (10)

上述命令代表重复运行 lnsim5000 次，提取均值和方差保存在 mean 和 var 变量中，每次命令从对数正态分布中获得 80 个观测值，对数正态分布对应的正态分布的均值为 6、方差为 10。

sum

Variable	Obs	Mean	Std. Dev.	Min	Max
mean	5,000	2.73e+16	6.45e+17	3115792	3.58e+19
var	4,984	9.83e+34	3.22e+36	6.69e+13	1.56e+38

（五）希望结果可重复——使用 seed

通过在 simulate 命令中添加 seed 选项，可以保证结果的可重复性：

simulate mean = r(mean) var = r(Var)，reps(5000) seed(10909)：lnsim，obs (80) mu(6) sigma(10)

如果重复运行上述命令，那么每一次命令中 mean 和 var 两个变量的 5000 个取值将不会发生变化。

课后习题

1. 使用循环程序提取分组回归系数。
2. 使用 Stata 程序进行蒙特卡洛模拟。

第九章　面板数据模型

第一节　面板数据的特点

一、面板数据的特点

常见的数据有三种形式——横截面数据、时间序列数据以及面板数据。横截面数据是指由不同个体构成且每个个体只有一个观测值的数据。时间序列数据是指多个时间点但观测个体只有一个的数据。面板数据则是由多个个体构成的数据，并且每个个体有多个时间上的观测值。表 9 – 1 列示了 N 个个体构成的样本量为 N 的横截面数据，包含的变量包括 y，x1，x2，…，xk。表 9 – 2 列示了 T 个时期的时间序列数据，其针对的个体只有一个。表 9 – 3 列示了面板数据的结构，其由 N 个个体构成，每个个体有 T 个观测值，一共有 N * T 的观测值。可以看到，面板数据是横截面数据与时间序列数据的结合。当抽取面板数据中的某个时期（如 T = 1）的样本，就得到了横截面数据。当抽取面板数据中的某个观测值（如个体 1）的样本，就得到了时间序列数据。

表 9 – 1　　　　　　　　　　　　横截面数据

项目	y	x1	x2	……	xk
个体 1					
个体 2					
个体 3					
……					
个体 N					

表 9 – 2　　　　　　　　　　　　时间序列数据

项目	y	x1	x2	……	xk
t = 1					
t = 2					
t = 3					
……					
t = T					

表 9 - 3 面板数据

项目	y	x1	x2	……	xk
个体 1，t = 1					
个体 1，t = 2					
个体 1，t = 3					
……					
个体 1，t = T					
个体 2，t = 1					
个体 2，t = 2					
个体 2，t = 3					
……					
个体 2，t = T					
……					
个体 N，t = 1					
个体 N，t = 2					
个体 N，t = 3					
……					
个体 N，t = T					

二、面板数据的一般性模型

面板数据的一般性模型如下：

$$y_{it} = \alpha + \sum_{k=1}^{K} \beta_k x_{kit} + \sum_{m=1}^{M} \phi_m z_{mi} + u_i + \varepsilon_{it} \qquad (9-1)$$

其中，$i = 1, 2, 3, \cdots, N$；$t = 1, 2, \cdots, T$。

可以看到，被解释变量为 y，解释变量包括三类：一是随时间随个体变化的变量 x1，x2，…，xk；二是只随个体变化的变量 Z1，Z2，…，Zm；三是随个体变化的常数项 u。

根据 u 与残差 ε 的关系，面板数据的估计方法可以分为混合模型、固定效应模型与随机效应模型三类。

三、面板数据的声明与时间序列算子的使用

（一）面板数据的声明

在进行面板数据回归之前（除了混合数据）或者定义时间序列算子之前，需要先声明或者定义面板数据：

xtset id t

其中，id 是个体变量；t 是时间变量。

这需要 id 和 t 都是数值型变量，如果 id 和 t 不是数值型变量而是字符型变量，先用 encode 命令将其定义为 1 对 1 的数值型变量：

encode id，gen（id1）

encode t，gen（t1）

然后使用数值型变量声明面板数据

xtset id1 t1

（二）时间序列算子的使用

由于面板数据是时间序列数据和横截面数据的结合，所以在面板数据中，时间序列算子（包括前推 f、滞后 l、差分 d）在声明面板数据后一样能够使用。

cd D：\ 示例

use nlswork，clear

xtset idcode year

g fage = f. age

g lage = l. age

g l2age = l2. age

g dage = d. age

g fdage = f. d. age

list idcode year age fage lage l2age dage fdage in 1/15

可以看到，原始数据中第 5、第 6、第 8、第 9 个观测值中，时间序列存在断裂（gap），即 year 变量直接从 73 ~ 75、75 ~ 77、78 ~ 80、80 ~ 83。此时，滞后或者前推一期的样本会存在缺失值。另外，面板数据中，滞后、前推、差分处理针对的是同一组内（idcode 相同）数据进行计算，不可能跨组计算（第 1 个组的最后一个值不可能是第 2 个组第一个数值的滞后值，所以 lage 变量的第 13 行是缺失的）。

	idcode	year	age	fage	lage	l2age	dage	fdage
1.	1	70	18	19	.	.	.	1
2.	1	71	19	20	18	.	1	1
3.	1	72	20	21	19	18	1	1
4.	1	73	21	.	20	19	1	.
5.	1	75	23	.	.	21	.	.
6.	1	77	25	26	.	23	.	1
7.	1	78	26	.	25	.	1	.
8.	1	80	28	.	.	26	.	.
9.	1	83	31	.	.	.	.	.
10.	1	85	33	.	.	31	.	.
11.	1	87	35	37	.	33	.	2
12.	1	88	37	.	35	.	2	.
13.	2	71	19	20	.	.	.	1
14.	2	72	20	21	19	.	1	1
15.	2	73	21	.	20	19	1	.

第二节　混合模型

如果对于所有个体而言，常数项都是相同的，即 $u_1 = u_2 = \cdots = u_N$，那么上述模型与横截面模型估计方法并无差异，直接使用普通最小二乘法进行估计即可，这种估计模型被称为混合模型。

其主要的模型如下：

regress y x1 x2

混合模型也可以使用聚类稳健标准误进行估计：

regress y x1 x2, vce（cluster id）

其中，id 是代表个体的变量，代表在个体层面进行聚类，然后计算每一类的标准差。

首先，本部分以"nlswork"数据为例介绍面板数据的相关模型。该数据是针对美国 1968 年 14～26 岁的 5159 位年轻女性在 1968～1988 年的访谈数据。该数据包含了被访谈对象的出生年份、年龄、婚姻状况、居住地、工作时间以及工资等相关信息。

cd D：\ 示例

use nlswork，clear

generate age2 = age^2

generate ttl_exp2 = ttl_exp^2

generate tenure2 = tenure^2

generate byte black =（race = =2）

regress ln_w grade age age2 ttl_exp ttl_exp2 tenure tenure2 black not_smsa south

上述命令是使用女性工资的自然对数对学历（grade）、年龄（age）以及其平方项、工作经验（ttl_exp）与其平方项、是否黑人（black）、是否居住在大城市以外（not_smsa）、是否南方人（south）这些变量进行回归。

可以看到，所有变量都是显著的。

Source	SS	df	MS			
				Number of obs = 28091		
				F(10, 28080) = 1681.47		
Model	2402.22796	10	240.222796	Prob > F = 0.0000		
Residual	4011.63592	28080	.142864527	R-squared = 0.3745		
				Adj R-squared = 0.3743		
Total	6413.86388	28090	.228332641	Root MSE = .37797		

ln_wage	Coef.	Std. Err.	t	P>|t|	[95% Conf. Interval]	
grade	.0629238	.0010313	61.01	0.000	.0609024	.0649452
age	.038598	.003467	11.13	0.000	.0318025	.0453935
age2	-.0007082	.0000563	-12.57	0.000	-.0008186	-.0005978
ttl_exp	.0211279	.002335	9.05	0.000	.0165511	.0257046
ttl_exp2	.0004473	.0001246	3.59	0.000	.0002031	.0006916
tenure	.0473687	.0019626	24.14	0.000	.0435219	.0512156
tenure2	-.002027	.0001338	-15.15	0.000	-.0022893	-.0017648
black	-.0699386	.0053207	-13.14	0.000	-.0803673	-.0595098
not_smsa	-.1720455	.0051675	-33.29	0.000	-.182174	-.161917
south	-.1003387	.0048938	-20.50	0.000	-.1099308	-.0907467
_cons	.2472833	.0493319	5.01	0.000	.1505903	.3439762

其次，使用异方差稳健标准误：

regress ln_w grade age age2 ttl_exp ttl_exp2 tenure tenure2 black not_smsa south，robust

```
Linear regression                              Number of obs =   28091
                                               F( 10, 28080) = 1667.62
                                               Prob > F      =  0.0000
                                               R-squared     =  0.3745
                                               Root MSE      = .37797
```

ln_wage	Coef.	Robust Std. Err.	t	P>|t|	[95% Conf. Interval]	
grade	.0629238	.0011145	56.46	0.000	.0607394	.0651082
age	.038598	.0038052	10.14	0.000	.0311395	.0460565
age2	-.0007082	.000063	-11.25	0.000	-.0008316	-.0005847
ttl_exp	.0211279	.0026616	7.94	0.000	.0159109	.0263448
ttl_exp2	.0004473	.0001542	2.90	0.004	.0001452	.0007495
tenure	.0473687	.002094	22.62	0.000	.0432645	.051473
tenure2	-.002027	.0001461	-13.87	0.000	-.0023134	-.0017407
black	-.0699386	.0050779	-13.77	0.000	-.0798914	-.0599857
not_smsa	-.1720455	.0051704	-33.28	0.000	-.1821798	-.1619113
south	-.1003387	.0048013	-20.90	0.000	-.1097495	-.0909279
_cons	.2472833	.0530935	4.66	0.000	.1432175	.351349

最后，使用聚类稳健标准误：

regress ln_w grade age age2 ttl_exp ttl_exp2 tenure tenure2 black not_smsa south，vce（cluster idcode）

```
Linear regression                              Number of obs =   28091
                                               F( 10,  4696) =  560.52
                                               Prob > F      =  0.0000
                                               R-squared     =  0.3745
                                               Root MSE      = .37797
```

(Std. Err. adjusted for 4697 clusters in idcode)

ln_wage	Coef.	Robust Std. Err.	t	P>|t|	[95% Conf. Interval]	
grade	.0629238	.002076	30.31	0.000	.0588539	.0669937
age	.038598	.0049782	7.75	0.000	.0288385	.0483575
age2	-.0007082	.0000839	-8.44	0.000	-.0008726	-.0005437
ttl_exp	.0211279	.0036516	5.79	0.000	.0139691	.0282867
ttl_exp2	.0004473	.0002113	2.12	0.034	.0000332	.0008615
tenure	.0473687	.0028918	16.38	0.000	.0416995	.053038
tenure2	-.002027	.0001984	-10.22	0.000	-.0024161	-.001638
black	-.0699386	.0098805	-7.08	0.000	-.089309	-.0505681
not_smsa	-.1720455	.009528	-18.06	0.000	-.1907248	-.1533662
south	-.1003387	.0088154	-11.38	0.000	-.117621	-.0830565
_cons	.2472833	.0704249	3.51	0.000	.1092175	.3853491

可以看到，普通标准误、异方差稳健标准误和聚类稳健标准误的结果中，系数都是一样的，不同的是标准误的估计。

第三节　固定效应模型

如果常数项 u 是变动的，且与残差项 ε 相关，那么使用 OLS 模型会导致模型估计偏差，此时需要使用固定效应模型以消除这种影响。固定效应模型又分为组内去中心化、一阶差分方法以及 LSDV 法。

一、组内去中心化法——固定效应估计量

最常用的固定效应模型就是组内去中心化法得到的估计量，也被称为组内估计，可以把这一估计方法看作狭义的固定效应模型。组内去中心化法就是将式（9–1）中的每个变量减去该变量在同一个观测个体的平均值，此时常数项 δ 和 Z 变量（不随时间改变的变量）都会被剔除，然后就可以使用 ols 得到一致估计。其基本命令为：

xtreg y x1 x2, fe

该方法得到的估计量也被称为固定效应模型估计量。xtreg 代表面板数据回归；fe 代表固定效应（fixed effect）。

（一）组内去中心化命令

以之前的数据 nlswork 和基本方程为例，在进行回归之前，需要先使用 xtset 命令定义面板数据：

xtset idcode year

其中，xtset 后面的两个变量分别代表个体变量 idcode 和时间变量 year。

xtreg ln_w grade age age2 ttl_exp ttl_exp2 tenure tenure2 black not_smsa south, fe

```
Fixed-effects (within) regression          Number of obs     =      28091
Group variable: idcode                     Number of groups  =       4697

R-sq:  within  = 0.1727                     Obs per group: min =          1
       between = 0.3505                                    avg =        6.0
       overall = 0.2625                                    max =         15

                                           F(8,23386)        =     610.12
corr(u_i, Xb)  = 0.1936                     Prob > F          =     0.0000
```

ln_wage	Coef.	Std. Err.	t	P>|t|	[95% Conf. Interval]	
grade	0	(omitted)				
age	.0359987	.0033864	10.63	0.000	.0293611	.0426362
age2	-.000723	.0000533	-13.58	0.000	-.0008274	-.0006186
ttl_exp	.0334668	.0029653	11.29	0.000	.0276545	.039279
ttl_exp2	.0002163	.0001277	1.69	0.090	-.0000341	.0004666
tenure	.0357539	.0018487	19.34	0.000	.0321303	.0393775
tenure2	-.0019701	.000125	-15.76	0.000	-.0022151	-.0017251
black	0	(omitted)				
not_smsa	-.0890108	.0095316	-9.34	0.000	-.1076933	-.0703282
south	-.0606309	.0109319	-5.55	0.000	-.0820582	-.0392036
_cons	1.03732	.0485546	21.36	0.000	.9421496	1.13249

```
sigma_u  .35562203
sigma_e  .29068923
rho      .59946283   (fraction of variance due to u_i)

F test that all u_i=0:    F(4696, 23386) =    6.65      Prob > F = 0.0000
```

可以看到，在回归中，grade 和 black 变量被丢掉，因为两个变量都是不随时间改变的变量，在组内去中心化处理时会被删除。另外，使用固定效应模型（组内估计）后，系数发生了变化。

（二）固定效应模型还是混合模型

固定效应模型（去中心化处理方法）的最底端报告了是否所有的 u 相同的检验，即 $u_1 = u_2 = \cdots = u_N$ 或者所有的 $u_i = 0$。如果原假设成立，那么混合模型更合适；如果原假设不成立，那么固定效应模型更合适。可以看到，F 检验的统计量为 6.65，p 值为 0.0000，拒绝原假设，说明常数项不相同，模型更适合固定效应模型。

提示 9 - 1： 由于固定效应模型会剔除不随时间改变的变量，如果模型中主要关注的是这类变量对被解释变量的作用（如个人的性别、出生地对收入的影响），那么不能使用固定效应模型进行估计。

二、固定效应模型——一阶差分法

一个不太常见的固定效应模型估计方法是一阶差分法，其主要思路是将式（9 - 1）中的每个变量减去其相同个体的滞后一期的变量，这样处理之后，常数项 u 和 Z 变量（不随时间改变的变量）都会被剔除，然后就可以使用 OLS 得到一致估计。目前，没有专门的命令进行一阶差分估计，但 "xtserial, output" 可以附带提供一阶差分的估计结果：

xtserial ln_w grade age age2 ttl_exp ttl_exp2 tenure tenure2 black not_smsa south, output

可以看到，一阶差分法也无法估计不随时间改变的变量 grade 和 black 的结果。另外，样本量由 28091 缩减到 10528，有两个原因：一是，每个个体计算滞后值都会不可避免地损失一个样本；二是，如果每个个体存在时间上的跳跃（gap），例如从 1978 年直接跳到 1980 年，那么 1980 年的滞后一期的值（就是1979 年的数值）也是缺失的。而组内去中心化不会存在上述两个问题。

三、固定效应模型——虚拟变量回归（LSDV）

组内估计和一阶差分法都会导致常数项 u 和不随时间改变的 Z 变量无法得到估计结果，一个简单的处理方法是对每个个体定义一个虚拟变量，然后使用普通最小二乘进行回归，这就是虚拟变量回归。尽管虚拟变量回归能够估计每个个体的常数项，但由于需要生成大量的个体虚拟变量，可能会超过 Stata 所规定的变量限制。

regress ln_w grade age age2 ttl_exp ttl_exp2 tenure tenure2 black not_smsa south i.idcode

```
Linear regression                                Number of obs =    10528
                                                 F(  8,  3659) =    79.56
                                                 Prob > F      =   0.0000
                                                 R-squared     =   0.0412
                                                 Root MSE      =   .30726

                          (Std. Err. adjusted for 3660 clusters in idcode)
```

D.ln_wage	Coef.	Robust Std. Err.	t	P>|t|	[95% Conf. Interval]	
grade D1.	0	(omitted)				
age D1.	.042136	.0205976	2.05	0.041	.0017521	.08252
age2 D1.	-.0003949	.0003631	-1.09	0.277	-.0011068	.000317
ttl_exp D1.	.0297898	.0122314	2.44	0.015	.0058088	.0537709
ttl_exp2 D1.	.0003573	.0007529	0.47	0.635	-.0011189	.0018335
tenure D1.	.0323182	.0066196	4.88	0.000	.0193398	.0452967
tenure2 D1.	-.0032142	.0008671	-3.71	0.000	-.0049143	-.001514
black D1.	0	(omitted)				
not_smsa D1.	-.0062004	.0211533	-0.29	0.769	-.0476738	.0352729
south D1.	-.0510774	.0275474	-1.85	0.064	-.1050872	.0029323

```
Wooldridge test for autocorrelation in panel data
H0: no first-order autocorrelation
    F(  1,   1472) =       88.215
           Prob > F =        0.0000
```

其中，i. idcode 是对 idcode 的每个值生成虚拟变量。如果使用 Stata13，上述命令会超过变量限制出现报错。

提示 9 − 2：一般指的固定效应模型就是组内去中心化处理的固定效应模型，对应的 Stata 命令是 "xtreg, fe"。

四、聚类稳健标准差

组内估计的固定效应模型使用聚类稳健标准差估计：

xtreg ln_w grade age age2 ttl_exp ttl_exp2 tenure tenure2 black not_smsa south，fe robust

xtreg ln_w grade age age2 ttl_exp ttl_exp2 tenure tenure2 black not_smsa south，fe vce（cluster idcode）

在固定效应模型中，"robust"和"vce（cluster idcode）"的效果是相同的，这不同于混合模型。

五、双向固定效应模型

（一）双向固定效应

普通的固定效应模型只是控制了个体层面的固定效应（变化的常数项），所以也被称为单向固定效应（one-way fixed effect）模型。在文献中，经常会发现双向固定效应这一说法。双向固定效应（two-way fixed effects）就是控制个体层面和时间层面的固定效应。其具体处理方法就是在个体固定效应模型的基础上加上时间的虚拟变量，以进一步控制时间固定效应。

xtreg ln_w grade age age2 ttl_exp ttl_exp2 tenure tenure2 black not_smsa south i. year, fe

```
note: grade omitted because of collinearity
note: black omitted because of collinearity

Fixed-effects (within) regression          Number of obs    =      28091
Group variable: idcode                     Number of groups =       4697

R-sq:  within  = 0.1780                     Obs per group: min =         1
       between = 0.3607                                    avg =       6.0
       overall = 0.2696                                    max =        15

                                            F(22,23372)      =     229.99
corr(u_i, Xb)  = 0.1861                     Prob > F         =     0.0000
```

ln_wage	Coef.	Std. Err.	t	P>|t|	[95% Conf. Interval]	
grade	0	(omitted)				
age	.0663695	.0105143	6.31	0.000	.0457607	.0869783
age2	-.0009346	.0000616	-15.16	0.000	-.0010554	-.0008138
ttl_exp	.0395614	.0030685	12.89	0.000	.0335469	.0455758
ttl_exp2	-.000116	.0001351	-0.86	0.390	-.0003808	.0001488
tenure	.0338666	.001858	18.23	0.000	.0302248	.0375084
tenure2	-.0018203	.000126	-14.45	0.000	-.0020672	-.0015734
black	0	(omitted)				
not_smsa	-.0872854	.0095083	-9.18	0.000	-.1059222	-.0686485
south	-.0612464	.0109049	-5.62	0.000	-.0826208	-.0398721
year						
69	.0421902	.0155292	2.72	0.007	.0117519	.0726284
70	-.0342683	.0229397	-1.49	0.135	-.0792316	.0106951
71	-.0305026	.0318724	-0.96	0.339	-.0929745	.0319693
72	-.0590495	.0412744	-1.43	0.153	-.13995	.021851
73	-.096822	.0508415	-1.90	0.057	-.1964747	.0028306
75	-.152118	.0698157	-2.18	0.029	-.2889613	-.0152748
77	-.1622962	.0893091	-1.82	0.069	-.3373479	.0127554
78	-.1763172	.0995746	-1.77	0.077	-.3714899	.0188555
80	-.2355611	.1189077	-1.98	0.048	-.468628	-.0024942
82	-.2915456	.1385459	-2.10	0.035	-.5631046	-.0199866
83	-.3080176	.1482841	-2.08	0.038	-.5986642	-.017371
85	-.310788	.1679921	-1.85	0.064	-.6400636	.0184876
87	-.3411479	.1878065	-1.82	0.069	-.7092608	.0269651
88	-.3186943	.2011954	-1.58	0.113	-.7130506	.075662
_cons	.5076833	.1945967	2.61	0.009	.1262611	.8891056
sigma_u	.35245685					
sigma_e	.28984565					
rho	.59656174	(fraction of variance due to u_i)				

```
F test that all u_i=0:    F(4696, 23372) =       6.58       Prob > F = 0.0000
```

可以看到，双向固定效应只是在固定效应模型的基础上加上了时期的虚拟变量 i. year。其中，i. year 是针对每个 year 的值定义虚拟变量，然后放在方程中进行回归。另外，为了避免多重共线性，第一个虚拟变量 year = 68 并没有放在方程中，模型把第一年 year = 1968 的情况作为基准。另外，i. variable 中，variable 需要是数值型变量，如果是字符型的，则需要先用 encode 命令（某些情况下是 destring 命令）将其变为数值型。

双向固定效应也可以用以下命令：

tabulate year

xtreg ln_w grade age age2 ttl_exp ttl_exp2 tenure tenure2 black not_smsa south year2 – year15, fe

其中，tabulate 命令为将 year 变量转变为从 year1 ~ year15 共 15 个虚拟变量。其中，year1 代表如果是 1968 年，取值为 1，否则为 0，year2 代表如果是 1969 年，取值为 1，否则为 0，以此类推。另外，tabulate 命令只针对数值型变量，如果是英文字母或者汉字的字符型变量（如行业），则需要先用 encode 命令进行转换，或者如果原来是数值但被定义为字符型变量（年份变量但是字符型的），则直接用 destring 命令转换为数值型即可。

interview year	Freq.	Percent	Cum.
68	1,375	4.82	4.82
69	1,232	4.32	9.14
70	1,686	5.91	15.05
71	1,851	6.49	21.53
72	1,693	5.93	27.47
73	1,981	6.94	34.41
75	2,141	7.50	41.91
77	2,171	7.61	49.52
78	1,964	6.88	56.40
80	1,847	6.47	62.88
82	2,085	7.31	70.18
83	1,987	6.96	77.15
85	2,085	7.31	84.45
87	2,164	7.58	92.04
88	2,272	7.96	100.00
Total	28,534	100.00	

（二）其他文献中常见的固定效应表述

文献中所说的固定效应模型一般是指去中心化的固定效应模型。然而，需要注意的是，文献中所说的固定效应（不是固定效应模型）并不一定是需要使用固定效应模型，例如，在公司—年度样本中，每家公司每个年份有一个观测值，而很多家公司归属于同一个行业。如果文献里表述其控制了行业固定效应（industry fixed effects），那么这并不需要使用固定效应模型，只需要在 ols 回归中控制行业虚拟变量"i. industry"即可。

另外，"控制了行业—年度固定效应（industry – year fixed effects）"和"控制了行业固定效应和年度固定效应（industry fixed effects and year fixed effects）"两种处理并不相同。前者是每个行业—年份都生成一个虚拟变量，例如一共有 m 个行业、T 个年份，那么最多需要控制 m * T 个虚拟变量。而后者是指每个行业生成一个虚拟变量、每个年份生成一个虚拟变量，此时只需要控制 m + T 个虚拟变量即可。

第四节　随机效应模型

如果常数项 u 是变动的，但是与残差项 ε 不相关，那么使用 ols 模型依然能得到无偏估计，但会导致标准误的估计偏差。此时需要使用随机效应模型以消除这种影响。

一、随机效应模型的估计

随机效应模型的估计方法是可行广义最小二乘法（FGLS），其基本命令是：
xtreg y x1 x2, re
其中，re 代表随机效应（random effect）。在进行随机效应模型估计之前，先需要使用 xtset 定义面板数据。

xtreg ln_w grade age age2 ttl_exp ttl_exp2 tenure tenure2 black not_smsa south，re

```
. xtreg ln_w grade age age2 ttl_exp ttl_exp2 tenure tenure2 black not_smsa south,re

Random-effects GLS regression              Number of obs     =       28091
Group variable: idcode                     Number of groups  =        4697

R-sq:  within  = 0.1715                     Obs per group: min =          1
       between = 0.4784                                    avg =        6.0
       overall = 0.3708                                    max =         15

                                           Wald chi2(10)     =     9244.74
corr(u_i, X)   = 0 (assumed)               Prob > chi2       =      0.0000
```

ln_wage	Coef.	Std. Err.	z	P>|z|	[95% Conf. Interval]	
grade	.0646499	.0017812	36.30	0.000	.0611589	.0681409
age	.0368059	.0031195	11.80	0.000	.0306918	.0429201
age2	-.0007133	.00005	-14.27	0.000	-.0008113	-.0006153
ttl_exp	.0290208	.002422	11.98	0.000	.0242739	.0337678
ttl_exp2	.0003049	.0001162	2.62	0.009	.000077	.0005327
tenure	.0392519	.0017554	22.36	0.000	.0358113	.0426925
tenure2	-.0020035	.0001193	-16.80	0.000	-.0022373	-.0017697
black	-.053053	.0099926	-5.31	0.000	-.0726381	-.0334679
not_smsa	-.1308252	.0071751	-18.23	0.000	-.1448881	-.1167622
south	-.0868922	.0073032	-11.90	0.000	-.1012062	-.0725781
_cons	.2387207	.049469	4.83	0.000	.1417633	.3356781
sigma_u	.25790526					
sigma_e	.29068923					
rho	.44045273	(fraction of variance due to u_i)				

二、聚类稳健标准差

随机效应模型可以使用聚类稳健标准差估计：

xtreg ln_w grade age age2 ttl_exp ttl_exp2 tenure tenure2 black not_smsa south, re robust

xtreg ln_w grade age age2 ttl_exp ttl_exp2 tenure tenure2 black not_smsa south, re vce（cluster idcode）

在随机效应模型中，"robust"和"vce（cluster idcode）"的效果是相同的，这不同于混合模型。

第五节　固定效应模型还是随机效应模型

一、固定效应模型还是随机效应模型

在实践中，究竟使用固定效应还是随机效应模型？Stata 提供了 Hausman 检验方法。其具体命令使用方式如下：

quietly xtreg ln_w grade age age2 ttl_exp ttl_exp2 tenure tenure2 black not_smsa south, fe

estimates store fe

quietly xtreg ln_w grade age age2 ttl_exp ttl_exp2 tenure tenure2 black not_smsa south, re

estimates store re

hausman fe re

首先需要使用固定效应模型和随机效应模型，分别将结果存储在 fe 和 re 中；其次使用 Hausman 命令对两种模型的结果进行对比。

	—— Coefficients ——			
	(b)	(B)	(b-B)	sqrt(diag(V_b-V_B))
	fe	re	Difference	S.E.
age	.0359987	.0368059	-.0008073	.0013177
age2	-.000723	-.0007133	-9.68e-06	.0000184
ttl_exp	.0334668	.0290208	.0044459	.001711
ttl_exp2	.0002163	.0003049	-.0000886	.000053
tenure	.0357539	.0392519	-.003498	.0005797
tenure2	-.0019701	-.0020035	.0000334	.0000373
not_smsa	-.0890108	-.1308252	.0418144	.0062745
south	-.0606309	-.0868922	.0262613	.0081345

```
                    b = consistent under Ho and Ha; obtained from xtreg
         B = inconsistent under Ha, efficient under Ho; obtained from xtreg

    Test:  Ho:  difference in coefficients not systematic

            chi2(8) = (b-B)'[(V_b-V_B)^(-1)](b-B)
                    =        149.43
         Prob>chi2 =        0.0000
```

Hausman 检验的原假设是，固定效应模型和随机效应模型的结果没有差别，所以使用随机效应模型更合适。从检验的最后部分可以看到，卡方检验的统计量是 149.43，p 值为 0.0000，所以拒绝原假设，应当使用固定效应模型更合适。

另外，Hausman 检验中，不能对使用带聚类稳健标准差的模型进行比较。读者可以尝试一下使用聚类稳健标准差"robust"之后再进行 Hausman 检验。

二、混合模型、固定效应模型和随机效应模型的选择

第一步，如果固定效应模型"xtreg，fe"的最后两行报告的 F 检验接受原假设（所有的 u 相同），此时使用混合模型最合适。此时 u 与残差项 ε 不想关，所以不需要固定效应模型，而由于 u 都相同，不是变动的，所以不需要使用随机效应模型。

第二步，如果固定效应模型"xtreg，fe"的最后两行报告的 F 检验拒绝原假设，那么不应该使用混合模型，此时需要 Hausman 检验分析固定效应模型还是随机效应模型更合适。

第三步，通过 Huasman 检验，如果接受原假设，那么随机效应模型更合适，如果拒绝原假设，那么固定效应模型更合适。

提示 9 – 3：实践中，对于公司层面的面板数据而言，一般来说，固定效应模型更为常见，当然，确定使用哪种方法更为合适还是需要严格的检验。

课后习题

1. 对面板数据进行混合回归。
2. 对面板数据进行固定效应回归。
3. 对面板数据进行随机效应回归。

第十章 内生性问题

在现有研究中，读者和审稿人往往会问，模型的内生性问题如何解决的？是否得到了有效的解决？的确，在现有研究中，内生性问题几乎成为每篇实证研究绕不开的话题，因为解释变量的内生性问题会导致估计系数的偏差，而系数的无偏性是模型估计的最基本要求。在研究中，如何处理内生性问题是实证研究的关键环节，也是保证解释变量与被解释变量之间可信的因果关系是实证中的关键。内生性问题的处理反映了一个哲学思想，即任何事物都不是孤立存在的，世界上的一切事物都处于普遍联系之中。而在计量上，克服内生性问题，抓住主要矛盾非常重要。这在技术上如何实现？本章的内容介绍了最大程度克服内生性问题、寻找理想的因果关系的一些方法。本章将简要介绍处理内生性问题的几类思路，包括两阶段最小二乘法、Heckman 模型与处理效应模型以及双重差分模型。尽管如此，在实际研究中，处理内生性问题是一个复杂的问题，需要读者结合所在领域的最前沿进行分析。

第一节　两阶段最小二乘法

最常见的内生性问题的处理方法是两阶段最小二乘法（two stage least square，2SLS）。其基本思路是，选择合适的工具变量，在第一阶段预测出内生解释变量，在第二阶段将预测出的内生解释变量替换原模型中的内生解释变量进行回归。

两阶段最小二乘法的基本命令是：

ivregress 2sls depvar［varlist1］（varlist2 = varlist_iv）［if］［in］［weight］［, options］

depvar 代表被解释变量；varlist1 代表一系列外生解释变量；varlist2 代表存在内生性问题的一系列内生解释变量，而 varlist_iv 代表一系列的工具变量。

例如，有一个普通的回归方程：

regress y x1 x2 x3 x4

然而，x3 和 x4 是内生的，这样会导致估计结果偏差，寻找到了 z1、z2、z3 共三个工具变量。此时，可以使用两阶段最小二乘法对模型进行估计：

ivregress 2sls y x1 x2（x3 x4 = z1 z2 z3）

在 Stata 运行上述命令时，第一阶段是将内生解释变量 x3、x4 作为被解释变量并加以预测，第一阶段的被解释变量包括工具变量 z1、z2、z3 以及外生解释变量 x1、x2。因此，第一阶段相当于运行以下两个方程：

$$x3 = \alpha_0 + \alpha_1 z1 + \alpha_2 z2 + \alpha_3 z3 + \alpha_4 x1 + \alpha_5 x2 + \delta$$

$$x4 = \alpha_0 + \alpha_1 z1 + \alpha_2 z2 + \alpha_3 z3 + \alpha_4 x1 + \alpha_5 x2 + \delta$$

然后在第二阶段，再将 x3 和 x4 的预测值代入原回归方程中：

$$y = \beta_0 + \beta_1 x1 + \beta_2 x2 + \beta_3 \hat{x3} + \beta_4 \hat{x4} x4 + \delta$$

一、两阶段最小二乘的命令与结果

以 Stata 官方所带的 hsng2 数据为例，给出模型的普通最小二乘的回归结果：

webuse hsng2, clear

regress rent hsngval pcturban

Source	SS	df	MS		Number of obs =	50
					F(2, 47) =	47.54
Model	40983.5269	2	20491.7635		Prob > F =	0.0000
Residual	20259.5931	47	431.055172		R-squared =	0.6692
					Adj R-squared =	0.6551
Total	61243.12	49	1249.85959		Root MSE =	20.762

rent	Coef.	Std. Err.	t	P>|t|	[95% Conf. Interval]	
hsngval	.0015205	.0002276	6.68	0.000	.0010627	.0019784
pcturban	.5248216	.2490782	2.11	0.040	.0237408	1.025902
_cons	125.9033	14.18537	8.88	0.000	97.36603	154.4406

然而，怀疑上述模型中 hsngval 可能存在内生性问题，所以寻找到了两组工具变量，包括 faminc 和地区虚拟变量 i. region。

ivregress 2sls rent pcturban（hsngval = faminc i. region）

Instrumental variables (2SLS) regression

					Number of obs =	50
					Wald chi2(2) =	90.76
					Prob > chi2 =	0.0000
					R-squared =	0.5989
					Root MSE =	22.166

rent	Coef.	Std. Err.	z	P>|z|	[95% Conf. Interval]	
hsngval	.0022398	.0003284	6.82	0.000	.0015961	.0028836
pcturban	.081516	.2987652	0.27	0.785	-.504053	.667085
_cons	120.7065	15.22839	7.93	0.000	90.85942	150.5536

Instrumented: hsngval
Instruments: pcturban faminc 2.region 3.region 4.region

可以看到，上述命令只报告了第二阶段的回归结果。从 OLS 和两阶段最小二乘法的结果看，两阶段最小二乘法中 hsngval 的系数变大了，并且 pcturban 的系数变得不显著。

如果需要得到第一阶段的回归结果，需要在上述命令之后加"first"选项，即：

ivregress 2sls rent pcturban（hsngval = faminc i. region），first

```
First-stage regressions
```

```
                                        Number of obs   =         50
                                        F(   5,    44)  =      19.66
                                        Prob > F        =     0.0000
                                        R-squared       =     0.6908
                                        Adj R-squared   =     0.6557
                                        Root MSE        =  9253.4821
```

hsngval	Coef.	Std. Err.	t	P>|t|	[95% Conf. Interval]	
pcturban	182.2201	115.0167	1.58	0.120	-49.58092	414.0211
faminc	2.731324	.6818931	4.01	0.000	1.357058	4.105589
region						
NE	0	(empty)				
N Cntrl	-5095.038	4122.112	-1.24	0.223	-13402.61	3212.533
South	-1778.05	4072.691	-0.44	0.665	-9986.019	6429.919
West	13413.79	4048.141	3.31	0.002	5255.296	21572.28
_cons	-18671.87	11995.48	-1.56	0.127	-42847.17	5503.439

```
Instrumental variables (2SLS) regression    Number of obs =         50
                                             Wald chi2(2)  =      90.76
                                             Prob > chi2   =     0.0000
                                             R-squared     =     0.5989
                                             Root MSE      =     22.166
```

rent	Coef.	Std. Err.	z	P>|z|	[95% Conf. Interval]	
hsngval	.0022398	.0003284	6.82	0.000	.0015961	.0028836
pcturban	.081516	.2987652	0.27	0.785	-.504053	.667085
_cons	120.7065	15.22839	7.93	0.000	90.85942	150.5536

```
Instrumented:  hsngval
Instruments:   pcturban faminc 2.region 3.region 4.region
```

可以看到，第一阶段中的解释变量不仅包括工具变量 faminc、i. region，还包括外生解释变量 pcturban。

为了控制可能的异方差问题，可以使用稳健标准差，命令如下：

ivregress 2sls rent pcturban（hsngval = faminc i. region），robust

```
Instrumental variables (2SLS) regression    Number of obs =         50
                                             Wald chi2(2)  =      44.98
                                             Prob > chi2   =     0.0000
                                             R-squared     =     0.5989
                                             Root MSE      =     22.166
```

		Robust				
rent	Coef.	Std. Err.	z	P>|z|	[95% Conf. Interval]	
hsngval	.0022398	.000672	3.33	0.001	.0009227	.0035569
pcturban	.081516	.4445938	0.18	0.855	-.789872	.9529039
_cons	120.7065	15.25546	7.91	0.000	90.80636	150.6067

```
Instrumented:  hsngval
Instruments:   pcturban faminc 2.region 3.region 4.region
```

当然，也可以同时使用稳健标准差并报告第一阶段的回归结果：

ivregress 2sls rent pcturban（hsngval = faminc i. region），robust first

二、是否需要使用 2SLS——解释变量的内生性检验

只有解释变量存在内生性问题时，使用 2SLS 才是恰当的，否则只需要 OLS 即可。检验解释变量的内生性一般使用的是 Hausman 检验以及 Durbin-Wu-Hausman 检验。

Hausman 检验的基本原理是，估计 OLS 方法和 2SLS 方法得到的结果差异性，如果解释变量是内生的，那么使用 2SLS 得到的结果应该与 OLS 方法得到的结果存在系统性差异，此时使用 2SLS 是恰当的。如果两种方法的结果不存在系统性差异，那么使用 OLS 是恰当的。Hausman 检验的原假设是，两种方法得到的结果不存在系统性差异，解释变量不是内生的，所以不应该使用 2SLS。备择假设是，两种方法得到的结果存在系统性差异，解释变量是内生的，所以应该使用 2SLS。

Hausman 检验的流程如下：

qui ivregress 2sls rent pcturban（hsngval = faminc i. region）

estimates store m1

reg rent pcturban   hsngval

estimates store m2

hausman m1 m2，constant sigmamore

上述命令的基本过程是，先估计出 2SLS 方法和 OLS 方法的结果，并且存储在 m1 和 m2 中，然后使用 Hausman 命令估计两种方法的差异。

可以看到，卡方统计量的结果为 12.08，p 值为 0.0005，在 1% 水平上拒绝原假设，说明解释变量是内生的，需要采用两阶段最小二乘法进行估计。

```
Note: the rank of the differenced variance matrix (1) does not equal the number of coefficients being
      tested (3); be sure this is what you expect, or there may be problems computing the test.
      Examine the output of your estimators for anything unexpected and possibly consider scaling your
      variables so that the coefficients are on a similar scale.
```

| | —— Coefficients —— | | | |
| | (b) | (B) | (b-B) | sqrt(diag(V_b-V_B)) |
	m1	m2	Difference	S.E.
hsngval	.0022398	.0015205	.0007193	.000207
pcturban	.081516	.5248216	-.4433056	.1275655
_cons	120.7065	125.9033	-5.196801	1.49543

```
                 b = consistent under Ho and Ha; obtained from ivregress
          B = inconsistent under Ha, efficient under Ho; obtained from regress

    Test:  Ho:  difference in coefficients not systematic

               chi2(1) = (b-B)'[(V_b-V_B)^(-1)](b-B)
                       =        12.08
            Prob>chi2 =        0.0005
            (V_b-V_B is not positive definite)
```

与第九章固定效应和随机效应的选择那里使用的 Hausman 检验命令类似，Hausman 检验本身不能针对稳健标准差的方程。而 Durbin-Wu-Hausman 检验可以

克服这一障碍，其命令为：

qui ivregress 2sls rent pcturban（hsngval = faminc i. region）

estat endogenous

```
Tests of endogeneity
Ho: variables are exogenous

Durbin (score) chi2(1)          =   12.8473  (p = 0.0003)
Wu-Hausman F(1,46)              =   15.9067  (p = 0.0002)
```

原假设为解释变量是外生的，卡方检验和 F 检验的统计量为 12.84 和 15.90，均在 1% 水平上拒绝原假设，即解释变量是内生的，使用两阶段最小二乘更为合适。

三、工具变量的有效性

合适的工具变量必须满足外生性和相关性。本部分将介绍工具变量的外生性检验和相关性检验（弱工具变量检验）。

（一）工具变量的外生性检验——过度识别检验

当运行完两阶段最小二乘的结果时，输入命令"estat overid"将会得到过度识别检验的结果。其原假设是工具变量是外生的，所以是恰当的，而备择假设是工具变量是内生，所以不恰当。需要注意的是，只有工具变量的个数严格大于内生解释变量的个数时（模型过度识别），才能进行过度识别检验。如果工具变量数目等于内生解释变量数（恰好识别）或者小于内生解释变量数（识别不足），那么无法执行过度识别检验。

qui ivregress 2sls rent pcturban（hsngval = faminc i. region）

estat overid

```
Tests of overidentifying restrictions:

Sargan (score) chi2(3) =    11.2877   (p = 0.0103)
Basmann chi2(3)        =    12.8294   (p = 0.0050)
```

过度识别检验主要观察 Sargan 统计量的结果，可以看到，Sargan 统计量为 11.28，p 值为 0.0103，在 5% 水平上拒绝原假设，表明工具变量不是严格外生的，所以不是恰当的工具变量。

（二）弱工具变量检验

1. 弱工具变量检验

恰当的工具变量还需要满足相关性，否则就意味着存在弱工具变量问题。执行该检验需要两个方面：一是，观察两阶段最小二乘中第一阶段工具变量系数的显著性；二是，当运行完两阶段最小二乘的结果时，运行"estat firststage"进行弱工具变量检验。弱工具变量检验中，主要观察的是 F 检验的值，F 检验报告了所有工具变量的联合显著性。一般而言，只要第一阶段各工具变量的系数显著，并且弱工具变量检验中 F 检验的值超过 10，那么可以认为不存在弱工具变量问题。

qui ivregress 2sls rent pcturban（hsngval = faminc i. region）

estat firststage, all forcenonrobust

其中，all 代表对所有工具变量进行弱工具变量检验；forcenonrobust 代表即使两阶段最小二乘使用稳健标准差进行估计，那么仍然可以运行弱工具变量检验。

首先，在之前报告的第一阶段回归中，faminc 和 region 中的 west 虚拟变量都是显著的，但 region 中的 N Cntrl 和 South 两个虚拟变量不显著，说明这两个变量可能存在弱工具变量问题。

First-stage regression summary statistics

Variable	R-sq.	Adjusted R-sq.	Partial R-sq.	F(4,44)	Prob > F
hsngval	0.6908	0.6557	0.5473	13.2978	0.0000

Shea's partial R-squared

Variable	Shea's Partial R-sq.	Shea's Adj. Partial R-sq.
hsngval	0.5473	0.4958

Minimum eigenvalue statistic = 13.2978

Critical Values		# of endogenous regressors:		1
Ho: Instruments are weak		# of excluded instruments:		4

	5%	10%	20%	30%
2SLS relative bias	16.85	10.27	6.71	5.34

	10%	15%	20%	25%
2SLS Size of nominal 5% Wald test	24.58	13.96	10.26	8.31
LIML Size of nominal 5% Wald test	5.44	3.87	3.30	2.98

其次，弱工具变量检验中的 F 统计量的值为 13.2978，大于 10，通过了联合显著性检验。但是，由于其中两个工具变量不显著，所以无法排除存在的弱工具变量问题。另外，最下方的特征值统计量 13.2978 也没有超过 2SLS 的 5% 水平上名义 Wald 检验临界值 25.58，也可以认为无法排除弱工具变量问题。

2. 解决弱工具变量的思路

为了解决上述弱工具变量问题，可以考虑删去弱工具变量并且寻找更合适的工具变量，或者使用对弱工具变量不太敏感的有限信息极大似然估计法。

首先，由于工具变量是充足的，考虑舍弃不显著的两个工具变量——即 region 中的 N Cntrl 和 South 两个虚拟变量，然后只加入 faminc 和 region 中的 west 虚拟变量（west 等价于 region =4），重新进行两阶段最小二乘法和弱工具变量检验。

g west = （region = =4）

ivregress 2sls rent pcturban（hsngval = faminc west），first

```
First-stage regressions
```

```
                                          Number of obs  =         50
                                          F(   3,    46) =      32.49
                                          Prob > F       =     0.0000
                                          R-squared      =     0.6794
                                          Adj R-squared  =     0.6584
                                          Root MSE       =  9216.4931
```

hsngval	Coef.	Std. Err.	t	P>|t|	[95% Conf. Interval]	
pcturban	205.126	113.0867	1.81	0.076	-22.50563	432.7576
faminc	2.584494	.628394	4.11	0.000	1.319603	3.849386
west	15894.38	3157.5	5.03	0.000	9538.659	22250.09
_cons	-19778.98	10225.19	-1.93	0.059	-40361.23	803.2737

```
Instrumental variables (2SLS) regression    Number of obs =        50
                                             Wald chi2(2)  =     89.45
                                             Prob > chi2   =    0.0000
                                             R-squared     =    0.6093
                                             Root MSE      =    21.875
```

rent	Coef.	Std. Err.	z	P>|z|	[95% Conf. Interval]	
hsngval	.0021842	.0003292	6.63	0.000	.0015389	.0028295
pcturban	.115792	.2969822	0.39	0.697	-.4662825	.6978665
_cons	121.1083	15.03444	8.06	0.000	91.64136	150.5753

可以看到，剩下的两个工具变量 faminc 和 west 是显著的。然后执行弱工具变量检验：

estat firststage，all forcenonrobust

```
First-stage regression summary statistics
```

Variable	R-sq.	Adjusted R-sq.	Partial R-sq.	F(2,46)	Prob > F
hsngval	0.6794	0.6584	0.5305	25.9864	0.0000

```
Shea's partial R-squared
```

Variable	Shea's Partial R-sq.	Shea's Adj. Partial R-sq.
hsngval	0.5305	0.5105

```
Minimum eigenvalue statistic = 25.9864
```

Critical Values Ho: Instruments are weak				# of endogenous regressors: 1 # of excluded instruments: 2

	5%	10%	20%	30%
2SLS relative bias		(not available)		

	10%	15%	20%	25%
2SLS Size of nominal 5% Wald test	19.93	11.59	8.75	7.25
LIML Size of nominal 5% Wald test	8.68	5.33	4.42	3.92

F 统计量上升为 25.9864，依然大于 10，并且，特征值统计量 25.9864 也超过了 2sls 的 5% 水平上名义 Wald 检验临界值 19.93，所以可以认为此时不存在弱工具变量问题。

其次，可以使用有限信息极大似然估计法，所执行的命令只需要将两阶段最小二乘命令中的 2SLS 替换为 LIML 即可：

ivregress liml rent pcturban（hsngval = faminc i. region）

Instrumental variables (LIML) regression		Number of obs = 50
		Wald chi2(2) = 75.71
		Prob > chi2 = 0.0000
		R-squared = 0.4901
		Root MSE = 24.992

rent	Coef.	Std. Err.	z	P>|z|	[95% Conf. Interval]	
hsngval	.0026686	.0004173	6.39	0.000	.0018507	.0034865
pcturban	-.1827391	.3571132	-0.51	0.609	-.8826681	.5171899
_cons	117.6087	17.22625	6.83	0.000	83.84587	151.3715

```
Instrumented:  hsngval
Instruments:   pcturban faminc 2.region 3.region 4.region
```

四、面板数据的两阶段最小二乘法

针对面板数据进行回归时，如果存在内生变量，依然可以运行两阶段最小二乘：

例如，有一个固定效应的回归方程：

xtreg y x1 x2 x3 x4, fe

然而，x3 和 x4 是内生的，这样会导致估计结果偏差，寻找到了 z1、z2、z3 共三个工具变量。此时，可以使用两阶段最小二乘法对模型进行估计：

xtivreg 2sls y x1 x2（x3 x4 = z1 z2 z3），fe

类似地，随机效应模型的原始命令和两阶段最小二乘的模型设定如下：

xtreg y x1 x2 x3 x4, re

xtivreg 2sls y x1 x2（x3 x4 = z1 z2 z3），re

需要特别注意的是，固定效应模型会删除不随时间改变的变量（如个人的性别（不考虑极特殊的性别改变的情况）、某一地区的文化渊源、两个地区的地理距离等），因此，这些不随时间改变的变量也不适用于做固定效应模型的工具变量。

五、如何寻找工具变量

在解决内生性问题的过程中，寻找恰当的工具变量是最关键的。各领域中工具变量的选择存在差异。例如，在财务领域（公司—年度的数据），经常使用内生解释变量的行业—年度层面的均值作为工具变量，一方面，行业情况的平均水平能够驱动企业层面的变量，满足相关性；另一方面，单个企业个体的情形不太可能驱动整个行业的平均水平，所以满足外生。然而，这种选取工具变量的简单方法存在着一定的争议。读者如果单纯需要解决内生性问题以证明结论的稳健性，只需要引经据典，参考本领域最权威期刊的最新使用的工具变量，在确定其合理性之后使用即可。然而，如果读者是希望通过引入较新颖的工具变量解决本领域困扰已久的内生性问题，那么需要花费一定的心思去设计工具变量，有时寻找工具变量也需要灵感。

目前，很多研究开始从历史层面寻找工具变量。这一做法最早可追溯到阿西莫格鲁等（Acemoglu et al.，2001），他们使用早期殖民者在殖民地的死亡率作为殖民者在本地建立的制度类型的工具变量。当殖民者在殖民地的死亡率较高，那么倾向于采取掠夺型的制度；而如果殖民者在殖民地的死亡率较低，那么倾向于采取效仿母国的制度。自此之后，从历史层面寻找工具变量成为一个常见的方法。方颖和赵扬（2011）使用的是 1919 年各城市基督教初级教会小学注册人数在当地人口中的比例作为当代产权保护水平的工具变量。董志强和魏下海（2012）选择了各城市开埠通商的历史作为营商制度软环境的工具变量。格莱塞和卢（Glaeser and Lu，2018）使用 1952 年高校搬迁数据作为城市人力资本的工具变量，研究了人力资本外部性对工资的影响。盛丹和王永进（2014）使用 1937 年公路网密度作为当代企业间关系的工具变量。

寻找工具变量是一种艺术，当然，找到了工具变量后，必须满足外生性和相关性才能使用，这一方面需要在文章中阐述选择这些工具变量的理由，即为什么它们满足外生性和相关性；另一方面也需要通过相应的统计检验验证其外生性和相关性。

六、本节主要命令小结

两阶段最小二乘法命令：

ivregress 2sls y x1 x2（x3 x4 = z1 z2 z3）

ivregress 2sls y x1 x2（x3 x4 = z1 z2 z3），first

ivregress 2sls y x1 x2（x3 x4 = z1 z2 z3），robust

解释变量的内生性检验：

qui ivregress 2sls y x1 x2（x3 x4 = z1 z2 z3）

estimates store m1

reg　y x1 x2 x3 x4

estimates store m2

hausman m1 m2，constant sigmamore

qui ivregress 2sls y x1 x2（x3 x4 = z1 z2 z3）

estat endogenous

工具变量的外生性（过度识别检验）：

qui ivregress 2sls y x1 x2（x3 x4 = z1 z2 z3）

estat overid

工具变量的相关性：

qui ivregress 2sls y x1 x2（x3 x4 = z1 z2 z3）

estat firststage，all forcenonrobust

工具变量法的极大似然估计，解决弱工具变量问题：

ivregress liml rent pcturban（hsngval = faminc i. region）

固定效应模型的两阶段最小二乘法：

xtivreg 2sls y x1 x2（x3 x4 = z1 z2 z3），re

第二节　双重差分法

除了工具变量法之外，外生的自然事件或者政策冲击也会为解决内生性问题提供思路。在现阶段，挖掘政策冲击并通过双重差分法（DID）进行检验成为一种很常见的实证思路。一方面，这种方法可以比较可信地解决内生性问题；另一方面，这一方法可以评估政策效果，为进一步优化政府决策提供思路。

一、双重差分法的基本命令

双重差分法的基本原理是：寻找受政策冲击的实验组和不受政策冲击的控制组，观察在政策冲击前后实验组的变化和控制组的变化，最终检验政策冲击前后实验组的变化与控制组的变化之间是否存在差别。如果存在差别，那么说明政策冲击导致了受政策冲击的实验组产生了与不受政策冲击的控制不一样的变化，说明政策发挥了效果。可以看到，双重差分法针对的都是面板数据。

针对双重差分法，Stata 有专门的程序 diff。尽管如此，在实践中，使用普通回归的方法进行双重差分分析更为常见：

reg y treat policy treat#policy z1 z2 z3，r

其中，treat 代表是否为实验组，如果样本属于实验组，取值为 1，否则为 0。policy 代表是否冲击发生，如果发生了取值为 1，否则为 0。treat#policy 代表两者的交乘项，是 DID 中最关注的变量，它代表，在政策冲击前后，实验组相对于控制组的变化存在何种差异。z1、z2、z3 则是控制变量。需要特别注意的是，treat 变量针对特定个体而言是不随时间发生变化的，即对于某个观测值个体而言，如果定义它为实验组（控制组）个体，那么在整个样本期间，它都归属于实验组（控制组）。在数据中，绝对不会出现某个个体在一段时间是实验组而在另一段时间又成了控制组的情况。

如果希望控制双向固定效应，那么 treat 变量和 policy 变量会由于控制个体固定效应和时间固定效应而被剔除：

xtreg y treat#policy z1 z2 z3 i. time，fe

其中，time 代表面板数据中的时间变量。

二、双重差分法的基本前提——平行趋势

使用双重差分法有一个基本前提条件，即实验组和控制组个体在冲击发生前（policy=0）的变化趋势必须是平行的，没有差异的。如何证明你的数据是平行趋势的呢？

第一种方法是，描绘实验组和控制组均值的时间趋势，如果观察到两者在冲击发生前是大体平行，而在冲击发生后才出现了差别性趋势，那么说明数据是平行趋势的。

第二种方法是，通过方程描述实验组和控制组的年度差异，"reg y treat i. time treat#i. time z1 z2 z3，r"，其中，i. time 代表对每一个时间点形成一个虚拟变量，而 treat#i. time 代表每个时间点虚拟变量与是否实验组 treat 交乘。主要观察所有交乘项的回归系数，如果平行趋势假设成立，那么在 policy 发生前的 time 虚拟变量与 treat 的交乘项都应该不显著，而在 policy 发生后 time 虚拟变量与 treat 的交乘项才应该显著。

例如，有一个政策发生在 2007 年，数据开始于 2002 年，结束于 2010 年，上述方程应该写为"reg y treat year2002 year2003 year2004 year2005 year2006 year2007 year2008 year2009 year2010 treat#year2002 treat#year2003 treat#year2004 treat#year2005 treat#year2006 treat#year2007 treat#year2008 treat#year2009 treat#year2010 z1 z2 z3，r"。如果平行趋势假设成立，那么冲击发生前的交乘项，包括 treat#year2002、treat#year2003、treat#year2004、treat#year2005、treat#year2006，都应该不显著。

第三种方法是第二种方法的简化，假设在 policy=1 之前发生了一个虚假冲击，看看这一虚假冲击后，实验组和控制组是否存在系统性差异，如果是，那么说明平行趋势假设不成立，因为在实际冲击发生前实验组和控制组已经出现了系

统性变化，如果不是，那么说明平行趋势假设成立。依然以所举的例子来说明，假设在 2007 年之前的数据中，在中间时点，例如 2004 年发生了虚假冲击（选择哪一年发生虚假冲击在于个人结合理论的主观判断），那么只选择冲击发生前的 2002～2006 年的样本，然后进行以下回归：

reg y treat pseudopolicy treat#pseudopolicy z1 z2 z3，r

其中，pseudopolicy 代表如果发生了虚假冲击（2004 年以后），取值为 1，否则为 0。主要关注交乘项的系数，如果不显著，说明虚假冲击下实验组和控制组没有系统性差异，即 2002～2003 年与 2004～2006 年两个时间段，实验组和控制组的变化没有差别，那么说明平行趋势假设成立。

上述三种方法在实践中都有用到，使用哪种方法取决于读者所在领域的要求。

三、没有天然的实验组和控制组

通常而言，有些法规是针对部分个体的，例如某个国家中，某些省份规定了商业银行跨区域经营存在局限，而其他省份则没有类似规定，那么受到法规冲击的样本就是天然的实验组，而不受冲击的省份的样本则是控制组。然而，在很多情况下，实验组和控制组并不是天然存在的。例如，某个法规冲击可能适用于整个国家，此时如果使用 DID，就需要人为定义实验组和控制组，方法可以参考威戈（Vig，2013；刘海明和曹廷求，2018）的研究。人为构造的思路是，选择那些更可能被法规冲击影响或者影响更大的个体作为实验组，而那些不太可能受法规冲击影响或者受影响很小的个体作为控制组。

第三节　倾向得分匹配法与处理效应模型

当关键解释变量为 0－1 变量时，也可能会产生一些内生性问题。通常想要检验的问题是，个体进入实验组（＝1）或者控制组（＝0）的效果是否存在显著差别。例如，参加职业培训与不参加职业培训的效果。这里的关键问题是，个体进入实验组或者控制组（个体的解释变量取值为 0 或者 1）并不是随机的，而是一些因素导致个体选择性地进入实验组或者控制组，此时估计其对被解释变量的影响可能会导致估计结果偏差。例如，参加职业培训方面，那些自我感觉能够从职业培训中获得提升的个体更愿意自我选择地加入职业培训。例如，想要检验企业是否对外提供担保对公司绩效的影响。解释变量是 0－1 变量。然而，企业是否对外提供担保并不是随机的，而是由企业本身的盈利能力、债务压力、与其他企业的关系紧密程度等因素决定。

解决非随机分组问题的方法主要有两个：一是倾向得分匹配法（PSM），主要解决依可测变量选择的问题（selection on observables）；二是处理效应模型，主要解决依不可测变量选择的问题（selection on unobservables）。可测变量，是指能够明确获知哪些因素导致了个体主动性地选择进入某一个组，这些因素是可以测度的；不可测变量，是指不能明确获知或者尽管获知这些因素但无法明确测度影响个体主动选择进入某一个组的影响因素。

一、倾向得分匹配法

当能够获知全部影响个体进入控制组或者实验组的因素并且明确测度时，可以使用倾向得分匹配法（propensity score matching）。其基本思想是，利用这些影响进入 0 - 1 组的所有变量，估计出个体进入实验组的倾向，使进入实验组和控制组的个体在进入实验组的倾向上尽量类似。如果两组个体在进入实验组的倾向概率上完全相同或者类似，那么进入实验组或者控制组的选择就可以视作随机的，此时就可以消除估计结果偏差。

倾向得分匹配法的基本命令是：

psmatch2 D x1 x2 x3, outcome(y) neighbor(k) noreplacement

上述命令只给出了最近邻匹配的命令，其中，D 代表是否进入实验组的虚拟变量（0 - 1 变量），x1、x2、x3 就是识别出来的全部能够影响个体选择变量 D 的因素或者选择变量；y 代表结果变量，即原始方程中的被解释变量。outcome 指定被解释变量，neighbor 代表最近邻匹配；k 代表最近邻匹配数量，默认 k = 1，即 1 - 1 匹配。如果 k = 4，代表针对每个实验组个体都会寻找 4 个控制组个体匹配。noreplacement 代表无放回匹配。除了最近邻匹配外，匹配方法还包括卡尺匹配、核匹配、样条匹配等。

在实践中，通常采用的方法是，先使用倾向得分匹配法，找到在进入概率上匹配的样本，剔除不匹配的样本，再使用匹配的样本运用原有的实证方程进行检验。

下面以本教材示例文件中的 DID 数据为例，介绍 PSM 的简单用法。该数据报告了 2009 ~ 2014 年上市公司的子公司是否对外担保对公司业绩的影响。其中，被解释变量为绩效（febit1），解释变量为子公司是否对外担保（ziduiwai00），控制变量包括公司总资产的自然对数 lnzichan、资产负债率 leverage1、固定资产占比 fix1、第一大股东持股比例 first、是否国有 guoyou、董事会规模的自然对数 lndongshi、独立董事比例 csdulibili1、董事长和总经理是否两职合一 isduality。

使用普通最小二乘法进行回归：

use DID，clear

reg febit1 ziduiwai00　lnzichan leverage1 fix1 first guoyou lndongshi csdulibili1 isduality

Source	SS	df	MS
Model	2.07334386	9	.23037154
Residual	49.5113106	12932	.003828589
Total	51.5846545	12941	.003986141

Number of obs = 12942
F(9, 12932) = 60.17
Prob > F = 0.0000
R-squared = 0.0402
Adj R-squared = 0.0395
Root MSE = .06188

febit1	Coef.	Std. Err.	t	P>|t|	[95% Conf. Interval]	
ziduiwai00	-.0017447	.0030348	-0.57	0.565	-.0076933	.004204
lnzichan	.0038018	.0004933	7.71	0.000	.0028349	.0047687
leverage1	-.0433852	.0025298	-17.15	0.000	-.048344	-.0384263
fix1	-.0167807	.0032701	-5.13	0.000	-.0231906	-.0103707
first	.0002877	.0000373	7.72	0.000	.0002147	.0003608
guoyou	-.0083714	.0012731	-6.58	0.000	-.0108668	-.005876
lndongshi	.002857	.0027089	1.05	0.292	-.0024528	.0081669
csdulibili1	-.010366	.00936	-1.11	0.268	-.0287129	.007981
isduality	-.0042461	.0013532	-3.14	0.002	-.0068986	-.0015937
_cons	-.0136661	.0112115	-1.22	0.223	-.0356423	.0083102

可以看到，使用普通最小二乘法（OLS）估计，ziduiwai00 的系数并不显著。OLS 的一个问题是，并没有考虑上市公司子公司对外担保可能存在着自我选择问题，导致估计结果偏差。

（一）PSM 命令结果解读

为了解决主要解释变量的自我选择问题，考虑使用 PSM 方法，假设所有影响子公司对外担保的选择变量只有四个——lnzichan、leverage1、jinrongs（金融市场化程度）、fix1。然后使用 1 对 1 匹配。

psmatch2 ziduiwai00 lnzichan leverage1 jinrongs fix1, outcome（febit1）neighbor（1）noreplacement

Probit regression

Number of obs = 12942
LR chi2(4) = 523.14
Prob > chi2 = 0.0000

Log likelihood = -1702.0179

Pseudo R2 = 0.1332

ziduiwai00	Coef.	Std. Err.	z	P>|z|	[95% Conf. Interval]	
lnzichan	.2927803	.0168652	17.36	0.000	.2597251	.3258355
leverage1	.5473788	.1163839	4.70	0.000	.3192705	.775487
jinrongshichanghua	.035806	.012769	2.80	0.005	.0107791	.0608328
fix1	-.5579451	.1278607	-4.36	0.000	-.8085476	-.3073427
_cons	-8.960503	.395116	-22.68	0.000	-9.734916	-8.18609

Variable	Sample	Treated	Controls	Difference	S.E.	T-stat
febit1	Unmatched	.051929162	.054006054	-.002076892	.003019764	-0.69
	ATT	.051929162	.050606285	.001322877	.003408997	0.39

Note: S.E. does not take into account that the propensity score is estimated.

psmatch2: Treatment assignment	psmatch2: Common support On suppor	Total
Untreated	12,489	12,489
Treated	453	453
Total	12,942	12,942

第一个表展示了选择变量对子公司对外担保 ziduiwai00 的影响，可以看到，四个选择变量均对子公司担保产生了显著影响。

第二个表报告了被解释变量 febit1 在未匹配样本和匹配样本的差别。第一行 Unmatched 报告了匹配前样本中有担保组（ziduiwai00 = 1）和无担保组（ziduiwai00 = 0）的差别，此时有担保组比无担保组的差别为 − 0.002076892，但 T 检验统计量为 − 0.69，所以这种差别不显著。第二行 ATT 报告了匹配后样本中有担保组（ziduiwai00 = 1）和无担保组（ziduiwai00 = 0）的差别，此时有担保组比无担保组的差别为 0.001322807，但 T 检验统计量为 0.39，所以这种差别不显著。

第三个表报告了样本的匹配情况，可以看到，经过匹配后，匹配倾向在共同取值范围内的 on support 的样本为 12942，包含了所有样本，而不在共同取值范围内的 off support 的样本数为 0（没有报告）。

在使用 PSM 方法后，数据集中会出现一系列新变量，_pscore、_treated、_support、_weight、_febit1、_id、_n1、_nn、_pdif。

_pscore 代表匹配的情形得分或者倾向概率；

_treated 代表是否为实验组（是否存在子公司对外担保）；

_support 代表样本是否在共同取值范围内，如果是，那么结果为 on support，如果不是，那么结果为 off support，off support 的样本不在匹配范围内，所以需要剔除；

_weight 代表权重；

_febit1 代表实验组（存在子公司对外担保的样本，ziduiwai00 = 1）的被解释变量的结果；

_id 是 Stata 为每一个样本提供的 ID；

_n1 代表每个实验组样本匹配的控制组（不存在子公司对外担保样本，ziduiwai00 = 0）的样本 ID；

_nn 代表的是每个实验组样本匹配的控制组样本的个数；

_pdif 代表实验组样本与控制组样本匹配后两者匹配概率差的绝对值。

（二）PSM 命令后使用原回归方程

通过上述分析，可以看到，尽管 psmatch2 的方法能够处理选择变量的选择偏差问题，却只能估计匹配后被解释变量 febit 在实验组和控制组之间的统计上的差别，无法将原方程的控制变量放入回归中。因此，实践中常用的方法是，先用 PSM 命令找到匹配的样本，再对匹配后的样本使用原方程进行回归。

首先，需要提取出来匹配后的样本：

psmatch2 ziduiwai00 lnzichan leverage1 jinrongs fix1, outcome（febit1）neighbor（1）noreplacement

g x = _n1

g x1 = _id

save DID1, replace

```
keep x
keep if x <.
rename x x1
sort x1
save x1, replace
use DID1, clear
sort x1
merge x1 using x1
g pipei = 1 if _treated = = 1 | _merge = = 3
```

其次，由于_n1 变量代表的是与实验组进行 1 对 1 匹配后的控制组的样本，只需要提取出这些被匹配成功的控制组样本的 ID，将其存储在数据集 x1 中，然后将它们与原始数据中的样本的 ID（_id 变量）进行匹配，匹配成功的样本（_merge ==3）就是 PSM 可以成功的控制组样本。最终将实验组样本（_treated ==1）和成功匹配的控制组样本（_merge ==3）提取到 pipei 变量中。

最后，使用 PSM 匹配成功的样本（pipei = =1）使用原方程进行回归：

```
reg febit1 ziduiwai00   lnzichan leverage1   fix1      first   guoyou lndongshi
csdulibili1   isduality   if pipei == 1
```

Source	SS	df	MS		
				Number of obs =	906
				F(9, 896) =	9.64
Model	.210164041	9	.02335156	Prob > F =	0.0000
Residual	2.16975461	896	.002421601	R-squared =	0.0883
				Adj R-squared =	0.0791
Total	2.37991865	905	.002629744	Root MSE =	.04921

febit1	Coef.	Std. Err.	t	P>|t|	[95% Conf. Interval]	
ziduiwai00	.0007929	.0032799	0.24	0.809	-.0056443	.00723
lnzichan	.0021708	.0012629	1.72	0.086	-.0003077	.0046494
leverage1	-.0787965	.0093265	-8.45	0.000	-.0971009	-.0604922
fix1	-.009045	.0090652	-1.00	0.319	-.0268365	.0087464
first	.0001839	.0001101	1.67	0.095	-.0000322	.0003999
guoyou	-.0058609	.0038799	-1.51	0.131	-.0134757	.0017539
lndongshi	.0055565	.0077601	0.72	0.474	-.0096736	.0207866
csdulibili1	-.0252137	.0258906	-0.97	0.330	-.076027	.0255996
isduality	-.0009182	.0048716	-0.19	0.851	-.0104792	.0086428
_cons	.0423835	.0287109	1.48	0.140	-.0139648	.0987319

可以看到，匹配成功的样本只有 906 个，并且，ziduiwai00 的系数依然不显著。

二、处理效应模型

一般而言，获知所有影响个体进入实验组的因素并且明确测度出来是很困难的。此时，就需要使用处理效应模型解决依不可测变量选择的问题。

　　需要注意的是，标准的处理效应模型至少需要一个工具变量，其余的影响变量可以是外生变量。

　　例如，原始的回归方程为：

reg y D x1 x2 x3 x4

其中，D 是 0 - 1 变量，假设其存在自我选择问题，使用几个选择变量 z1、z2、z3 使用处理效应模型进行分析。

treatreg y x1 x2 x3 x4, treat（D = z1 z2 z3）two

　　仍然以 DID 数据集为例，假设选择变量除了 lnzichan、leverage1、jinrongs（金融市场化程度）、fix1 四个外，还引入了一个严格外生的工具变量 gonglu（本地 1937 年的公路网密度）。

treatreg febit1　lnzichan leverage1　fix1　　first　guoyou lndongshi csdulibili1 isduality, treat（ziduiwai00 = lnzichan leverage1　jinrongs gonglu fix1）two

```
Treatment-effects model -- two-step estimates    Number of obs    =    12942

                                                 Wald chi2(12)    =    1029.59
                                                 Prob > chi2      =     0.0000
```

	Coef.	Std. Err.	z	P>|z|	[95% Conf. Interval]	
febit1						
lnzichan	.0063739	.0006276	10.16	0.000	.0051438	.007604
leverage1	-.0398244	.0026662	-14.94	0.000	-.0450499	-.0345988
fix1	-.0216468	.0034553	-6.26	0.000	-.0284191	-.0148746
first	.0002973	.0000371	8.02	0.000	.0002246	.00037
guoyou	-.008595	.0012708	-6.76	0.000	-.0110857	-.0061043
lndongshi	.0028183	.0026974	1.04	0.296	-.0024686	.0081051
csdulibili1	-.0072428	.0093225	-0.78	0.437	-.0255146	.011029
isduality	-.0041813	.0013588	-3.08	0.002	-.0068446	-.001518
ziduiwai00	-.0954954	.0138835	-6.88	0.000	-.1227066	-.0682843
_cons	-.0682585	.0139255	-4.90	0.000	-.0955519	-.040965
ziduiwai00						
lnzichan	.2989159	.0171134	17.47	0.000	.2653743	.3324575
leverage1	.5169568	.117431	4.40	0.000	.2867963	.7471174
jinrongshichanghua	.0448139	.0131359	3.41	0.001	.019068	.0705598
gonglu	-.0002567	.0000992	-2.59	0.010	-.0004511	-.0000623
fix1	-.5938295	.1291344	-4.60	0.000	-.8469283	-.3407307
_cons	-9.080036	.3986102	-22.78	0.000	-9.861297	-8.298774
hazard						
lambda	.0444375	.0063952	6.95	0.000	.0319032	.0569718
rho	0.69330					
sigma	.06409558					

　　可以看到，ziduiwai00 的系数此时显著为负（- 0.0954954），表明在纠正了选择偏差后，子公司对外担保降低了公司绩效。另外，5 个选择变量均对 ziduiwai00 产生了显著的影响。Lambda 的系数代表了样本选择偏差的影响，其系数为正 0.444375，并且显著，表明样本选择偏差确实对模型的结果产生了显著影响。

　　提示 10 - 1：如果核心的解释变量是 0 - 1 变量，那么在解决内生性问题时，仅仅使用 PSM 是不够的，最好能够使用处理效应模型来解决，因为很难找到并且测度所有的影响进入实验组的因素。

课后习题

1. 使用两阶段最小二乘法来解决内生性问题。
2. 使用双重差分法来解决内生性问题。

第十一章　二值选择模型

有些回归模型的被解释变量是虚拟变量，例如 CEO 性别决定因素的研究以及是否预测发生金融危机的研究等。这种情况不适合使用 OLS 模型进行分析。本章将主要介绍二值选择模型的命令，包括 Logit 模型和 Probit 模型。

第一节　Logit 模型与 Probit 模型

一、使用 OLS 模型可能的问题

被解释变量是 0 - 1 变量，如果使用 OLS 模型进行估计，得到的被解释变量的拟合值可能小于 0 或者大于 1。然而，期望的是模型的预测值应当在 0 和 1 的范围内，代表发生的概率。而预测值小于 0 或者大于 1 在概率意义上无法解释。此时，需要引入 Logit 模型或者 Probit 模型。

二、Logit 模型

Logit 模型的基本命令格式为：

logit y x1 x2

Logit 模型可以使用稳健标准差进行估计，也可以使用部分样本进行估计。

（一）Logit 模型的基本用法

以 Stata 官网中的"nhanes2d"数据为例，分析个人的特征，包括身高（height）、体重（weight）、年龄（age）、是否女性（female），对是否血压高（highbp）的影响：

webuse nhanes2d，clear

logit highbp height weight age female

```
Iteration 0:   log likelihood = -7050.7655
Iteration 1:   log likelihood =  -5853.749
Iteration 2:   log likelihood = -5839.6214
Iteration 3:   log likelihood = -5839.5795
Iteration 4:   log likelihood = -5839.5795
```

```
Logistic regression                          Number of obs   =      10351
                                             LR chi2(4)      =    2422.37
                                             Prob > chi2     =     0.0000
Log likelihood = -5839.5795                  Pseudo R2       =     0.1718
```

highbp	Coef.	Std. Err.	z	P>|z|	[95% Conf. Interval]	
height	-.0355632	.0036591	-9.72	0.000	-.0427348	-.0283916
weight	.0499966	.0018348	27.25	0.000	.0464004	.0535927
age	.0469231	.0014573	32.20	0.000	.0440668	.0497794
female	-.3752472	.0641992	-5.85	0.000	-.5010753	-.2494192
_cons	-.074346	.6230625	-0.12	0.905	-1.295526	1.146834

回归结果展示了迭代过程和回归结果。需要注意的是，Logit 模型不能计算可决系数 R2，只能计算伪 R2。此外，直接使用上述模型得到的系数并不是各变量对被解释变量的边际效应，只有系数方向和显著性具有参考性。可以看到，所有解释变量均显著，体重越轻、体重越大、年龄越大，越可能血压高，男性相比女性更可能血压高。

（二）模型的准确性

在使用 Logit 模型后，可以接着使用"estat class"查看模型的准确性。
estat class

Logistic model for highbp

Classified	True		Total
	D	~D	
+	2725	1442	4167
-	1651	4533	6184
Total	4376	5975	10351

Classified + if predicted Pr(D) >= .5
True D defined as highbp != 0

Sensitivity	Pr(+| D)	62.27%
Specificity	Pr(-|~D)	75.87%
Positive predictive value	Pr(D| +)	65.39%
Negative predictive value	Pr(~D| -)	73.30%
False + rate for true ~D	Pr(+|~D)	24.13%
False - rate for true D	Pr(-| D)	37.73%
False + rate for classified +	Pr(~D| +)	34.61%
False - rate for classified -	Pr(D| -)	26.70%
Correctly classified		70.12%

正确归类的百分比 =（模型预测是高血压并且实际是高血压的样本＋模型预测没有高血压并且实际没有高血压的样本）／总样本 =（2725 + 4533）／10351 = 70.12%。其中，模型预测是高血压等价于模型的预测值高于 0.5，模型预测没有高血压等价于模型的预测值低于 0.5。

（三） 边际效应

Logit 模型不能直接报告边际效应，此时可以通过以下命令估计平均边际效应：

margins, dydx （＊）

```
Average marginal effects                      Number of obs   =      10351
Model VCE    : OIM

Expression   : Pr(highbp), predict()
dy/dx w.r.t. : height weight age female
```

	dy/dx	Delta-method Std. Err.	z	P>|z|	[95% Conf. Interval]	
height	-.0068101	.0006894	-9.88	0.000	-.0081614	-.0054588
weight	.009574	.0003048	31.41	0.000	.0089766	.0101713
age	.0089854	.0002248	39.98	0.000	.0085449	.009426
female	-.0718571	.0122234	-5.88	0.000	-.0958145	-.0478996

上述结果可以解读为当身高增加一个单位，平均而言血压高的概率会降低 0.681%；体重每增加一个单位，平均而言血压高的概率会提高 0.957%。

Stata 也能提供各变量均值处的边际效应，其具体命令选择以下命令中的其中一个即可：

margins, dydx （＊） atmeans

mfx

三、Probit 模型

Probit 模型的基本命令格式为：

probit y x1 x2

Probit 模型可以使用稳健标准差进行估计，也可以使用部分样本进行估计。

（一） Probit 模型的基本用法

仍然以 Stata 官网中的 "nhanes2d" 数据为例，分析个人的特征，包括身高（height）、体重（weight）、年龄（age）、是否女性（female），对是否血压高（highbp）的影响：

webuse nhanes2d, clear

probit highbp height weight age female

```
Iteration 0:   log likelihood = -7050.7655
Iteration 1:   log likelihood = -5841.4367
Iteration 2:   log likelihood = -5836.0686
Iteration 3:   log likelihood = -5836.0666
Iteration 4:   log likelihood = -5836.0666
```

```
Probit regression                              Number of obs    =      10351
                                               LR chi2(4)       =     2429.40
                                               Prob > chi2      =      0.0000
Log likelihood = -5836.0666                    Pseudo R2        =      0.1723
```

highbp	Coef.	Std. Err.	z	P>|z|	[95% Conf. Interval]	
height	-.0210424	.0021707	-9.69	0.000	-.025297	-.0167878
weight	.0298426	.0010641	28.04	0.000	.027757	.0319283
age	.0283021	.0008502	33.29	0.000	.0266359	.0299684
female	-.2295655	.0383927	-5.98	0.000	-.3048138	-.1543172
_cons	-.0896121	.3714029	-0.24	0.809	-.8175485	.6383243

可以看到，Logit 模型和 Probit 模型在回归系数的方向、显著性、t 值等方面基本一致。Probit 模型的可决系数也是伪 R2。与 Logit 模型类似，直接使用 Probit 模型得到的系数并不是各变量对被解释变量的边际效应，只有系数方向和显著性具有参考性。可以看到，所有解释变量均显著，体重越轻、体重越大、年龄越大，越可能出现血压高，男性相比女性更可能出现血压高。

（二）模型的准确性

在使用 Probit 模型后，可以接着使用"estat class"查看模型的准确性。
estat class

```
Probit model for highbp
```

	True		
Classified	D	~D	Total
+	2727	1442	4169
-	1649	4533	6182
Total	4376	5975	10351

```
Classified + if predicted Pr(D) >= .5
True D defined as highbp != 0
```

Sensitivity	Pr(+| D)	62.32%
Specificity	Pr(-|~D)	75.87%
Positive predictive value	Pr(D| +)	65.41%
Negative predictive value	Pr(~D| -)	73.33%
False + rate for true ~D	Pr(+|~D)	24.13%
False - rate for true D	Pr(-| D)	37.68%
False + rate for classified +	Pr(~D| +)	34.59%
False - rate for classified -	Pr(D| -)	26.67%
Correctly classified		70.14%

正确归类的百分比 = （模型预测是高血压并且实际是高血压的样本 + 模型预测没有高血压并且实际没有高血压的样本）/总样本 = （2727 + 4533）/10351 = 70.14%，可以看到，使用 probit 模型和 logit 模型的正确归类百分比差别很小。其中，模型预测是高血压等价于模型的预测值高于 0.5，模型预测没有高血压等

价于模型的预测值低于 0.5。

(三) 边际效应

Probit 模型不能直接报告边际效应，此时可以通过以下命令估计平均边际效应：

margins, dydx (*)

```
Average marginal effects                        Number of obs    =      10351
Model VCE   : OIM

Expression  : Pr(highbp), predict()
dy/dx w.r.t. : height weight age female
```

	dy/dx	Delta-method Std. Err.	z	P>|z|	[95% Conf. Interval]	
height	-.0067232	.000685	-9.82	0.000	-.0080657	-.0053807
weight	.009535	.0003022	31.56	0.000	.0089427	.0101272
age	.0090428	.0002264	39.94	0.000	.008599	.0094865
female	-.0733481	.0122049	-6.01	0.000	-.0972693	-.0494268

上述结果可以解读为当身高增加一个单位，平均而言血压高的概率会降低 0.672%；体重每增加一个单位，平均而言血压高的概率会提高 0.953%。可以看到，Logit 模型和 Probit 模型估计的边际效应基本一致。

Stata 也能提供各变量均值处的边际效应，其具体命令选择以下命令中的其中一个即可：

margins, dydx (*) atmeans

mfx

第二节　其他离散选择模型

除了二值选择问题外，实践中还存在多值选择等的问题。

一、多值选择模型

第一种是多值选择模型，即被解释变量是面临的同一层次的多个选择，例如经济主体对不同职业的选择（教师、医生、农民、公务员等），此时需要使用多值选择模型，其具体命令为 mlogit 或者 mprobit：

webuse sysdsn1, clear

mprobit insure age male nonwhite i. site

其中，被解释变量 insure = 1，2，3，一共 3 个数值，分别对应着 indemnity（获得赔偿）、prepaid（预付保险金）、uninsure（未参与保险）三种选择。进行多值 logit 回归时，需要指定基准情形。在不指定的情况下，默认被解释变量 = 1 时为基准情形。

Indemnity 对应的是 base outcome，即该情形为基准情形，然后 Stata 分别汇报了相对于基准情形（insure =1 或者 indemnity），insure =2 和 insure =3 的决定因素。

从 insure =2 的结果来看，age 的系数为负（-0.011745）且显著，说明 age 越大，相对于 insure =1 的基准情况，insure =2 发生的可能性更低，进一步可以解释为，个体的 age（年龄）越大，在基准选择 indemnity（insure =1）和 prepaid（insure =2）之间，参与者更倾向于选择 indemnity 模式。male 的系数为正（0.56169）且显著，说明相对于基准情况 indemnity（insure =1），男性参与者更可能选择 prepaid（insure =2），或者说，男性参与者在 indemnity（insure =1）和 prepaid（insure =2）之间，更倾向于选择 prepaid 模式。nonwhite 的系数为正（0.21705）且显著，说明非白人的参与者在 indemnity（insure =1）和 prepaid（insure =2）之间，参与者更倾向于选择 prepaid 模式。其他变量的结果读者可以自行解读。

从 insure =3 的结果来看，age 的系数不显著（p 值大于 0.1），说明对于不同年龄之间的参与者在基准情形 indemnity（insure =1）和 uninsure（insure =3）之间的选择并没有差异。Male 和 nonwhite 的系数也不显著，说明对于男性和女性之间、非白人和白人之间，在基准情形 indemnity（insure =1）和 uninsure（insure =3）之间的选择也没有差异。site =2 的系数显著为负（-1.211），说明当参与者的 site =2 时，相对于基准情况 indemnity（insure =1），参与者更不愿意选择 uninsure（insure =3）。

```
Multinomial logistic regression              Number of obs   =       615
                                             LR chi2(10)     =     42.99
                                             Prob > chi2     =    0.0000
Log likelihood = -534.36165                  Pseudo R2       =    0.0387
```

insure	Coef.	Std. Err.	z	P>|z|	[95% Conf. Interval]	
Indemnity	(base outcome)					
Prepaid						
age	-.011745	.0061946	-1.90	0.058	-.0238862	.0003962
male	.5616934	.2027465	2.77	0.006	.1643175	.9590693
nonwhite	.9747768	.2363213	4.12	0.000	.5115955	1.437958
site						
2	.1130359	.2101903	0.54	0.591	-.2989296	.5250013
3	-.5879879	.2279351	-2.58	0.010	-1.034733	-.1412433
_cons	.2697127	.3284422	0.82	0.412	-.3740222	.9134476
Uninsure						
age	-.0077961	.0114418	-0.68	0.496	-.0302217	.0146294
male	.4518496	.3674867	1.23	0.219	-.268411	1.17211
nonwhite	.2170589	.4256361	0.51	0.610	-.6171725	1.05129
site						
2	-1.211563	.4705127	-2.57	0.010	-2.133751	-.2893747
3	-.2078123	.3662926	-0.57	0.570	-.9257327	.510108
_cons	-1.286943	.5923219	-2.17	0.030	-2.447872	-.1260134

当然，也可以改变基准情况，例如，想以 insure = 2 或者 prepaid 模式作为基准情况：

mlogit insure age male nonwhite i. site，baseoutcome（2）

```
Multinomial logistic regression                Number of obs   =       615
                                               LR chi2(10)     =     42.99
                                               Prob > chi2     =    0.0000
Log likelihood = -534.36165                    Pseudo R2       =    0.0387
```

insure	Coef.	Std. Err.	z	P>|z|	[95% Conf. Interval]	
Indemnity						
age	.011745	.0061946	1.90	0.058	-.0003962	.0238862
male	-.5616934	.2027465	-2.77	0.006	-.9590693	-.1643175
nonwhite	-.9747768	.2363213	-4.12	0.000	-1.437958	-.5115955
site						
2	-.1130359	.2101903	-0.54	0.591	-.5250013	.2989296
3	.5879879	.2279351	2.58	0.010	.1412433	1.034733
_cons	-.2697127	.3284422	-0.82	0.412	-.9134476	.3740222
Prepaid	(base outcome)					
Uninsure						
age	.0039489	.0115994	0.34	0.734	-.0187855	.0266832
male	-.1098438	.3651883	-0.30	0.764	-.8255998	.6059122
nonwhite	-.7577178	.4195759	-1.81	0.071	-1.580071	.0646357
site						
2	-1.324599	.4697954	-2.82	0.005	-2.245381	-.4038165
3	.3801756	.3728188	1.02	0.308	-.3505358	1.110887
_cons	-1.556656	.5963286	-2.61	0.009	-2.725438	-.387873

可以看到，此时基准情形变成了 prepaid（insure = 2），而其他回归结果的解读则需要以 insure = 2 为基准。例如，insure = 1 或者 indemnity 情况下，age 的系数显著为正（0.011745），这说明，相对于基准情形 insure = 2 或者 prepaid，年龄大的参与者更愿意选择 insure = 1 或者 indemnity 模式。其他结果读者可以自行解读。

另外，多值选择模型也可以使用 mprobit 模型：

mprobit insure age male nonwhite i. site

mprobit insure age male nonwhite i. site，baseoutcome（2）

二、计数模型

第二种是计数模型，即被解释变量是非负整数，例如一年中旅行的次数、一个小时内到达银行提款机提款的客户数目等，此时需要计数模型。计数模型一般用泊松回归 poisson 或者负二项回归命令 nbreg。

poisson y x1 x2 x3

nbreg y x1 x2 x3

泊松回归一般假定变量的期望和方差相等，即遵循泊松分布，如果数据的方差远大于期望，那么使用负二项回归更为合适。

上述模型可以使用稳健标准差进行估计：

poisson y x1 x2 x3，r

nbreg y x1 x2 x3，r

三、排序模型

第三种是排序模型，这种模型适用于被解释变量是离散的非负整数，且非负整数具有排序意义，例如信用评级水平、满意度调查中的选项（非常不满意、不满意、基本不满意、基本满意、满意、非常满意）。此时需要使用 ologit 或者 oprobit 命令。

ologit y x1 x2 x3

oprobit y x1 x2 x3

第三节　Tobit 模型

实践中，某些数据存在截断的情况，即 0 以下的数值全都为 0，而 0 以上则是原始的数值。例如，上市公司分红比例的确定，其具体取值都在 0（不分红）以及 0 以上。再如，地方政府融资平台发行城投债的选择，其具体取值也是 0（不发债）以及 0 以上。实际上，可以把这些问题分为两步：第一步，选择是否分红或者发债，此时就是一个二值选择问题；第二步，确定了分红或者发债后，就需要确定分红或者发债的比例，这就是一个传统的回归问题。对于此类问题的常见处理方法是 Tobit 模型。

Tobit 模型的命令格式为：

tobit depvar［indepvars］［if］［in］［weight］，ll［（#）］ul［（#）］［options］

其中，ll［（#）］代表左侧截断的位置；ul［（#）］代表右侧截断的位置，以所提及的上市公司分红的情形为例，需要在 0 处进行左侧截断。

课后习题

1. 使用 Stata 软件进行 Logit 模型回归。

2. 使用 Stata 软件进行 Probit 模型回归。

第十二章　时间序列初步

本章主要简单介绍平稳时间序列的处理方法、时间序列中的异方差模型以及非平稳时间序列的 Stata 处理方法。

第一节　平稳时间序列

一、AR 模型与 MA 模型

平稳时间序列最常见的处理模型是自回归模型（auto regression，AR 模型）、移动平均模型（moving average process，MA 模型）以及两者相结合的自回归移动平均模型（ARMA 模型）。

一阶自回归模型 AR（1）的形式如下：

$y_t = \alpha_0 + \alpha_1 y_{t-1} + \varepsilon_t$

高阶自回归模型 AR（m）的形式如下：

$y_t = \alpha_0 + \alpha_1 y_{t-1} + \alpha_2 y_{t-2} + \cdots + \alpha_m y_{t-m} + \varepsilon_t$

一阶移动平均模型 MA（1）的形式如下：

$y_t = \mu + \varepsilon_t + \beta_1 \varepsilon_{t-1}$

高阶移动平均模型 MA（n）的形式如下：

$y_t = \mu + \varepsilon_t + \beta_1 \varepsilon_{t-1} + \beta_2 \varepsilon_{t-2} + \cdots + \beta_n \varepsilon_{t-n}$

自回归移动平均模型 ARMA（m，n）由 AR（m）和 MA（n）构成，其具体形式如下：

$y_t = \alpha_0 + \alpha_1 y_{t-1} + \alpha_2 y_{t-2} + \cdots + \alpha_m y_{t-m} + \varepsilon_t + \beta_1 \varepsilon_{t-1} + \beta_2 \varepsilon_{t-2} + \cdots + \beta_n \varepsilon_{t-n}$

二、AR 模型与 MA 模型的 Stata 命令

使用 arima 命令可以执行 AR 模型、MA 模型以及 ARMA 模型。

例 1：对时间序列变量 y 执行一个 ARMA（m，n）模型可以采用以下命令：

arima y, ar（1/m）ma（1/n）

这一命令代表对 y 变量的 1 阶滞后到 m 阶滞后的所有变量进行回归（等价于 AR（m））以及对残差项的 1 阶滞后到 n 阶滞后的所有变量进行回归（等价于

MA（n））。

或者采用以下命令：

arima y, arima（m, 0, n）

后一个命令代表对 y 变量执行 0 阶差分、m 阶自回归、n 阶移动平均。

例 2：如果需要先对 y 变量进行二阶差分，再进行 ARMA（m, n），那么可以采用以下命令：

arima y, arima（m, 2, n）

或者

arima D2. y, ar（1/m）ma（1/n）

例 3：如果在模型中只希望加入 AR 模型中的 1 阶和 4 阶滞后，MA 模型中的 2 阶和 5 阶滞后，那么可以采用以下命令：

arima y, ar（1, 4）ma（2, 5）

例 4：如果需要简单地使用 AR（m）模型，只需要使用以下命令：

arima y, ar（1/m）

或者

arima y, arima（m, 0, 0）

例 5：如果需要简单地使用 MA（n）模型，只需要使用以下命令：

arima y, ma（1/n）

或者

arima y, arima（0, 0, n）

三、如何选择恰当的模型

在处理平稳时间序列数据时，究竟使用 AR 模型、MA 模型还是 ARMA 模型？对应的模型需要滞后几阶？选择恰当的模型需要两个方面：一是观察自相关和偏自相关图；二是根据 AIC 信息准则和 BIC 信息准则判定不同模型的优劣。

自相关和偏自相关系数的判断标准如下：

如果自相关系数拖尾，偏自相关系数在 p 阶之后截尾，那么使用 AR（p）模型；

如果自相关系数在 p 阶之后截尾，偏自相关系数拖尾，那么使用 MA（p）模型；

如果自相关系数和偏自相关系数都拖尾，那么使用 ARMA 模型。

而 AIC 和 BIC 统计量的判断标准是，统计量本身是负的，AIC 或者 BIC 统计量越小（或者绝对值越大），那么模型越恰当。

绘制 y 变量的自相关图的命令是"ac y"，绘制 y 变量偏自相关图的命令是"pac y"。而显示 AIC 或者 BIC 的统计量命令为"estat ic"，该变量需要在实际执行时间序列模型（AR 模型、MA 模型或 ARMA 模型）之后使用。

四、例子

本部分以示例文件夹中的 gdpcpi 数据为例，展示 ARMA 模型的具体使用。首先需要确保需要分析的变量 gdpzeng（年度 GDP 增长率）是平稳时间序列，预先使用 ADF 检验等确认其为平稳时间序列；其次使用平稳时间序列的方法进行分析。

use gdpcpi，clear

tsset year

在进行时间序列分析之前，先使用 tsset 定义时间序列数据。

绘制自相关图和偏自相关图：

ac gdpzeng

pac gdpzeng

图 12 - 1 列示了自相关图（a）和偏自相关图（b）。其中，横轴代表滞后阶数，从 1～30，纵轴代表自相关系数或者偏自相关系数。图中竖线对应的顶点代

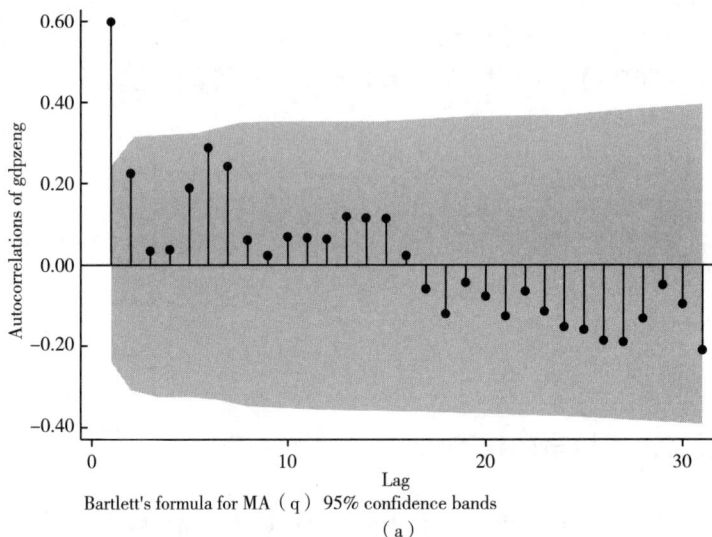

Bartlett's formula for MA（q）95% confidence bands

（a）

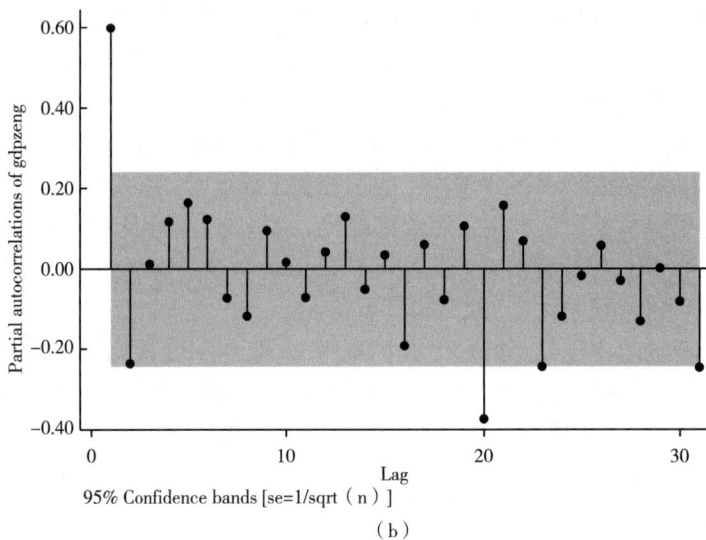

95% Confidence bands [se=1/sqrt（n）]

（b）

图 12 - 1 自相关图和偏自相关图

表对应阶数的自相关系数或者偏自相关系数。所谓截尾是指从某个阶数之后，自相关系数（偏自相关系数）一直在阴影范围内在较小的数值范围内波动。所谓拖尾是指即使经过了较大的阶数后，自相关系数（偏自相关系数）还存在较大的数值，没有截断的迹象。

可以看到，gdpzeng 的自相关系数在 1 阶水平上超过了阴影部分，显著不为 0，但在 1 阶之后截尾，即 1 阶之后的自回归系数在阴影范围内在较小的数值范围内波动，而偏自相关系数在 1 阶之后拖尾，即 1 阶之后的偏自相关系数依然会波动到阴影范围之外。所以考虑使用 MA（1）模型。

arima gdpzeng，ma（1）

```
ARIMA regression

Sample:  1953 - 2019                        Number of obs    =          67
                                            Wald chi2(1)     =       23.58
Log likelihood = -224.6957                  Prob > chi2      =      0.0000
```

gdpzeng	Coef.	OPG Std. Err.	z	P>|z|	[95% Conf. Interval]	
gdpzeng _cons	11.90295	1.489357	7.99	0.000	8.983867	14.82204
ARMA ma L1.	.5898835	.1214648	4.86	0.000	.3518169	.8279501
/sigma	6.900142	.4546257	15.18	0.000	6.009092	7.791192

```
Note: The test of the variance against zero is one sided, and the two-sided
      confidence interval is truncated at zero.
```

可以看到，常数项系数为 11.90，而残差项一阶滞后的系数为 0.589，并且在 1% 水平上显著。

使用信息准则查看该模型的 AIC 和 BIC 统计量：

estat ic

```
Akaike's information criterion and Bayesian information criterion
```

Model	Obs	ll(null)	ll(model)	df	AIC	BIC
.	67	.	-224.6957	3	455.3913	462.0054

```
        Note:  N=Obs used in calculating BIC; see [R] BIC note
```

本教材中使用的是 Stata13 MP 版，其汇报的 AIC 和 BIC 是正值，而使用其他版本的软件或者在其他教材中，AIC 和 BIC 的值是负的。这里读者只需要记住一个原则即可，当 Stata 汇报的 AIC 或者 BIC 为负值时，越小代表模型越好；当 AIC 或者 BIC 为正值时，表明取了原始值的绝对值，此时越大代表模型越好。

使用其他备选模型，第一个备选模型是 MA（2）模型：

arima gdpzeng, ma（2）

```
ARIMA regression

Sample: 1953 - 2019                          Number of obs   =        67
                                             Wald chi2(2)    =     65.34
Log likelihood =   -221.87                   Prob > chi2     =    0.0000
```

gdpzeng	Coef.	OPG Std. Err.	z	P>|z|	[95% Conf. Interval]
gdpzeng					
_cons	12.02125	1.716956	7.00	0.000	8.656082 15.38643
ARMA					
ma					
L1.	.7491019	.0927508	8.08	0.000	.5673136 .9308901
L2.	.3032099	.0831811	3.65	0.000	.1401779 .4662419
/sigma	6.607278	.5735468	11.52	0.000	5.483147 7.731409

Note: The test of the variance against zero is one sided, and the two-sided
confidence interval is truncated at zero.

estat ic

```
Akaike's information criterion and Bayesian information criterion
```

Model	Obs	ll(null)	ll(model)	df	AIC	BIC
.	67	.	-221.87	4	451.7401	460.5588

Note: N=Obs used in calculating BIC; see **[R] BIC note**

可以看到，残差项的一阶和二阶滞后都显著，然后 AIC 和 BIC 的绝对值略有下降，说明 MA（2）略逊于 MA（1）。

第二个备选模型是 AR（1）模型：

arima gdpzeng, ar（1）

```
ARIMA regression

Sample: 1953 - 2019                          Number of obs   =        67
                                             Wald chi2(1)    =     36.74
Log likelihood = -223.8211                   Prob > chi2     =    0.0000
```

gdpzeng	Coef.	OPG Std. Err.	z	P>|z|	[95% Conf. Interval]
gdpzeng					
_cons	11.98625	2.083307	5.75	0.000	7.903044 16.06946
ARMA					
ar					
L1.	.6011399	.0991764	6.06	0.000	.4067578 .795522
/sigma	6.808801	.5698404	11.95	0.000	5.691935 7.925668

Note: The test of the variance against zero is one sided, and the two-sided
confidence interval is truncated at zero.

estat ic

Akaike's information criterion and Bayesian information criterion

Model	Obs	ll(null)	ll(model)	df	AIC	BIC
.	67	.	-223.8211	3	453.6421	460.2562

Note: N=Obs used in calculating BIC; see **[R] BIC note**

相对于 MA（1），AR（1）的 AIC 和 BIC 统计量略有下降，表明 MA（1）模型更合适。

第三个备选模型考虑 ARMA（1，1）：

arima gdpzeng, ar（1）ma（1）

ARIMA regression

Sample: 1953 - 2019

Number of obs   =   67
Wald chi2(2)   =   42.57

Log likelihood = -222.1129

Prob > chi2   =   0.0000

gdpzeng	Coef.	OPG Std. Err.	z	P>|z|	[95% Conf. Interval]	
gdpzeng						
_cons	12.00703	1.872359	6.41	0.000	8.337277	15.67679
ARMA						
ar						
L1.	.4170163	.1963586	2.12	0.034	.0321604	.8018722
ma						
L1.	.3239086	.2109887	1.54	0.125	-.0896218	.7374389
/sigma	6.632854	.5886992	11.27	0.000	5.479025	7.786684

Note: The test of the variance against zero is one sided, and the two-sided
confidence interval is truncated at zero.

estat ic

Akaike's information criterion and Bayesian information criterion

Model	Obs	ll(null)	ll(model)	df	AIC	BIC
.	67	.	-222.1129	4	452.2259	461.0446

Note: N=Obs used in calculating BIC; see **[R] BIC note**

相对于 MA（1），ARMA（1，1）的 AIC 和 BIC 统计量略有下降，表明 MA（1）模型更合适。

总体而言，相对于其他备选模型，MA（1）的 AIC 和 BIC 统计量的绝对值最大，大体上说明 MA（1）模型最合适。

第二节　自回归条件异方差模型

一、时间序列数据的异方差问题

时间序列数据中除了典型的自相关问题之外，还存在着一种特殊的异方差问题，即自回归条件异方差（autoregressive conditional heteroskedasticity，ARCH）。

图 12 – 2 展示了中国 1991 ~ 2020 年综合 A 股日度收益率的情况。可以看到综合市场收益率呈现典型的波动性集聚特征，即在某个时间段范围内收益率呈现大幅波动，而在另一些时间段收益率波动很小。

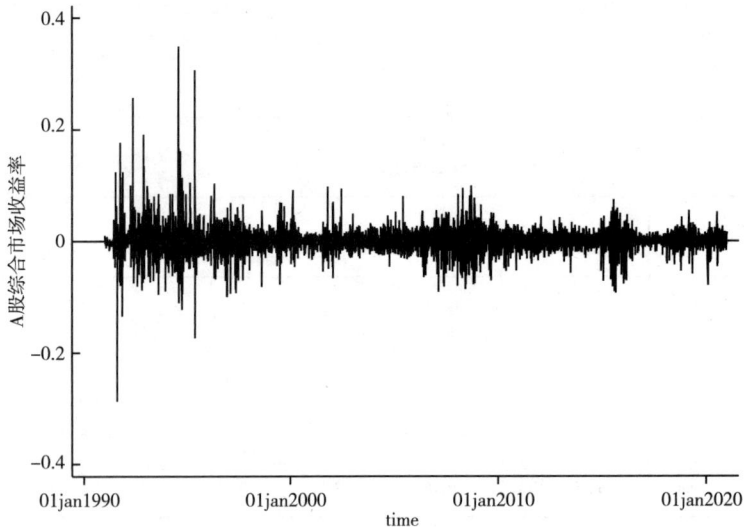

图 12 – 2　1991 ~ 2020 年 A 股综合市场收益率

二、ARCH 模型

ARCH 模型可以拟合收益率的波动集聚的特征。

考虑线性回归模型：

$$y_t = \beta_0 + \beta_1 x_{1t} + \beta_2 x_{2t} + \cdots + \beta_k x_{kt} + \varepsilon_t$$

然而，扰动项可能存在波动性集聚的特征，具体公式如下：

$$\sigma_t^2 = \alpha_0 + \alpha_1 \varepsilon_{t-1}^2$$

其中，$\sigma_t^2 = \text{var}\,(\varepsilon_t \mid \varepsilon_{t-1},\ \varepsilon_{t-2},\ \cdots,\ \varepsilon_1)$ 是 t 期的条件方差。

上述方程中，条件方差依赖于前 1 期扰动项平方，这就是 ARCH（1）过程。

如果条件方差依赖于前 n 期扰动项的平方，那么就是 ARCH（n）过程：

$$\sigma_t^2 = \alpha_0 + \alpha_1 \varepsilon_{t-1}^2 + \alpha_2 \varepsilon_{t-2}^2 + \cdots + \alpha_n \varepsilon_{t-n}^2$$

三、GARCH 模型

ARCH（n）模型中，如果 n 较大，那么可能会损失较多的样本量，此时，可以在模型中加入条件方差的一阶滞后，这就是 GARCH 模型。GARCH（1，1）的模型设定如下：

$$\sigma_t^2 = \alpha_0 + \alpha_1 \varepsilon_{t-1}^2 + \gamma_1 \sigma_{t-1}^2$$

在 Stata 中，称 ε_{t-1}^2 为 ARCH 项，而 σ_{t-1}^2 为 GARCH 项。

可以证明，GARCH（1，1）等价于无穷阶 ARCH 模型。

四、ARCH 模型与 GARCH 模型的 Stata 实现

ARCH（n）模型的 Stata 命令如下：

arch y x1 x2, arch（1/n）

GARCH（1，1）模型的 Stata 命令如下：

arch y x1 x2, arch（1）garch（1）

通常而言，y 对 x1 和 x2 回归后的残差可能既遵循 ARMA 过程，又遵循 GARCH 过程，此时，需要结合 ARMA 模型和 GARCH 模型。带 ARMA（1，1）的 GARCH（1，1）模型的 Stata 命令如下：

arch y x1 x2, arch（1）garch（1）ar（1）ma（1）

五、ARCH 模型还是 GARCH 模型

在实际操作中，需要选择 ARCH 模型的几阶滞后？还是直接使用 GARCH（1，1）模型？通常而言，可以在使用普通回归方程之后，可以使用"estat archlm"确定是否存在 ARCH 效应，如果存在，那么需要生成残差项的平方，然后使用 varsoc 命令确定的信息准则观察几阶 ARCH 模型最合适。

以示例数据库中的"mkreturn"数据集为例，参考陈强（2013），采用以下操作：

```
use mkreturn, clear
varsoc return, maxlag（8）     //确定原始变量自回归模型的最优阶数
reg return L（1/7）. return     //对原始变量使用 AR（7）模型
estat archlm, lags（1/8）       //检验残差项是否存在 ARCH 效应
predict e1, res
g e2 = e1^2      //生成残差项的平方和
varsoc e2      //确定残差自回归的最优阶数，即 ARCH 模型的最优阶数
```

arch return L（1/7）. return, arch（1/4） //对残差使用 ARCH（4）模型
arch return L（1/7）. return, arch（1）garch（1） //对残差使用 GARCH
（1，1）模型

六、示例结果

对原始收益率确定恰当的自回归模型：

use mkreturn, clear

varsoc return, maxlag（8）

```
Selection-order criteria
Sample:  9 - 7384                        Number of obs      =      7376
```

lag	LL	LR	df	p	FPE	AIC	HQIC	SBIC
0	17822.7				.000467	-4.83234	-4.83202	-4.8314
1	17830.3	15.317	1	0.000	.000466	-4.83415	-4.8335	-4.83227
2	17832.7	4.6831	1	0.030	.000466	-4.83451	-4.83355	-4.8317
3	17838	10.635	1	0.001	.000465	-4.83568	-4.83439	-4.83194
4	17852.7	29.496	1	0.000	.000464	-4.83941	-4.8378	-4.83473
5	17856.5	7.6185	1	0.006	.000463	-4.84017	-4.83824	-4.83455
6	17873.4	33.723	1	0.000	.000461	-4.84447	-4.84222	-4.83792*
7	17877.3	7.7844*	1	0.005	.000461*	-4.84526*	-4.84268*	-4.83777
8	17877.4	.15422	1	0.695	.000461	-4.84501	-4.84211	-4.83658

```
Endogenous:  return
 Exogenous:  _cons
```

最优信息准则的阶数标记星号，可以看到，LR、FPE、AIC、HQIC 等多数信息准则显示的最优阶数为 7，考虑先对原始变量使用 AR（7）模型：

reg return L（1/7）. return

Source	SS	df	MS		Number of obs =	7377
					F(7, 7369) =	15.71
Model	.050581597	7	.007225942		Prob > F =	0.0000
Residual	3.38951078	7369	.000459969		R-squared =	0.0147
					Adj R-squared =	0.0138
Total	3.44009237	7376	.00046639		Root MSE =	.02145

return	Coef.	Std. Err.	t	P>|t|	[95% Conf. Interval]	
return						
L1.	.0433843	.0116435	3.73	0.000	.0205598	.0662087
L2.	.0239422	.0116268	2.06	0.040	.0011503	.0467341
L3.	.0347782	.0116235	2.99	0.003	.0119927	.0575636
L4.	.0620823	.011608	5.35	0.000	.0393273	.0848373
L5.	.0339455	.0116234	2.92	0.004	.0111602	.0567308
L6.	-.0688843	.0116268	-5.92	0.000	-.0916761	-.0460925
L7.	.0324753	.0116434	2.79	0.005	.0096508	.0552997
_cons	.000556	.0002504	2.22	0.026	.0000652	.0010468

使用该模型后，再使用"estat archlm"确定残差项是否存在 ARCH 效应。

estat archlm, lags（1/8）

```
LM test for autoregressive conditional heteroskedasticity (ARCH)
```

lags(p)	chi2	df	Prob > chi2
1	61.853	1	0.0000
2	326.032	2	0.0000
3	394.096	3	0.0000
4	410.520	4	0.0000
5	411.743	5	0.0000
6	417.982	6	0.0000
7	436.807	7	0.0000
8	436.789	8	0.0000

```
       H0: no ARCH effects     vs.  H1: ARCH(p) disturbance
```

选择了 1~8 阶之后，可以看到 LM 检验对所有阶数都是显著的，ARCH 效应存在。
为了确定最优 ARCH 模型阶数，生成残差平方和序列，然后使用 varsoc 命令：

predict e1, res

g e2 = e1^2

varsoc e2

```
Selection-order criteria
Sample: 12 - 7384                      Number of obs      =      7373
```

lag	LL	LR	df	p	FPE	AIC	HQIC	SBIC
0	33563.3				6.5e-06	-9.10412	-9.1038	-9.10319
1	33594.4	62.073	1	0.000	6.5e-06	-9.11227	-9.11163	-9.1104
2	33730	271.27	1	0.000	6.2e-06	-9.14879	-9.14783	-9.14598
3	33765.8	71.605	1	0.000	6.2e-06	-9.15823	-9.15694	-9.15449
4	33774.5	17.446*	1	0.000	6.2e-06*	-9.16033*	-9.15872*	-9.15564*

```
Endogenous:  e2
 Exogenous:  _cons
```

多数信息准则认为 4 阶滞后最优，考虑对残差使用 ARCH（4）模型：

arch return L（1/7）. return, arch（1/4）

```
Sample: 8 - 7384                       Number of obs      =      7377
Distribution: Gaussian                 Wald chi2(7)       =     71.11
Log likelihood =  19050.3              Prob > chi2        =    0.0000
```

return	Coef.	OPG Std. Err.	z	P>|z|	[95% Conf. Interval]	
return						
return						
L1.	.0252765	.012454	2.03	0.042	.0008672	.0496859
L2.	.0008725	.0115306	0.08	0.940	-.021727	.023472
L3.	.0023224	.0107932	0.22	0.830	-.0188318	.0234766
L4.	-.0074769	.0105844	-0.71	0.480	-.028222	.0132681
L5.	.0121166	.0088852	1.36	0.173	-.005298	.0295312
L6.	-.0666789	.0088366	-7.55	0.000	-.0839984	-.0493594
L7.	.0223554	.0080413	2.78	0.005	.0065947	.0381161
_cons	-.0001391	.0001683	-0.83	0.409	-.0004689	.0001908
ARCH						
arch						
L1.	.2358307	.0128506	18.35	0.000	.2106439	.2610174
L2.	.2417754	.0095801	25.24	0.000	.2229988	.2605519
L3.	.1297412	.0121226	10.70	0.000	.1059814	.153501
L4.	.1862257	.0089756	20.75	0.000	.1686338	.2038177
_cons	.0001484	1.91e-06	77.61	0.000	.0001447	.0001522

可以看到，所有的 ARCH 项均显著。

同时，考虑对残差使用 GARCH（1，1）模型：

arch return L（1/7）. return，arch（1）garch（1）

```
Sample: 8 - 7384                              Number of obs    =      7377
Distribution: Gaussian                        Wald chi2(7)     =     54.02
Log likelihood =  19541.86                    Prob > chi2      =    0.0000
```

return	Coef.	OPG Std. Err.	z	P>|z|	[95% Conf. Interval]	
return						
return						
L1.	.0346741	.0112092	3.09	0.002	.0127045	.0566438
L2.	.0033198	.0120173	0.28	0.782	-.0202336	.0268732
L3.	.0377585	.0115973	3.26	0.001	.0150282	.0604889
L4.	.0033538	.0127273	0.26	0.792	-.0215913	.0282988
L5.	.0205744	.011656	1.77	0.078	-.0022708	.0434197
L6.	-.0619279	.0127573	-4.85	0.000	-.0869318	-.0369241
L7.	.0353687	.0123945	2.85	0.004	.0110759	.0596615
_cons	.0001894	.0001308	1.45	0.148	-.000067	.0004459
ARCH						
arch						
L1.	.0957322	.002269	42.19	0.000	.0912851	.1001793
garch						
L1.	.9156827	.001419	645.30	0.000	.9129015	.9184638
_cons	1.36e-06	1.55e-07	8.80	0.000	1.06e-06	1.66e-06

第三节　单位根检验与协整分析

一、单位根检验

单位根检验的方法包括 DF 检验、ADF 检验、DF-GLS 检验、PP 检验、KPSS 检验等。其中，DF 检验、ADF 检验、DF-GLS 检验、PP 检验的原假设为"存在单位根"或者"序列非平稳"，只有拒绝原假设，才能说明序列是平稳序列。而 KPSS 检验较为特别，其原假设为"序列平稳"或者"不存在单位根"，接受原假设即可说明序列是平稳序列。

以"gdpcpi"数据中的 cpi 变量为例，说明上述 5 种方法的 Stata 命令：

use gdpcpi，clear

dfuller cpi　　　　　　　//DF 检验

di 12 ＊（69/100）^.25　//计算 ADF 检验的最优滞后阶数，最优阶数 = 12 ＊（样本量/100）$^{0.25}$

dfuller cpi，lags（10）reg　　　　　　//ADF 检验，滞后阶数为 10，观察最后一个阶数的系数显著性，如果显著性不高，则将滞后阶数减 1，继续尝试，直到最后结束的系数显著为止。

```
dfuller cpi, lags (9) reg                    //ADF 检验，滞后阶数为9
dfuller cpi, lags (1) reg                    //ADF 检验，滞后阶数为1
dfgls cpi              //DF-GLS 检验
pperron cpi            //PP 检验
kpss cpi              //KPSS 检验
```

下面以 DF-GLS 检验为例说明单位根检验结果的解读。可以看到，表格中的第 1 列是滞后阶数，第 2 列是 DF-GLS 检验的统计量，3、4、5 列分别报告了 1%、5%、10% 水平上的临界值。表格下方的第一行报告了最优滞后阶数，结果显示为 4 阶。然而 4 阶统计量为 -1.556，DF-GLS 检验为左侧检验，该统计量高于 1% 临界值，甚至高于 10% 水平上的临界值（-2.773），说明无法拒绝原假设，即该时间序列存在单位根。

```
DF-GLS for cpi                                    Number of obs =      58
Maxlag = 10 chosen by Schwert criterion

                DF-GLS tau     1% Critical      5% Critical     10% Critical
     [lags]    Test Statistic     Value            Value            Value
    ─────────────────────────────────────────────────────────────────────────
        10         -1.523         -3.698           -2.746           -2.469
         9         -1.350         -3.698           -2.793           -2.515
         8         -1.351         -3.698           -2.841           -2.562
         7         -1.182         -3.698           -2.889           -2.608
         6         -1.320         -3.698           -2.935           -2.652
         5         -1.423         -3.698           -2.980           -2.694
         4         -1.556         -3.698           -3.022           -2.733
         3         -2.221         -3.698           -3.061           -2.770
         2         -2.341         -3.698           -3.096           -2.802
         1         -3.679         -3.698           -3.127           -2.829

Opt Lag (Ng-Perron seq t) =  4 with RMSE   3.648676
Min SC   =  2.889378 at lag 2 with RMSE   3.817812
Min MAIC =  2.888506 at lag 4 with RMSE   3.648676
```

也介绍了 KPSS 检验的结果。可以看到，0 阶统计量为 0.325，超过了 1% 水平上的临界值 0.216，拒绝了"cpi 是趋势平稳"的原假设，说明的确存在单位根。

```
KPSS test for cpi

Maxlag = 10 chosen by Schwert criterion
Autocovariances weighted by Bartlett kernel

Critical values for H0: cpi is trend stationary

10%: 0.119  5% : 0.146  2.5%: 0.176  1% : 0.216

Lag order    Test statistic
    0           .325
    1           .203
    2           .166
    3           .148
    4           .136
    5           .127
    6           .119
    7           .112
    8           .106
    9           .101
   10          .0977
```

二、协整分析

在时间序列数据中，如果对两个存在一阶单位根的变量 y 和 x 进行回归，可能产生伪回归的情况。因此，对于这类变量而言，分析其关系需要特殊的数据分析方法，即协整分析。

协整分析的 Stata 实现步骤如下：

第一步，使用 vecrank 命令确定是否存在协整关系以及协整关系的数量；

第二步，使用 varsoc 命令确定协整模型中的最优滞后阶数；

第三步，使用 vec 命令确定最终的协整关系方程。

仍然以 "gdpcpi" 数据为例，想分析通胀率 cpi 对失业率 unemploy 的影响。

use gdpcpi, clear

vecrank unemploy cpi, max

```
                       Johansen tests for cointegration
Trend: constant                                    Number of obs =      33
Sample:  1987 - 2019                                        Lags =       2
                                                        5%
maximum                                     trace   critical
   rank    parms       LL   eigenvalue  statistic      value
      0        6   -82.762543          .    23.7053      15.41
      1        9   -72.185718    0.47324     2.5516*      3.76
      2       10   -70.909903    0.07441

                                                        5%
maximum                                       max   critical
   rank    parms       LL   eigenvalue  statistic      value
      0        6   -82.762543          .    21.1537      14.07
      1        9   -72.185718    0.47324     2.5516       3.76
      2       10   -70.909903    0.07441
```

可以看到，协整迹（trace statistic）检验结果表明，存在 1 个协整关系（标星号的结果）。第二部分是最大特征值（max statistic）检验，协整秩 = 0 的统计量为 21.15，超过了 5% 的临界值 14.07，拒绝了"协整秩 = 0"的原假设；而协整秩 = 0 的统计量为 2.55，没有超过 5% 的临界值 3.76，无法拒绝"协整秩 = 1"的原假设。上述检验表明，两个变量之间存在一个协整关系。

下面进行最优滞后阶数：

varsoc unemploy cpi

```
Selection-order criteria
Sample:  1989 - 2019                          Number of obs      =      31

 lag       LL        LR    df      p       FPE       AIC      HQIC      SBIC

   0  -125.638                          12.923   8.23472   8.26488   8.32723
   1   -76.218     98.84    4  0.000  .690627   5.30438   5.39486   5.58193
   2  -64.0861    24.264*   4  0.000  .410524*  4.77975*  4.93054*  5.24233*
   3  -63.0213     2.1296   4  0.712  .501176   4.96912   5.18022   5.61672
   4  -60.1083     5.8259   4  0.213  .547648   5.03925   5.31067   5.87189

Endogenous:  unemploy cpi
 Exogenous:   _cons
```

可以看到，最优滞后阶数为2（带星号的阶数）。

另外，估计协整方程，滞后阶数为2，协整秩为1：

vec unemploy cpi，lags（2）rank（1）

```
Vector error-correction model

Sample:  1987 - 2019                      No. of obs     =          33
                                          AIC            =    4.920347
Log likelihood = -72.18572                HQIC           =    5.057673
Det(Sigma_ml) = .2722969                  SBIC           =    5.328485

Equation          Parms     RMSE      R-sq     chi2     P>chi2

D_unemploy          4      .162543    0.3887   18.44082  0.0010
D_cpi               4      3.71849    0.4974   28.69465  0.0000
```

	Coef.	Std. Err.	z	P>|z|	[95% Conf. Interval]	
D_unemploy						
_ce1						
L1.	-.0608546	.0364464	-1.67	0.095	-.1322882	.010579
unemploy						
LD.	.2849045	.1577126	1.81	0.071	-.0242065	.5940156
cpi						
LD.	.0226235	.0062964	3.59	0.000	.0102828	.0349643
_cons	.0316447	.0302182	1.05	0.295	-.0275819	.0908713
D_cpi						
_ce1						
L1.	-3.691266	.833782	-4.43	0.000	-5.325449	-2.057083
unemploy						
LD.	-5.269899	3.607982	-1.46	0.144	-12.34141	1.801617
cpi						
LD.	.4558601	.1440425	3.16	0.002	.173542	.7381781
_cons	-.0005217	.6913001	-0.00	0.999	-1.355445	1.354402

```
Cointegrating equations

Equation        Parms     chi2     P>chi2

_ce1              1     32.89851   0.0000


Identification:  beta is exactly identified

              Johansen normalization restriction imposed
```

beta	Coef.	Std. Err.	z	P>|z|	[95% Conf. Interval]	
_ce1						
unemploy	1	.	.	.	.	.
cpi	.1612076	.0281059	5.74	0.000	.1061211	.2162942
_cons	-20.44487	.	.	.	.	.

前一个表展示的是误差修正模型的估计结果，最后部分是协整方程中的均衡关系，它代表的是 unemploy 和 cpi 之间存在以下稳定的关系：

$$\text{unemploy} + 0.1612 * cpi - 20.4449 = 0$$

课后习题

对时间序列数据进行单位根检验和协整分析。

主要参考文献

1. 陈强. 高级计量经济学及 Stata 应用（第二版）［M］. 北京：高等教育出版社，2014.

2. ［美］汉密尔顿. 应用 STATA 做统计分析（更新至 STATA10.0 版）［M］. 郭志刚等，译，重庆：重庆大学出版社，2011.

3. 金玉国. 计量经济学原理与 Stata 应用［M］. 北京：经济科学出版社，2020.

4. ［美］克里斯托弗·F. 鲍姆. 用 Stata 学计量经济学［M］. 王忠玉，译，北京：中国人民大学出版社，2012.

5. 李春涛，张璇. 随机模拟与金融数据处理 Stata 教程［M］. 北京：中国金融出版社，2010.

6. 王群勇. STATA 在统计与计量分析中的应用［M］. 天津：南开大学出版社，2007.

7. 王天夫，李博柏. STATA 实用教程［M］. 北京：中国人民大学出版社，2008.

8. George J. Stigler. The Theory of Economic Regulation［J］. The Bell Journal of Economics and Management Science，1971，2（1）：3 –21.